Frank Lehmann

unter Mitarbeit von Ruth E. Schwarz

ÜBER GELD REDET MAN NICHT

Was Ihnen die Finanzprofis verschweigen

Econ

4. Auflage 2011

Econ ist ein Verlag
der Ullstein Buchverlage GmbH

ISBN 978-3-430-20113-1

Bearbeitung: Desirée Šimeg
Gesetzt aus der Minion Pro
bei Pinkuin Satz und Datentechnik, Berlin
Druck und Bindearbeiten: CPI – Clausen & Bosse, Leck
Printed in Germany

Inhalt

Frank Lehmann

Über Geld redet man nicht

Vorwort

»Es gibt Leute, die geizen mit ihrem Verstand wie andere mit Geld«, sagte Ludwig Börne. Frank Lehmann war nie geizig mit seinem Wissen. Deshalb waren seine gleichermaßen sachkundigen wie witzig-ironischen Moderationen in der ARD-Sendung *Börse im Ersten* Kult. Und es waren seine nicht selten bissigen, an den Durchschnittsbürger adressierten Kommentare zu den Ansichten von Wirtschafts- und Börsengurus oder derjenigen, die sich dafür hielten, welche diese Sendung zur wohl bekanntesten Börsensendung in Europa machten.

Im Fernsehen stand Frank Lehmann vor der Herausforderung, komplexe Sachverhalte in dreißig Sekunden verständlich rüberbringen zu müssen. Mit seinem Buch *Über Geld redet man nicht* leistet er sich nun den Luxus, auf gut 280 Seiten jenseits früherer Sendeformate großzügiger sein zu dürfen. Die Zielgruppe seines Buchs bleibt die gleiche wie bei seinen Kommentaren, und er behält seine charmante, Entschuldigung, Schnodderschnauze, beherzt die alte Journalistenregel »Nie zu genau, sonst könnt's falsch werden« und hat, wie nicht anders zu erwarten, den Mut zur dezidiert eigenen Meinung. Deshalb macht die Lektüre des gefälligen Texts Spaß, aber gelegentlich auch Appetit auf mehr, will sagen, den Wunsch nach einer tiefergehenden Bohrsonde. Dennoch, falsch liegt der Normalanleger sicher nicht, wenn er sich an Lehmanns Regeln, Tipps und Warnungen hält.

Verblüffend an diesem Buch ist allerdings der kokette Titel, denn man kann heute eigentlich nicht genug über Geld reden, schreiben und darüber lesen. Erstens: Die Erfindung von Geld, das heißt eines allgemein akzeptierten Tauschmittels, mit dem der Wert einer hergegebenen Ware oder einer erbrachten Leistung gespeichert werden kann, ist neben der Beherrschung des Feuers die wohl größte zivilisatorische Leistung des Menschen. So ist eine arbeitsteilige Wirtschaft und damit gesellschaftlich-zivilisatorischer Fortschritt ohne Geld nicht möglich: Die Versuche der Bolschewisten in Vervollkommnung der Oktoberrevolution von 1917 oder der Roten Khmer im Kambodscha der zweiten Hälfte der Siebzigerjahre, sich mit der Abschaffung des Geldes der (vermeintlichen) Fessel des Kapitalismus zu entledigen, scheiterten ebenso schnell wie grandios. Zweitens sind die Kreditfinanzierung von Investitionen und die Handelbarkeit von Risiko, auf Kapitalmärkten charakteristisch für unsere – nach Lage der Dinge offensichtlich alternativlose – kapitalistische Wirtschaftsweise und Motoren deren wirtschaftlicher wie gesellschaftlicher Dynamik. Und dies gilt auch dann, wenn wie in China das Eigentum an den Produktionsmitteln beim Staat liegt. Der dritte Grund, warum man über Geld nicht nur reden und schreiben, sondern vor allem lesen sollte, ist der folgende: Das Zusammenleben in jeder Gesellschaft wird durch zwei Prinzipien bestimmt, Kooperation und Wettbewerb. Kooperation, das solidarische Miteinander, ist wichtig für ein halbwegs spannungsfreies Zusammenleben. Wettbewerb untereinander ist wichtig für Dynamik und Wachstum. Geld ist, wenn es zu Einkommen und Vermögen wird, sicher nicht der einzige, aber doch ein wichtiger Wettbewerbsstimulus und Erfolgsindikator – selbst in Nordkorea, dem letzten Land des real existierenden Sozialismus. Mit Geld werden die Seltenheit eines Talents und – noch vor Orden, Ehrenzeichen und Privilegien – Anerkennung, Status und Wertschätzung einer persönlichen Leistung ausgedrückt. Und mit Geld, über das man verfügen kann, werden immer Freiräume geschaffen. So unrecht hatte Dostojewski nämlich nicht, wenn er von Geld als geprägter – heute würde man sagen von den Zentralbanken garantierter – Freiheit spricht. Kurzum, es gibt genügend Gründe, über Geld zu reden.

Ungeachtet oder wegen des kokettierenden Titels kann man davon ausgehen, dass auch dieses Buch von Frank Lehmann ein

Erfolg sein wird – und das ist gut und richtig so. Denn es hilft auf jeden Fall, die bei uns – im Vergleich zu angelsächsischen Ländern – ziemlich schlechte Allgemeinbildung in Geldfragen zu verbessern. Und je größer der Absatzerfolg seines neuen Textes ist, desto früher dürfte sich der Autor herausgefordert fühlen, in der nächsten Auflage in seiner bewährten meinungsstarken Art sich zur Finanzkrise des Jahres 2008/2009, zur Euro-Krise des Jahres 2010/2011 und zur derzeit modischen Verteufelung von Verbriefung, Strukturierung und Tranchierung zu äußern. Denn Frank Lehmann würde man mehr als einem Politiker glauben, dass den Banken mit den milliardenschweren Rettungsschirmen nicht geholfen wurde, um das Vermögen der Großaktionäre dieser Institute zu schonen, sondern vor allem um die Ersparnisse, Versicherungsansprüche und nicht zuletzt die Arbeitsplätze ihrer Zielgruppe, der normalen Bürger, zu retten. Diese Rettungsaktionen waren und sind richtig – und zwar unabhängig davon, wer im Einzelnen welche Schuld an dem Desaster der letzten globalen Finanzkrise hat. Wer, wenn nicht Frank Lehmann, könnte eingängiger erklären, dass die Euro-Krise kein Problem der – sehr stabilen – Gemeinschaftswährung ist, sondern eine Verschuldungskrise einzelner Staaten. Wie kaum ein anderer könnte er einem breiten Publikum leicht verständlich klarmachen, dass der Glanz, den viele Deutsche immer noch in den Augen haben, wenn sie an die D-Mark zurückdenken, sehr dicken Tränen über die Wohlfahrtsverluste weichen würde, die ein Auseinanderbrechen der Euro-Zone gerade für Deutschland mit sich brächte. Als erfahrenem Journalisten würde es Frank Lehmann auch nicht schwerfallen, seinen Lesern klarzumachen, dass Risiko ein volkswirtschaftlicher Produktionsfaktor ist und Finanzinnovationen – wenn sie transparent konstruiert sind – die Produktivität der Realwirtschaft erhöhen.

Ich würde mich freuen, wenn die nächste Auflage seines gelungenen Buches nicht mit einem Brecht-Zitat enden würde, sondern mit der Erkenntnis des britischen Politikers und Schriftstellers Horace Walpole: »Erfahrene Propheten warten die Ereignisse ab.«

Prof. Dr. Bert Rürup, im Dezember 2010

1

Geheimsache Geld: Über Geld redet man nicht

Erinnern Sie sich noch an die Fernsehwerbung der Sparkassen in den Neunzigerjahren? Da treffen sich zwei Schulfreunde, beide so Mitte dreißig, zufällig in einem Restaurant: »Nein, der Schober!« – »Schröder! Mensch, ewig nicht gesehen. Wie geht's dir?« – »Blendend!« Und um das zu beweisen, knallt der Erste von den beiden drei Fotos auf den Tisch. »Mein Haus, mein Auto, mein Boot!« Alles sehr passabel und repräsentativ. Nun legt sein Gegenüber nach. »Mein Haus, mein Auto, mein Boot – meine Dusche, meine Badewanne, mein Schaukelpferdchen!« Understatement pur: Das Haus ist eine riesige Villa, das Auto ein historischer Sportwagen, das Boot ein Luxusrennboot à la St. Tropez, die Dusche entpuppt sich als riesiger Brunnen, die Badewanne als Swimmingpool und das Schaukelpferdchen als rassiger Zuchthengst. Er ist augenscheinlich der Erfolgreichere von beiden, auch wenn er wohl in der Schule kein Glanzlicht war. All das verdankt er offensichtlich seinem Anlageberater. Ende der (Werbe-)Durchsage.

Über Geld redet man nicht? Richtig, das haben die beiden ja auch nicht. Aber sie demonstrieren, was wir alle gern tun. Wir zeigen, wer wir sind, wir suchen Anerkennung und vergleichen uns mit anderen. Und zwar mit Statussymbolen. Über die darf man nämlich sprechen, und die zeigt man auch gern her. »Seht her, ihr Nachbarn, Freunde, alles mir, alles selbst erwirtschaftet: mein Auto, mein Boot, mein Haus.« Großvater sagte immer: »Vermögen ist, was man anfassen kann.« Geld kann man zwar anfassen, aber es ist kein Statussymbol, eher Mittel zum Zweck. Ein Tauschgut und Maßstab für Sachgüter und Dienstleistungen.

Münzen, Geldscheine, Kontoauszüge – sind einfach nicht sehr prickelnd.

Dennoch hat Geld Gesellschaft und Wirtschaft verändert und geprägt. Erst durch Geld war Wohlstand für alle möglich. Und ohne Geld als Tauschmittel würde unsere Gesellschaft mit ihrer Arbeitsteilung nicht funktionieren. Man braucht sich nur vorzustellen, dass ein VW-Arbeiter am Monatsende kein Geld auf sein Konto überwiesen bekommt, sondern alle paar Monate einen Golf aus der aktuellen Produktion erhält. Er hätte ziemliche Schwierigkeiten, den Ertrag seiner Arbeit regelmäßig in andere Güter umzuwandeln oder etwas zu sparen und für das Alter aufzubewahren. Und mit 65 Jahren noch einen Autohandel aufmachen, das ist doch eher unpraktisch.

1.1 Faszination oder Mittel zum Zweck: Geld prägt unser Leben

Was war das noch für eine Plackerei vor vielen Tausend Jahren, als die Menschen noch mit Natural- oder Warengeld hantierten. Damit hatte man nur Arbeit: Eine Ziegenherde vermehrte sich im günstigsten Falle zwar selbst, aber man musste immer aufpassen, dass sie sich nicht eigenmächtig aus dem Staub machte. Getreide war schon wesentlich pflegeleichter. Ließ sich gut aufbewahren und abmessen. Muscheln, Barren oder Drähte – nahezu perfekt: gut zählbar, leicht zu transportieren und problemlos teilbar. Heutzutage ist eine Banknote viel mehr wert als das Papier, auf dem sie gedruckt ist, und im bargeldlosen Zahlungsverkehr existiert Geld ohnehin nur noch als Zahlenfolge im Computer. Geld ist lediglich ein Symbol. Abstrakt eben. Aktien zum Beispiel sind eine Art Geld. Auch Payback-Sammelpunkte, Webmiles oder sonstige Wert-Symbole, auf die wir uns geeinigt haben.

Der schnöde Mammon ist nicht sonderlich faszinierend. Doch welch herrliche Möglichkeiten eröffnet das liebe Geld! Wer Geld hat, kann Dinge kaufen und besitzen oder Macht ausüben. Das gilt im Großen wie im Kleinen. Kein Wunder, dass wir von Geld nie genug kriegen können – es wird eben nie langweilig damit. Hirnforscher und Psychologen sagen übrigens, der Motor für ungezügelte Habgier liegt nicht darin, was man alles mit Geld machen kann, sondern – wie bei Schober und Schröder aus der Werbung – im Wettbewerb mit anderen. Rivalität treibt uns an, wir wollen mehr haben als die anderen, vor allem mehr als der Nachbar.

Homo oeconomicus versus Homo investor: Zwei Seelen in einer Brust

Wer oder was ist ein Homo oeconomicus? Das ist schnell erklärt. Die Annahme: Jeder Mensch trifft Entscheidungen ausschließlich nach vernünftigen Kriterien. Das bedeutet: Hat er die Wahl zwischen zwei Produkten, die exakt dasselbe leisten, kauft er das günstigere. Ein Beispiel: Gerne fährt der Deutsche mit seinem Auto zwanzig Kilometer und mehr, um beim Tanken ein paar Cent zu sparen – und meint dann noch im Brustton der Überzeugung: »Ist doch nicht weit. Hat sich doch gelohnt!«

Ja, so tickt er, der deutsche Otto Normalverbraucher. Und so ist er auch im Ausland bekannt, als Paradebeispiel eines Schnäppchenjägers oder, wie die Wissenschaft formuliert, ein stets auf Eigennutz bedachter Homo oeconomicus. Immer wirtschaftlich prüfend: Was bringt mir das Produkt, was ist der Nutzen, und was kostet mich der Spaß – reine Kosten-Nutzen-Analyse also. Ob beim Kauf einer Waschmaschine oder eines neuen Wagens: Es wird verhandelt und verglichen, dass die Schwarte kracht und der Einzelhändler oder Autoverkäufer fast schon die Geduld verliert. Ein Elektrohändler beklagte sich einmal heftig bei mir: »Da kommt doch ein Pärchen rein, lässt sich ewig lange alle Modelle von Geschirrspülern erläutern, bis zur letzten Schraube, verabschiedet sich – und kauft im Internet ein. Dabei hätte ich mit dem Preis absolut mithalten können. Schlimm.« Gesteuert werden die Entscheidungsprozesse im Großhirn, dem Sitz von

Bewusstsein, Willen, Intelligenz und Gedächtnis. Direkt hinter unserer Denkerstirn laufen die verschiedenen Optionen rauf und runter: Wo und wie kaufe ich am günstigsten? Wo und wie spare ich dabei am meisten Geld? Ganz kühl und rational, vernünftig eben – wie man so schön sagt.

So viel zur Theorie. Aber wie ist das im wirklichen Leben? Wir wissen genau, es stimmt nicht. Kaum jemand ist ein Homo oeconomicus – und will es meist auch gar nicht sein. Wo bleibt denn da die Lebensfreude, wenn man alle Entscheidungen rational trifft! Man kennt es doch aus eigener Erfahrung: Geld hat eben die Kraft, den Verstand gelegentlich auszuschalten, komplett. Oft genug entscheidet doch die reine Freude am Genuss von etwas Besonderem. Oder die Nachfrage nach einem Produkt wird dadurch gesteigert, dass andere Leute es ebenfalls besitzen und man mithalten möchte, sei es ein iPhone oder Nachbars neues Auto. Wie Goethe es schon so treffend formulierte: Die Welt, durch Vernunft dividiert, geht nicht auf. Der deutsche Homo oeconomicus, der genau weiß, was er will? Eine, wie der verstorbene Ökonom Ralf Dahrendorf es formulierte, »für unser naives Erleben seltsame Kreatur«.

Diese seltsame Kreatur handelt indes völlig anders, wenn es um Geldanlagen geht: Als Homo investor agiert der Mensch überhaupt nicht rational, sondern stürzt sich mit voller Wucht in emotionale Abenteuer. »Als Anleger werden wir ständig zwischen Gier und Angst hin- und hergerissen«, erklärt ein Vermögensberater. »Beides sind keine guten Ratgeber: Gier führt zu prozyklischer Geldanlage, zum Einsteigen, wenn die Kurse oben sind. Angst führt zum Verkaufen auf dem Tiefststand.« Interessant: Bei der Waschmaschine kann der Preis nicht niedrig genug sein, bei Wertpapieren wie Aktien steigt Otto Kleinanleger aber erst ein, wenn das Kursniveau (der DAX etwa) hoch ist. Motto: Billig kann doch nicht gut sein. Ach, jetzt auf einmal?

Auch diese Prozesse laufen im Großhirn ab, aber in dem Bereich der gefühlsmäßigen Reaktionen. Genauer: Im limbischen System, wo die Emotionen zu Hause sind. Da hat die Großhirnrinde Sendepause. Daher auch der Spruch, der im Börsenboom der Neunzigerjahre populär wurde: Gier frisst Hirn. Fällt das limbische System aus, etwa durch einen Schlaganfall, sind betroffene Anleger, wie Experimente belegen, wesentlich erfolgreicher in ihrer Geldanlage als die von Gefühlen gesteuerten. Denn in diesem Fall regiert nur das Vernunftzentrum, das heißt, der Anleger ist frei von Furcht, Gier und Panik. An der Börse müsste gelten: Überlasse die Entscheidung nicht der Leidenschaft, sondern dem Verstande. Wenn das nur so einfach wäre … In der Regel wird der Anleger doch von seinen Gefühlen übermannt und entscheidet aus dem Bauch heraus. Die Vernunft muss später rechtfertigen, warum er das eine Wertpapier gekauft oder das andere abgestoßen hat. Daher kann niemand das Börsengeschehen voraussagen – auch die ausgefuchsten Profis nicht. Nicht einmal für einen halben Tag. Die Gefühlswelt der Anleger, gesteuert und befeuert durch das limbische System, ist eben unberechenbar.

Macht Geld allein doch glücklich?

Bleiben wir beim Thema Emotionen. Macht Geld glücklich? Eine beliebte Frage an die Glücksforscher, eine Zunft, die danach forscht, wann Menschen sich gut fühlen, wann sie mit dem Leben zufrieden sind, sich subjektiv wohl fühlen – also glücklich sind. Ja, verkünden die Herrschaften: Geld macht schon glücklich, aber nur die Armen. Wenn aber alle mehr verdienen, werden sie nicht zufriedener. Und jetzt kommt's: Die Bevölkerung der reichen Industriestaaten ist überhaupt nicht glücklicher als vor fünfzig Jahren, obwohl ihr Wohlstand deutlich gestiegen ist, sie also viel reicher ist als damals. Irritierend, oder?

Und: Glücklich sind viele vor allem dann, wenn der Nachbar weniger Geld zur Verfügung hat, wenn dessen Auto eine Klasse »ärmer« ist als das eigene. Überlegen Sie einmal, was Ihnen lieber wäre: Sie haben 100 000 Euro, alle anderen haben 50 000 Euro. Oder: Sie haben 200 000 Euro, alle anderen haben 300 000 Euro. Die meisten entscheiden sich für die erste Variante, hat man in einer Studie herausgefunden. Die anderen sollen mehr Geld bekommen als man selbst? Wäre ja noch schöner! Also, um es ein wenig wissenschaftlicher auszudrücken: Nicht die absolute Höhe des Einkommens entscheidet über Wohlbefinden und Glücklichsein, sondern die relative. Bin ich wohlhabender, reicher als der Nachbar oder der Freund, dann hebt das mein Selbstbewusstsein und damit mein Glücksgefühl.

Zugegeben, wichtige Zutaten zum Glück sind Familie, Freunde, Zufriedenheit bei der Arbeit – und natürlich Gesundheit. Der Schweizer Glückforscher Bruno Frey spricht von »relationalem Glück«, also der Zufriedenheit, die aus Freundschaften und dem Umgang mit netten Menschen entsteht. Und er sagt: Das materielle Glücksgefühl nutzt sich viel schneller ab. Ein Beispiel: Wer den heißersehnten Sportflitzer aus Italien endlich in der Garage hat, fühlt sich anfangs wie im Paradies, aber eben nur kurz. Schon bald wird der Anblick selbstverständlich und der wahnsinnig teure Schlitten erscheint fast langweilig. Ganz anders Freundschaften, die, so Frey, immer wieder neu als belebend und bereichernd erlebt werden. Idealismus schlägt also Materialismus.

Der Fürther Soziologe Gerhard Schulze liefert diese Erklärung zum flüchtigen Glücksgefühl bei dem ersehnten Sportflitzer: Solange man den Sportwagen noch nicht hat, befindet man sich in einem Zustand einer Spannung des Nicht-erreicht-Habens. Allein die Vorstellung, wie der tolle Wagen vor der Tür aussehen wird – herrlich! Dann steht der Schlitten endlich dort, und man stellt fest: Hoppla, das lässt mich ja ganz schnell wieder kalt! Da läuft in unserem Hirn etwas ab, so Schulze: Wenn wir etwas wollen, es aber noch nicht haben, gibt es im Oberstübchen Dopamine, die uns befeuern. Hat man das Ersehnte endlich, kommen die Endorphine, und man wird satt und zufrieden.

Der französische Philosoph Jean-Jacques Rousseau brachte seine Version von Glücklichsein Mitte des 18. Jahrhunderts so auf den Punkt: »Glück besteht aus einem hübschen Konto, einer guten Köchin und einer tadellosen Verdauung.« Ein tolles Dreigestirn, oder? Sicher: Es gibt immer wieder Promis, denen ist Geld nur ein angenehmer Nebeneffekt. So zum Beispiel der junge deutsche Golfprofi Martin Kaymer. Seine Leidenschaft sei sein Beruf, sagt er. Na klar. Wenn er bei Golfturnieren Millionen abgreift, kann er auch locker vom »Nebeneffekt« Geld reden.

Über den Zusammenhang von Geld und Glück zerbrechen sich die Sozialwissenschaftler und Ökonomen also schon seit Jahrzehnten die Köpfe, was in immer neuen Studien gipfelt. Das Ergebnis lautet kurz gesagt: Geld fördert die Zufriedenheit nur am unteren Ende der Einkommensskala. Wenn jeder zusätzliche Euro die Lebensqualität spürbar verbessert, macht Geld tatsächlich glücklich. Eine amerikanische Studie ergab, dass die magische Grenze, bis zu der die Lebenszufriedenheit steigt, bei etwa 60 000 Euro Jahreseinkommen liegt. Bis dahin macht mehr Geld stets noch glücklicher. Ist diese Wohlstandsmarke erst einmal überschritten, steigt die Zufriedenheit langsamer als das Einkommen. Denn mit mehr Geld wachsen zunächst einmal die Wünsche. Und die werden eben meist immer kostspieliger.

Der Glücksfaktor von mehr Geld wird dadurch begrenzt, dass man sich sehr schnell daran gewöhnen kann, es ebenso zügig auszugeben, wie man es einnimmt. Gibt man es aber nicht aus, sondern spart es, in welcher Form auch immer, dann wächst mit steigendem Vermögen auch die Angst, es wieder zu verlieren. Sich wie Dagobert Duck, die reichste Ente der Welt, am angehäuften Vermögen im Geldspeicher erfreuen und im wahrsten Sinne des Wortes im Geld schwimmen – so etwas findet man beim Menschen kaum. Wie sagte Ölmilliardär Aristoteles Onassis so schön: »Ein reicher Mann ist oft nur ein armer Mann mit sehr viel Geld.«

Wer ist reich und wer ist arm?

»Die Welt ist ungleicher als vor zehn Jahren«, das war die zentrale Erkenntnis des Weltsozialberichts, den die Vereinten Nationen im Jahr 2005 der Öffentlichkeit vorlegten. Daran hat sich bis heute nichts geändert. Ein Sechstel der Weltbevölkerung verfügt über vier Fünftel des Reichtums. Eine Milliarde Menschen kontrollieren 80 Prozent des weltweiten Bruttoinlandsprodukts, während die anderen fünf Milliarden in den Entwicklungsländern nur über die restlichen 20 Prozent verfügen. Fast ein Viertel aller Arbeitskräfte weltweit verdient nicht genug, um die Armutsschwelle von einem US-Dollar pro Tag zu überschreiten! Auch in Deutschland driften Arm und Reich immer weiter auseinander. Nicht nur die Anzahl Ärmerer und Reicherer wächst, sondern die Ärmeren werden auch immer ärmer und die Mittelschicht schrumpft. Rein rechnerisch verfügt jeder erwachsene Deutsche über ein Vermögen von mehr als 150 000 Euro inklusive seiner Rentenansprüche. Er besitzt neben Geld und Sachvermögen von 88 000 Euro rund 67 000 Euro an Renten- und Pensionsansprüchen. Allerdings hat mehr als ein Viertel der Bevölkerung weder Geldvermögen, Immobilien noch Betriebsvermögen oder ist sogar verschuldet, so das Deutsche Institut für Wirtschaftsforschung (DIW).

Während die Masse der Armen anonym bleibt, lassen sich die Reichen dieser Welt sehr genau benennen: Jedes Jahr veröffentlicht die amerikanische Zeitschrift *Forbes* eine Liste der hundert reichsten Menschen der Welt. Auf Platz 1 liegt seit Jahren unangefochten Bill Gates mit einem privaten Vermögen in Höhe von 53 Milliarden Dollar. Ebenfalls unverändert auf Platz 2 Warren Buffett mit einem Vermögen von 47 Milliarden Dollar.

Wie Warren Buffett zu seinem Vermögen kam

Warren Buffett verdankt sein Geld einer einfachen Börsenstrategie: Seit 1965 kauft er Aktien, wenn die Kurse niedrig sind, und behält sie dann. Dabei kauft er nur Aktien von Unternehmen, unter deren Produkten er sich etwas vorstellen kann und bei denen er davon ausgeht, dass ihr eigentlicher, »innerer« Wert über den aktuellen Börsenkursen liegt.

Das erste Unternehmen, das Buffett 1965 kaufte, war das Textilunternehmen Berkshire. Der Aktienkurs lag bei unter 20 Dollar. Buffett baute es zu einer Investment-Holding um, und heute ist die Aktie fast 100 000 Dollar wert! Dabei ist Warren Buffett ziemlich bescheiden geblieben. Er wohnt noch heute in demselben Haus, das er sich vor 35 Jahren gekauft hat, er hat keinen Chauffeur und gönnt sich als Luxus einmal pro Woche ein Essen in einem Steakhaus. Was braucht man mehr im Leben?

Sein Erfolgsrezept: Geduld, genaue Analyse, langfristige Investments und keine Entscheidungen aus dem Bauch heraus.

Wenn man sich nicht nur auf die Einzelperson bezieht, steht der Mexikaner Carlos Slim Helu mit seiner Familie an der Spitze der Reichsten-Rangliste des Jahres 2010 mit einem Vermögen von 53,5 Milliarden Dollar. Er hat sein Geld damit verdient, günstige und angeschlagene Firmen zu kaufen, zu sanieren und anschließend gewinnbringend zu verkaufen. Platz 5 belegt Lakshmi Mittal mit 28,7 Milliarden Dollar, ein Stahlunternehmer aus Indien, der in den vergangenen Jahren fast kometenartig aufgestiegen ist. Deutschland stellt zwar die meisten Milliardäre außerhalb Amerikas, doch sie liegen auf der Rangliste alle weiter hinten. Der reichste Deutsche ist Karl Albrecht, einer der Aldi-Gründer, mit 23,5 Milliarden Dollar auf Platz 10. Auf Platz 11 liegt der Schwede Ingvar Kamprad mit Familie mit 23 Milliarden Dollar. Der Name sagt Ihnen nichts? Macht nichts, sein Unternehmen kennen Sie auf alle Fälle: Ikea.

Der Satz von Bert Brecht »Nur wer im Wohlstand lebt, lebt angenehm« hat schon seine Berechtigung. Insofern sind die Menschen in Nordamerika, Europa und Ozeanien tatsächlich glücklicher als jene in der Dritten Welt oder in den Staaten des früheren Ostblocks. Aber auch die Menschen aus armen Ländern sind fast ebenso glücklich wie die Wohlstandsbürger. Warum? Weil sie in der Hoffnung leben, dass es ihnen schon bald besser gehen wird.

Was lernen wir daraus? Nicht was der Mensch hat, macht ihn glücklich, sondern das, was er bekommen kann. Wem die Zukunftsperspektive fehlt, dem ist auch mit Geld nicht mehr zu helfen. Josef Joffe stellte in der *Zeit* fest, Geld macht am glücklichsten dort, wo auch die Regierenden weise, die Regierten frei und die Länder klein und überschaubar sind, so wie in Schweden und Norwegen, die beim European Happy Planet Index 2006 ganz vorne lagen. Die unglücklichsten Menschen sind jene, die die erreichte Situation immer wieder in Frage stellen, sich mit nichts zufriedengeben. Hingegen macht eine stabile soziale Situation eher glücklich, denn Menschen fürchten Verluste stärker, als sie Gewinne würdigen. Insofern ist Deutschland in einer sehr ungünstigen Situation. Die Angst, sozial abzusteigen, wird von zwei Dritteln aller jungen Menschen im Lande empfunden.

Angst und Niedergeschlagenheit entstehen nicht, weil man in eine schwierige Lage gerät, sondern weil man das Gefühl hat, sein eigenes Schicksal nicht mehr kontrollieren zu können und zum Spielball übermächtiger Kräfte wie Staat und Wirtschaft zu werden. Deshalb sind Amerikaner, selbst wenn es ihnen schlechtgeht, immer noch glücklicher als viele Deutsche. Denn sie haben das Gefühl, ihr Leben in der Hand zu haben, es eigenverantwortlich gestalten zu können.

Geld allein macht also nicht glücklich, aber es gestattet immerhin, auf angenehme Weise unglücklich zu sein, wie Jean Marais sagte.

Die Reichsten sind nicht die Zufriedensten

Einer, den das viele Geld nicht glücklich und zufrieden machen konnte, ist Karl Rabeder. Er wächst in einfachen Verhältnissen auf, hilft schon als kleiner Junge den Großeltern dabei, Gemüse auf dem Markt zu verkaufen. Um sein Lehramtsstudium zu finanzieren, führt er die Gärtnerei der Großeltern weiter. Immer nach dem Familienmotto: Du musst arbeiten, damit du zu etwas kommst. Schon bald wird ihm klar, Lehrer zu sein füllt ihn nicht aus. Sein Drang nach Freiheit und Selbstverwirklichung ist zu groß. Er entscheidet sich um. Züchtet Blumen, produziert daraus Trockenblumen und verkauft sie in Vasen. Sein nächster Einfall erweist sich als genial: Produktion von Motivkerzen. Damit hat er durchschlagenden Erfolg und ist im Alter von 32 Jahren Chef von vierhundert Mitarbeitern und noch dazu Multimillionär. Ein Lebenstraum wird wahr – und das kann man ruhig genießen: ein Haus in Tirol, eins in Südfrankreich, zwei Autos und fünf Segelflugzeuge.

Rabeder hat zwar viel erreicht und kann sich vieles leisten, wovon andere nur träumen – aber so richtig glücklich macht es ihn nicht. Konsequenz: Er verkauft zehn Jahre später seine Firma, um sich seiner Leidenschaft, dem Segelfliegen, zu widmen. Auch hier hat er Erfolg, stellt in Wettbewerben Rekorde auf, doch auch das bringt es auf Dauer nicht. Rabeder will etwas tun, das für andere von Nutzen ist. Seine Idee: Er vergibt Mikrokredite an Menschen in der Dritten Welt. Er trennt sich von all seinem Besitz, um seine Organisation MyMicroCredit zu gründen. Über sich selbst sagt er heute: »Ich war mal reich, doch erst jetzt werde ich vermögend. Vermögend ist jemand, der mit seinem Besitz etwas Positives zu bewirken vermag.« Früher habe er, je mehr er besessen hat, immer mehr Angst verspürt, etwas zu verlieren. Das ist heute anders. Er lebt jetzt im Frieden mit sich selbst. Der *Westdeutschen Zeitung* erzählte er: »Ich wähle jetzt einen Lebensweg, bei dem ich mein Geld sinnvoll verwenden kann. Am Ende wird von meinem Vermögen nichts übrig bleiben. Geld ist kontraproduktiv. Für's Glück ist es hinderlich.«

Reichtum und Zufriedenheit sind also zwei Paar Schuhe. Es ist schon ein paar Jahre her, dass der *Stern* die Ergebnisse der McKinsey-Umfrage »Perspektive Deutschland« veröffentlichte. Die Lebenszufriedenheit steht, so hat es die Umfrage gezeigt, im engen Zusammenhang mit einem risikoarmen, stressfreien und weniger aufregenden Leben mit einer soliden finanziellen Grundlage. Am zufriedensten waren die Menschen in der Region Bodensee-Oberschwaben, südlicher Oberrhein und im Oberland südlich von München. Die Menschen in den ländlichen Regionen Süddeutschlands und in der Umgebung von Großstädten sind in der Mehrzahl meist nicht so wohlhabend, dass sie sich ständig Gedanken um die Verwaltung ihres Vermögens machen müssten, aber eben auch nicht so arm, dass sie um ihre Zukunft und ihr Alter bangen müssten. Gutsituiert, oft mit eigenem Häuschen oder Wohnung, neigen sie auch in Geldfragen eher zu einem risikoarmen Verhalten. Viele haben ihre Lebensziele in mittleren Jahren erreicht, und besonders die Älteren sind weniger daran interessiert, das vorhandene Vermögen schnell weiter zu vermehren, sondern sie möchten das, was sie sich erarbeitet oder was sie geerbt haben, nur absichern und Verluste vermeiden.

Allerdings ist das Thema Vermögenssicherung keineswegs unproblematisch. Ein oder zwei Mal die Weichen falsch gestellt – und schon kann ein beträchtlicher Teil des Polsters, auf dem man sich gemütlich ausruhen wollte, futsch sein. Daher ist schon wichtig, regelmäßig über Geld nachzudenken.

1.2 Bei Geld hört die Freundschaft auf: Warum alle schweigen

Wenn man die Deutschen fragt, was sie glücklich macht, nennen sie Familie, Freunde, Geborgenheit, Zusammenhalt und Ähnliches. Klingt gut, oder? Stimmt aber nicht. Denn die meisten können sich ein glückliches Leben ohne Geld in unserer Gesellschaft gar nicht vorstellen.

Obwohl Geld einen so hohen Stellenwert hat, halten sich die Deutschen immer noch an das alte Sprichwort »Über Geld redet man nicht«. Mit Freunden und Bekannten spricht man über alles, nur eben nicht über Geld. Das beweisen zum Beispiel Untersuchungen der Direktbank Comdirect wie »Kunden-Motive 2010. Geliebt, aber vernachlässigt – die Deutschen und ihre Einstellung zu Geld und Finanzen« oder »Kunden-Motive 2009. Tabuthema Geld: Einstellungen, Verhalten und Wissen der Deutschen«. Das eigene Einkommen und Vermögen steht weit unten auf der Liste der Gesprächsthemen. Ähnlich unattraktiv für eine gepflegte Konversation wie das eigene Liebes- oder baldige Ableben.

Darüber sprechen die Deutschen mit Freunden und Bekannten häufig
Angaben in Prozent

Geld ist kein beliebtes Gesprächsthema unter Freunden (Quelle: Comdirect, 2010)

Weitere Erkenntnisse: Für die große Mehrheit der Bundesbürger gilt der Grundsatz »Beim Geld hört die Freundschaft auf«. Fast jeder dritte Deutsche verleiht grundsätzlich kein Geld, auch nicht an gute Freunde. Und wenn doch, dann nur für bestimmte Verwendungszwecke. Dazu zählen zum Beispiel Arztrechnungen oder Hilfe im Rechtsstreit, nicht aber Schönheits-OPs oder Spielschulden.

Also, mit wem sprechen wir denn nun über Geld? Mit dem Lebenspartner und mit den Eltern: 97 Prozent der Befragten verraten dem Partner die ungefähre Höhe des Einkommens, 82 Prozent weihen die Mutter, 79 Prozent den Vater ein. Na immerhin! Mit Arbeitskollegen übers eigene Gehalt zu sprechen geht allerdings der Mehrzahl der Befragten eindeutig zu weit. Das ist tabu.

Geheimniskrämerei unter Kollegen

Warum machen wir am Arbeitsplatz ein solches Geheimnis aus unserem Gehalt? Dieser Frage ist das *Manager Magazin* nachgegangen und hat über 91 000 Angestellte, Beamte und Freiberufler befragt, zur Entwicklung ihrer Einkommen und zu ihren Erwartungen für die kommenden Jahre. Ein Ergebnis: Nicht einmal jeder Fünfte weiß, was seine Kollegen verdienen.

Aber man fand noch mehr heraus: Hierarchiestufen spielen beim Kollegengespräch über das Gehalt eine entscheidende Rolle. Je höher die Hierarchiestufe (und somit die Gehaltsstufe) ist, desto wortkarger werden Führungskräfte, wenn es um ihre Bezüge geht. Wen wundert es, denn in den höheren Etagen ist das Gehalt meist nicht per Tarifvertrag geregelt, sondern zum großen Teil leistungsbezogen.

Wer viel verdient, fürchtet offensichtlich den Neid seines Gegenübers. Damit liegt er nicht so ganz falsch. Und wer wenig verdient, spricht aus Scham nicht darüber. Das Thema Gehalt hat offensichtlich weniger mit Leistung als mit Wertschätzung durch andere, speziell die Vorgesetzten, und dem Selbstwertgefühl zu tun. Viele Arbeitnehmer stehen heute schlechter da als vor ein paar Jahren, wollen das aber nicht zugeben – und behalten es daher für sich. Natürlich gibt es auch Fälle, in denen der Arbeitnehmer vertraglich zum Schweigen über sein Gehalt verdonnert wird.

Wenn ein Kollege mit gleicher Qualifikation mehr Geld verdient, ist die Mehrzahl der Deutschen neidisch und fühlt sich ungerecht behandelt, ergab die Studie der Comdirect Bank. Nur jeder Zehnte würde denken, dass der Kollege eine bessere Arbeit leistet, aber fast jeder Dritte führt das höhere Gehalt allein auf bessere Gehaltsverhandlungen zurück. Nur jeder Fünfte würde sich für den Kollegen freuen. Allerdings würden viele den Kollegen fragen, wie er es geschafft hat – und selbst um eine Gehaltserhöhung bitten. Es fällt auf, dass Frauen sich eher ungerecht behandelt fühlen als Männer. Und nur wenige Frauen sind der Ansicht, dass das höhere Gehalt des Kollegen auf dessen Verhandlungskunst zurückzuführen ist, sondern sehen die Geschlechtsunterschiede als Hauptursache.

In Deutschland herrschte bis vor einigen Jahren lediglich im öffentlichen Dienst eine Transparenz über die Bezüge der Beamten und Beschäftigten. Mittlerweile wurden ja einige kleine Schritte in Richtung Einkommenstransparenz unternommen. Vorstandsmitglieder der börsennotierten DAX-Unternehmen müssen ihre Bezüge und Bundestagsabgeordnete ihre Nebeneinkünfte offenlegen, die Mitglieder einer gesetzlichen Krankenversicherung haben das Recht erhalten, die Höhe der Vorstandsbezüge ihrer Versicherung zu erfahren.

In den USA sind Geld und Gehalt weder im Beruf noch unter Freunden und selbst in Talkshows ein Tabuthema. Es ist ganz normal, dem Gesprächspartner zu sagen, wie viel man verdient. Warum? Weil man einfach stolz darauf ist. Da kommt kein Neid auf, die Gleichstellung ist ausschlaggebend. Das Ziel der Amerikaner ist es eben, zu den oberen zehn Prozent zu gehören. Dass die meisten das wahrscheinlich niemals im Leben schaffen – unerheblich. Man strebt nach Glück (und Geld). Der amerikanische Traum reicht, denn was wäre das Leben ohne Träume und Ziele! Von dieser Einstellung könnten wir uns mal eine gehörige Scheibe abschneiden.

Was soll die ganze Geheimniskrämerei ums Thema Geld? Muss das wirklich sein? Nein, wie man in Schweden sehen kann: Hier gibt es nicht einmal ein Steuergeheimnis, es herrscht vollkommene, staatlich verordnete Transparenz. Das bedeutet: Jeder Bürger kann im Internet oder auch per Anruf beim Finanzamt erfahren, welches Einkommen und Vermögen seine Nachbarn, seine Kollegen, Politiker und andere Promis haben, genauer gesagt versteuern. Im sogenannten »Taxeringskalender«, der jährlich erscheint, sind die Kapitaleinkünfte und das versteuerte Jahreseinkommen aller schwedischen Bürger aufgeführt, sortiert nach Postleitzahlen. Begrüßenswert! Solch ein offener Umgang mit Geld, Gehalt und Steuern lockert das ganze tabuisierte Thema auf, macht es einfach transparenter. Nur so kann man offen und unbeschwert darüber reden. Wenn Transparenz über das Einkommen herrscht, gibt es kaum Neiddebatten, wie das schwedische Beispiel zeigt. Denn Neid entsteht immer dann, wenn Informationen fehlen und diese durch Spekulationen ersetzt werden.

1.3 Auslaufmodell Bankgeheimnis: Warum der Staat doch alles weiß

Das Bankgeheimnis ist auf jeden Fall ein Auslaufmodell. Am Beispiel der Schweizer und Liechtensteiner Steuersünder-CDs haben wir ja gesehen, dass doch alles herauskommt. Ich finde das auch absolut in Ordnung. Denn warum sollte jemand sein Einkommen und Vermögen verschweigen und das Geld auf ausländischen Konten bunkern? Das halte ich gegenüber anderen Steuerzahlern für ungerecht, und es fügt der Volkswirtschaft erheblichen Schaden zu.

Das Bankgeheimnis ist im Gegensatz zu anderen Staaten in Deutschland nicht ausdrücklich gesetzlich geregelt, sondern Gewohnheitsrecht – und das seit dem 17. Jahrhundert. Es beschreibt die Pflicht des Kreditinstituts zur Verschwiegenheit über kundenbezogene Tatsachen und Wertungen, die ihm im Rahmen der Geschäftsverbindung bekannt geworden sind und die der Kunde geheim zu halten wünscht. Findet man alles in den Allgemeinen Geschäftsbedingungen. Nur in gesetzlich geregelten Ausnahmefällen dürfen die Kreditinstitute Auskünfte erteilen und bestimmten behördlichen Institutionen Informationen zur Verfügung stellen.

Allerdings wurde das deutsche Bankgeheimnis mit der Einführung des Zinsabschlags gelockert und mit der Einführung des Kontenabrufverfahrens weiter geschwächt. Seit 1998 müssen die Banken dem Bundeszentralamt für Steuern die Höhe der angemeldeten Freibeträge für Kapitalerträge und auch die Höhe deren Inanspruchnahme melden. Seit 2004 besteht die Meldepflicht von Zinszahlungen. Die Steuerbehörden sind zwar verpflichtet, grundsätzlich Rücksicht auf das Vertrauensverhältnis zwischen Banken und deren Kunden zu nehmen. Allerdings gibt es einige Ausnahmeregelungen für die Ermittlung der Finanzämter. Mit dem Gesetz zur Förderung der Steuerehrlichkeit, das seit April 2005 in Kraft ist, wurde das Bankgeheimnis praktisch abgeschafft. Staatliche Stellen erhalten Zugriff auf die Kontostammdaten von Bankkunden, wenn strafrechtlicher Verdacht auf Steuerhinterziehung besteht. In einem Urteil vom März 2009 entschied der Bundesgerichtshof, dass für die Weiterleitung von Kontodaten kein strafrechtlicher Verdacht vorliegen muss, sondern dass es schon ausreicht, wenn ein Bankgeschäft Auffälligkeiten aufweist, »die es aus dem Kreis der alltäglichen und banküblichen Geschäfte hervorhebt«, oder wenn voraussichtlich ein steuerlicher Klärungsbedarf entstehen kann, der auf Fehlern oder Unwissen beruht. Willkommen im Klub der gläsernen Bankkunden.

Nach dem Tod eines Kunden melden Banken alle vorhandenen Guthaben und Schließfächer der Erbschaftssteuerstelle. Dazu sind inländische Banken und europäische Kreditinstitute verpflichtet, bei denen kein striktes Bankgeheimnis gilt. In anderen Fällen, zum Beispiel bei Konten in Liechtenstein und der Schweiz, muss der Erbe zur Ermittlung der Erbschaftssteuer die Höhe der Guthaben dem Finanzamt melden.

Im Strafprozessrecht gilt das Bankgeheimnis nicht, denn das Zeugnisverweigerungsrecht bezieht sich nur auf Berufsgeheimnisse, zu denen das Bankgeheimnis nicht zählt. Anders bei Zivilprozessen: Hier können und müssen die Bankangestellten als Zeugen die Aussage verweigern, weil die Allgemeinen Geschäftsbedingungen die vertragliche Verpflichtung des Kreditinstituts enthalten, das Bankgeheimnis zu wahren.

Hätten Sie es gewusst?

Österreich ist innerhalb Europas das Land mit dem strengsten Bankgeheimnis. Dieses ist gesetzlich geregelt und kann nur aufgehoben werden mit schriftlicher Zustimmung des Kunden, bei Strafverfahren, bei Auskünften über die wirtschaftliche Lage eines Unternehmens, bei der Klärung von Rechtsstreitigkeiten zwischen Bank und Kunde und durch die Meldepflicht bei Erbschafts- und Schenkungsteuer. Völlig anonyme Konten gibt es aber auch in Österreich nicht mehr.

Gesetzlich geregelte Verschwiegenheit: Steuergeheimnis mit Tücken

Das Steuergeheimnis in Deutschland ist im Gegensatz zum Bankgeheimnis gesetzlich geregelt. Wer es verletzt, muss mit bis zu zwei Jahren Gefängnis oder einer Geldstrafe rechnen. Außerdem sind disziplinarische Konsequenzen und zivilrechtliche Schadenersatzansprüche zu erwarten. Das Steuergeheimnis verbietet den Mitarbeitern der Finanzbehörden, Erkenntnisse, die sie bei ihrer Arbeit gewinnen, an Dritte weiterzugeben. Klartext: Unbefugtes Plaudern und Plappern strengstens verboten! Das Steuergeheimnis soll ein Gegengewicht zu den vielfältigen Offenbarungs-, Auskunfts- und Mitwirkungspflichten des Steuerpflichtigen gegenüber den Finanzbehörden bilden. Es soll sicherstellen, dass alle Angaben des Steuerzahlers vertraulich bleiben.

Doch wie heißt es so schön: Ausnahmen bestätigen die Regel. Die Erkenntnisse dürfen dann weitergegeben werden, wenn dies der Durchführung eines Besteuerungsverfahrens, eines gerichtlichen Verfahrens in Steuersachen, eines Steuerstrafverfahrens oder eines Bußgeldverfahrens wegen einer Steuerordnungswidrigkeit dient. Das Gleiche gilt (unter besonderen Voraussetzungen) für die Durchführung eines außersteuerlichen Strafverfahrens. Und natürlich immer dann, wenn der Betroffene zustimmt oder ein zwingendes öffentliches Interesse besteht.

Die Frage, ob das Steuergeheimnis möglicherweise dem Steuerbetrug Vorschub leistet, stellt sich ganz automatisch. In einer transparenten Gesellschaft wie in Schweden, wo es kein Steuergeheimnis gibt, dürfte es viel schwieriger sein, Einnahmen am Staat vorbeizuschmuggeln, weil eine viel größere soziale Kontrolle – nicht nur durch die Finanzbehörden – möglich ist. Aber das dürfte nicht der einzige Grund sein.

In Schweden, aber auch in der Schweiz, hat der Einzelne ein anderes Verhältnis zu Gesellschaft und Staat. Die meisten Bürger fühlen sich verpflichtet, sich gegenüber ihren Mitmenschen fair zu verhalten. Und dazu gehört dann eben auch, einen Anteil an den gemeinschaftlichen Kosten, und etwas anderes sind Steuern nicht, zu tragen. Bei uns in Deutschland ist es anders. Hier fühlt man sich geschröpft. Kein Wunder, dass es bei uns Volkssport ist, Vater Staat bei der Steuererklärung auszutricksen, wo immer es geht. Ganz legal natürlich. *1000 ganz legale Steuertricks*, dieser Buchtitel spricht Bände. Da hört man doch gleich die Haushaltskasse klingeln. Erscheint übrigens mittlerweile in der 26. Auflage.

»Die Kunst, Steuern einzunehmen, besteht darin, die Gans zu rupfen, ohne dass sie schreit«, soll ein französischer Finanzminister 1560 gesagt haben. Der Mann konnte damals ja nichts über die deutschen Steuergesetze der Neuzeit wissen und über die Kunst der heutigen Finanzämter. Da wird so fest gerupft, dass die Gans (der Steuerpflichtige) lauthals schreit. Deutschland hat die umfangreichsten Steuergesetze der Welt. Kein anderes Land kommt da ran. Fragen Sie mal einen Steuerberater. Der kommt gar nicht mehr nach, und es wird immer schlimmer. Bei Steuerberaterprüfungen fallen über die Hälfte der Bewerber durch, weil sie an der »Vielfalt« der Steuergesetze scheitern. Es gibt in Deutschland rund vierzig Steuerarten, über hundert Steuergesetze und fast hunderttausend Verwaltungsvorschriften. Fast 70 Prozent der weltweiten Steuerliteratur beschäftigt sich mit dem deutschen Steuerrecht! Wahnsinn, oder? Und es gibt unendlich viele legale Ausnahmeregelungen, die es uns ermöglichen, weniger Steuern zu zahlen.

Diese Schlupflöcher können allerdings von Normalverdienern in festen Arbeitsverhältnissen längst nicht in dem Maße genutzt werden wie von Besserverdienern und Vermögenden. Immerhin schätzt die Deutsche Steuergewerkschaft, dass 60 Prozent der Deutschen ihre Steuern nicht korrekt zahlen.

Durch seine Fernsehauftritte ist der Immobilienunternehmer Klaus Barski aus Königsstein im Taunus inzwischen wohl bekannt wie ein bunter Hund. Sein Vermögen schätzt er auf fünf Millionen Euro, aber in seinem Jahressteuerbescheid von 2008 standen lediglich 2300 Euro. Und das ganz legal! Barski kauft ältere Mietshäuser, lässt sie renovieren und verkauft sie dann mit Gewinn weiter. Wenn er darauf achtet, dass er innerhalb von acht Jahren nicht mehr als drei Häuser verkauft, ist der damit erzielte Gewinn steuerfrei. Aber das ist nicht der einzige Grund für die geringe Steuerlast. Natürlich nutzt er auch sein Auto geschäftlich, ebenso wie seine Zweitwohnung in Südfrankreich oder seine Yacht. Mit dem Ergebnis, dass er alle damit verbundenen Kosten bei der Einkommensteuer verrechnen kann.

Unsere Steuererklärung bald nur noch auf einem Bierdeckel, wie es vor Jahren helle und führende Politikköpfe vorschlugen? Vergessen, vorbei. Zu oft wurden schon Steuererleichterungen versprochen – mittlerweile ist es fast unglaubwürdig. Der Steueralltag wird nur noch grausamer. Bitten Sie einmal einen Experten, er möge Ihnen diesen oder jenen Steuerparagraphen erklären. Sein erster Satz: »Also … das ist alles sehr komplex.« Die beste Ausrede für: Ich hab auch keine Ahnung! Fünfzigtausend Klagen sollen gegen das deutsche Steuersystem anhängig sein, dessen Ungerechtigkeiten zum Himmel schreien. Viel Spaß, ihr Richter! Selbst der Bundesrechnungshof rügt, dass die Steuerbeamten sich in ihrem Gestrüpp aus Vorschriften selbst nicht mehr auskennen. Nach seiner Meinung würden nur 15 Prozent der Millionäre richtig geprüft. Nach einer Schätzung der Deutschen Steuergewerkschaft gehen den Steuerfahndern weniger als 10 Prozent aller Steuerhinterzieher ins Netz. Immerhin kommen so noch 1,6 Milliarden Euro dorthin, wo sie hingehören, nämlich in die Steuerkassen. Es wird aber vermutet, dass es eigentlich 30 Milliarden sein müssten. Ein Hauptgrund, weshalb Vermögende so wenig für die Gemeinschaft tun (müssen), ist die Abschaffung der Vermögenssteuer im Jahr 1996.

Und es wird laut über neue Einnahmequellen der klammen Kommunen nachgedacht. Bräunungssteuer für Sonnenstudios. Zum Kaputtlachen, wenn es nicht ernst wäre. Bald wird wohl auch mein morgendlicher Gang zum Briefkasten mit einer Post-Abholsteuer bestraft, oder? Kein Wunder, dass bei vielen die Steuermoral auf den Hund gekommen ist und immer mehr, vor allem die Gutbetuchten, nach Auswegen suchen und vermeintliche Steueroasen anpeilen. Mit anonymen Anzeigen von Steuersündern durch Nachbarn, Ex-Partner oder gefeuerte Mitarbeiter versuchen viele, dabei ihr Süppchen zu kochen. Die Steuerhinterzieher-CDs mit gestohlenen Daten sind hinreichend bekannt. Der Staat machte mit und kaufte die bisher teuerste CD der Welt. Ein schmutziges Geschäft. Heiligt der Zweck wirklich die Mittel?

Aber, da gibt es kein Vertun: Steuerhinterziehung ist kein Kavaliersdelikt, sondern kriminell und muss bei allen Ungerechtigkeiten des Systems verfolgt werden. Mittlerweile sind die »Reichenbeschauer« überall unterwegs. Die Vernetzung der Steuerbehörden in Europa ist fast lückenlos. Mit einer EU-Richtlinie ist der Zugriff auf steuerrelevante Daten in der Union unbegrenzt möglich. Und die wichtigste Oase deutscher Steuerhinterzieher, Nicht-EU-Mitglied Schweiz, gilt auch nicht mehr als die rettende Festung. Amtshilfe bei Steuerhinterziehung und eine Abgeltungssteuer von 35 Prozent (bei uns ja 25 Prozent) machen die Schweiz als Fluchtland unattraktiv. Also das Ende eines Geldparadieses. Ähnliches gilt für Liechtenstein, seit Bankmitarbeiter Daten stehlen …

Pikant ist, dass Schweizer Banken die Auslandsreisen ihrer Berater stark eingeschränkt haben. Denn diese können beim Grenzübertritt wegen des Verdachts auf Beihilfe zur Steuerhinterziehung festgenommen werden, um die Namen der Kunden herauszurücken. Weil der Berater aber nicht weiß, welche seiner Kunden bei der Steuerfahndung bereits auf dem Zettel stehen, muss er alle Namen nennen. So kommen denn auch die Steuersünder auf den

Tisch, die nicht auf der Steuersünder-CD auftauchen. Pech gehabt. Sollte der Berater bei der Vernehmung nämlich »nicht kooperativ« sein und Kunden verschweigen, droht eine längere Untersuchungshaft. Daher die Beschränkung der Auslandsreisen.

Und was ist mit einer Selbstanzeige? Ja, geht. Die ist »strafbefreiend«, wenn die hinterzogenen Steuern plus 6 Prozent Hinterziehungszinsen an den Staat gezahlt werden. Neu ist, dass ein Sünder alle Schwarzgeldkonten offenlegen muss und nicht nur die Delikte zugibt, deren Aufdeckung gerade droht. Insofern ist die neue Regelung eine Verschärfung, aber gleichzeitig weiter klassischer Ablasshandel: »Wenn das Geld im Kasten klingt, der Täter von der Schaufel springt«, sagt dazu die *Süddeutsche Zeitung*. Meine Meinung: sorry, kein Mitleid mit Sozialschmarotzern. Die Herrschaften der Oberschicht haben sich ihrer gesellschaftlichen Verantwortung schnöde entzogen. Bis 300 Milliarden Euro sollen auf Auslandkonten schlummern, von denen der deutsche Fiskus keine Ahnung hat. Und der Ehrliche ist, richtig Ulrich Wickert, wieder mal der Dumme. Also kein Pardon, kein Plädoyer für die Selbstanzeige, mit der man sich bei einer Steuerhinterziehung extrem billig rauskaufen kann.

Immerhin: Soziale Verantwortung ist bei Unternehmenszielen von Rang 14 auf einen stattlichen dritten Platz gerückt, sagt eine Studie. Traditionelle Tugenden würden eine Renaissance erleben. Wenn das auch in die Köpfe der Handelnden vordringt, umso besser. Vertrauen und Verantwortung, zwei Tugenden mit großer Zukunft. Merke: Geld, das man besitzt, ist ein Mittel zur Freiheit. Geld, dem man nachjagt, ist Mittel zur Knechtschaft. Sagte schon der französische Philosoph Jean-Jacques Rousseau.

Vorbildfunktion und Vermögensabgabe

Der Soziologe und Eliteforscher Michael Hartmann von der TU Darmstadt erklärt, Eliten hätten nach wie vor noch eine Vorbildfunktion – nur verhielten sie sich nicht immer sonderlich vorbildlich. Während sich besonders Familienunternehmer in der Vergangenheit noch für ihr Land verantwortlich fühlten, ist diese Einstellung in den vergangenen Jahrzehnten immer weiter zurückgegangen. Es geht aber auch anders, wie die im Mai 2009 gegründete Initiative »Vermögende für eine Vermögensabgabe« zeigt: Rund fünfzig Millionäre fordern, dass alle Besitzer eines Geldvermögens von mehr als 500 000 Euro – damit ist nicht die selbstgenutzte Eigentumswohnung oder das Einfamilienhaus gemeint – in den Jahren 2009 und 2010 jeweils 5 Prozent an den Staat abführen sollen. Das Geld soll dann zweckgebunden in Bildung, für ein ökologisches Konjunkturpaket für mehr Beschäftigung und für die Anhebung der Hartz-IV-Sätze eingesetzt werden. Würden nur die Mitglieder dieser Initiative eine Vermögensabgabe zahlen, bringt das nach Ansicht von Peter Vollmer, einem der Gründer, gar nichts. Aber die Masse macht's. Wenn die Abgabe flächendeckend für alle Vermögenden gelten würde, kämen rund 20 Milliarden Euro in die Staatskasse, ohne dass sich die Lebensqualität der Reichen spürbar ändern würde. Leider wird zum Ärger der Gründer seitens der Politik recht verhalten auf die Initiative reagiert.

Der Hamburger Reeder und Millionär Peter Krämer geht ebenfalls mit der Forderung nach höheren Steuern an die Öffentlichkeit. Er hat nicht das Gefühl, schon jetzt zu viel Steuern zu zahlen. Denn in den USA, Japan und Frankreich zahlen Wohlhabende das Vierfache und in Großbritannien sogar das Fünffache dessen, was hierzulande fällig ist. Sein Vorschlag: Die Vermögenssteuer wieder einführen und den Satz auf ein Prozent erhöhen. Dabei sollen aber nur die Privatvermögen besteuert werden. Trotz dieser Forderung ist Krämer ein Verfechter des Steuergeheimnisses. Für sein Familienunternehmen ist er nicht verpflichtet, Zahlen offenzulegen, die Banken wüssten ohnehin, wie er finanziell dasteht – und seine Nachbarn ginge es absolut nichts an, wie hoch sein Privatvermögen sei. Drogerieunternehmer Dirk Rossmann fordert öffentlich mehr Patriotismus statt kleinkariertem Egoismus. Für die Reichen stehe viel mehr auf dem Spiel, als sie eine moderate Steuererhöhung kosten würde, so Rossmann. Denn er sieht Wohlstand und Demokratie in ihren Grundfesten gefährdet, weil Europa vor einer dramatischen Geldentwertung stehen würde, wenn der Staat das Steuer nicht schnell herumreiße.

Hut ab und Respekt. Bei den Reichen im Lande tut sich was – freiwillig. Sie wollen, wie es immer so schön heißt, ihren Beitrag leisten. Kann sein, dass der Generalverdacht, unsere Elite sei mit ihrer Raffgier auf Abwegen (SPD-Mann Gabriel klotzte sogar: »Das sind die neuen Asozialen!«), die Rossmanns, Werners und Krämers bestärkt hat. Motto: Wir waren und sind ehrbare Kaufleute mit all den Tugenden, die schon im mittelalterlichen Italien in den Kaufmannshandbüchern festgeschrieben waren, nämlich Ehrbarkeit durch tugendhaftes Verhalten.

Ein ehrbarer Kaufmann tat Gutes, indem er ehrbar wirtschaftete – ehrlich, höflich, klug, wagemutig, friedenslieb – und damit den eigenen und den Wohlstand der Gemeinschaft mehrte. Und da Gott in der mittelalterlichen Gesellschaft eine zentrale Rolle spielte, wurde er als Teilhaber einer Firma eingesetzt, mit eigenem Konto und einem Gewinnanteil, der an die Armen ging. Die Religion ist zwar heute in der Wirtschaft außen vor, das Leitbild des ehrbaren Kaufmanns aber wird bei vielen Unternehmern wie Dirk Rossmann, Götz Werner, Jürgen Heraeus, der Familie Otto oder dem Bankier Friedrich von Metzler vorgelebt. Sie gehören auch zu den hundert Reichsten, deren Vermögen 2009 vom *Manager Magazin* auf stolze 290 Milliarden Euro geschätzt wurde. Interessant: Ganz vorne stehen die »Pfennigfuchser« Albrecht (Aldi) und Schwarz (Lidl), die vom deutschen Schnäppchenjäger prächtig profitieren.

Also, die Wirtschaft entzieht sich nicht der gesellschaftlichen Pflicht, sondern plädiert sogar selbst für die Vermögenssteuer – bravo! Wie sagte Schauspieler Peter Ustinov: »Was der Sinn des Lebens ist, weiß keiner so genau. Jedenfalls hat es wenig Sinn, der reichste Mann auf dem Friedhof zu sein.« Und US-Präsident John F. Kennedy rief bei seiner umjubelten Amtseinführung 1961 bekanntlich auf: Fragt nicht, was der Staat für euch tun kann, sondern fragt, was ihr für den Staat tun könnt.

Es gibt aber auch immer mehr Reiche, die eine Vermögensabgabe in den anonymen Moloch Bundeshaushalt ablehnen und dennoch als Gutmenschen Flagge zeigen wollen. Was tun sie? Sie gehen stiften: Eine Rekordzahl von neuen Stiftungen durchzieht das Land. Auch eine Art Vermögensabgabe. Nur: Der Stifter gibt mit seinem Geld und Namen ein klares Ziel vor (zum Beispiel Unterstützung von Jugendlichen, Behinderten, alten Menschen), kann die Arbeit – und damit sein Geld – ständig überwachen und legt Wert darauf, dass sein Name auch nach seinem Ableben lebendig bleibt. Über die Stiftung. Hat natürlich auch was mit Steuerersparnis zu tun, ganz klar.

1.4 Jede Sekunde zählt: Über Geld nachdenken lohnt sich

Immer wieder wollen Menschen von mir wissen, ob ihre Geldanlagen sicher sind oder nicht. Zu oft läuft das Gespräch dann so: »Wie haben Sie Ihr Geld denn angelegt? – »In Fonds bei Union Investment.« – »Aha … ja, in welchen Fonds denn genau?« – »Keine Ahnung, aber Union Investment ist doch wohl eigentlich keine schlechte Gesellschaft, oder?« Nein, das ist sie auch nicht. Aber die Fonds unterscheiden sich trotzdem – und nicht gerade unerheblich. Also rate ich dem Anrufer: »Schauen Sie nach, welche Fonds Sie haben, schauen Sie sich die Informationen an, die Sie im Internet über Ihre Fonds finden können. Dann können Sie sich auch selbst ein Bild davon machen, ob das, was dort mit Ihrem Geld passiert, in Ihrem Sinne ist und zu Ihren Zielen passt.« – »Aber das verstehe ich doch alles gar nicht!« Das ist der springende Punkt. Es kostet eben etwas Zeit und Mühe, alle Formen der Geldanlage und all das, was im Kleingedruckten steht, zu verstehen.

Jemand hat mir einmal im Scherz gesagt, am liebsten lege er sein Geld in Briefmarken an. Das sei sicher. Die 55-Cent-Marke hat sich im Preis nie geändert. Sie kostet jahraus jahrein 55 Cent. Vom Unterschied zwischen Nominal- und Realwert wollte der gute Mann wohl nichts wissen, denn für einen 10-Euro-Schein bekommt man ja auch immer zehn 1-Euro-Münzen – Finanzkrise hin oder her.

Viele Menschen haben tatsächlich keine Lust, über Geld nachzudenken. Sie holen einmal im Monat die Auszüge ihres Girokontos, meist nachdem das nächste Gehalt eingegangen ist. Und wenn unten eine schwarze Zahl ohne Minusbalken steht, sind sie zufrieden. So einfach dürfen wir es uns aber eben nicht machen. Vertrauen ist zwar gut, aber Kontrolle besser. Und ich kann hinzufügen: Nur selbst denken macht schlau. Gilt besonders für Geldfragen.

Den Deutschen fehlt das Finanzwissen

Deutschland »erringt« einen traurigen dritten Platz bei der Rangliste der Unwissenden in Finanzdingen. Das zeigen die Ergebnisse einer europaweiten Studie von TNS Sofre im Auftrag der Fondsgesellschaft Fidelity. Mehr als die Hälfte der Bundesbürger hat bei Geldfragen schlichtweg keinen blassen Schimmer. Wer die beiden anderen auf dem Treppchen sind? Finnland und der Spitzenreiter Spanien. Na, herzlichen Glückwunsch! Die Briten hingegen sind die Finanzgenies in Europa. Kein Wunder, schließlich ist die britische Wirtschaft von Finanzdienstleistungen und den Banken als Arbeitgebern abhängig. Nicht umsonst ist London der Bankenstandort Nummer eins weltweit! Nur ein Viertel der Befragten bezeichnete dort das eigene Finanzwissen als schlecht. Die Mehrzahl der Deutschen ist der Ansicht, dass sie angesichts der fehlenden eigenen Kenntnisse bei Geldanlagen und Vorsorgeplanung auf die Beratung der Finanzinstitute angewiesen sind. Allerdings haben auch die Briten die (Finanz-)Weisheit nicht mit Löffeln gefressen – beweist allein die Finanzkrise in Großbritannien. Sich von der Industrie mehr oder weniger zu verabschieden und nur auf den Finanzsektor zu setzen hat sich nicht unbedingt als clever erwiesen. Ganz klar, man macht sich schließlich abhängig von diesem einen Bereich. Dieser Bumerang kommt aber rasend schnell zurück! Die Folge: Strikte Sparmaßnahmen sind nötig.

Über Geld redet man in Deutschland also auch nicht, weil man zu wenig davon versteht. Die Mehrheit der Deutschen gibt sich bestenfalls die Schulnote 3 (oder schlechter), wenn es um Kenntnisse zum Thema Geld und Wirtschaft geht. Kaum jemand hält sein Finanzwissen für sehr gut. Das ergab unter anderem die jüngste Umfrage von Emnid, die im Auftrag der Commerzbank durchgeführt wurde. Das Interesse der Deutschen an Finanzfragen und Altersvorsorge hält sich leider in Grenzen, ergab eine aktuelle Studie von Comdirect. Nur etwa ein Drittel der Befragten gab an, sich stark oder sehr stark für Themen wie sichere Geldanlage oder Vorsorge fürs Alter zu begeistern.

Mehr als 40 Prozent der Deutschen fühlen sich bei Finanzfragen überfordert, und etwa 25 Prozent geben zu, dass das Wissen bereits bei der Bedeutung wirtschaftlicher Grundbegriffe wie Rezession oder Inflation aussetzt. Selbst den Unterschied zwischen nominal und real kennen viele Deutsche nicht. Weitere Erkenntnisse: Tendenziell stufen Männer ihre Kenntnisse höher ein als Frauen; je älter man wird, desto mehr interessiert man sich für Finanzfragen; je höher der Verdienst, desto besser sind die Finanzkenntnisse. Sind also alte, reiche Männer am besten informiert? Könnte man augenzwinkernd schlussfolgern. Wäre aber zu pauschal.

Mehr als die Hälfte der Befragten hat schon einmal eine Anlageentscheidung bereut – und viele ärgern sich über Verluste. Ist doch klar. Aber nur die wenigsten sehen ein, dass sie sich im Vorfeld vielleicht zu wenig informiert haben. Na, ob das die richtige Strategie ist? Erstaunlich: Obwohl fast drei Viertel der Befragten zugeben, bei Gesprächen mit ihrem Finanzberater schon hier und da Verständnisprobleme zu haben, fragen trotzdem die wenigsten gezielt nach. Dabei geht es doch um ihr Geld! Sollte man nicht genau wissen wollen, was der Finanzberater damit anstellen will?

Selbst erfolgreiche Unternehmer, die Tausende von Mitarbeitern haben, überschätzen ihr eigenes Finanzwissen. In einer Studie der Universität Linz stellte sich heraus, dass Risikoverständnis und Anlageverhalten oft weit auseinanderfallen. So zählte sich die Mehrheit der Wohlhabenden aus Deutschland, die über ein frei verfügbares Vermögen von mindestens 500 000 Euro verfügen, nicht zu den risikofreudigen Anlegern. Die Durchsicht ihrer Portfolios ergab dann aber, dass darin risikoreiche Anlageformen dominierten. Ob die auch nicht nachgefragt haben? Kann man nur spekulieren.

Wer sich nach Ansicht der Befragten um die Verbesserung des Wirtschaftswissens der Bevölkerung kümmern soll? Die Schulen und Universitäten stehen dabei ganz klar an erster Stelle. Auch als Aufgabe des Staates wird die Wissensvermittlung gesehen, danach folgen Medien und die Banken.

Warum fallen die Ergebnisse und Einschätzungen so miserabel aus? Ganz einfach: Man hat nie gelernt, mit Geld umzugehen. Denn in der Schule gibt es leider kein Fach, in dem Ökonomie praxisnah gelehrt wird. Was aber bitter nötig wäre! Auch viele Lehrer haben keine Ahnung von Finanzdingen, bei manchen hat Wirtschaft im Studium bei Karl Marx aufgehört. Klar, es wird schon über Wirtschaft gesprochen an deutschen Schulen, aber eben nicht einheitlich in allen Bundesländern, da die Lehrpläne abweichen. Darüber hinaus verteilt sich das Thema Wirtschaft auf unterschiedliche Fächer. Hier mal ein Brocken in Erdkunde, dort mal einer in Mathe.

Ökonomie als eigenes Schulfach. Ja, das war schon im Gespräch. Dafür plädiert zum Beispiel Professor Rüdiger von Rosen vom Deutschen Aktieninstitut schon seit Jahren. Auch der Zentralverband des deutschen Handwerks fordert sowohl die Einführung des Schulfachs als auch besser qualifizierte Lehrkräfte. Das Thema wurde auch schon ins Kultusministerium weitergeleitet und diskutiert. Quintessenz: Ist eine gute Idee, aber leider, leider, leider nicht umsetzbar. Das Lehrmaterial fehlt, und auch die Lehrer sind nicht entsprechend ausgebildet. Wirtschaft wird nach wie vor so nebenbei unterrichtet. Und das, obwohl sich die Mehrheit der Eltern und Schüler für ein solches Schulfach ausspricht, hat der Bundesverband deutscher Banken schon vor ein paar Jahren herausgefunden.

Es klingelt an der Haustür von Familie Müller. Draußen steht ein Mädchen aus der Nachbarschaft mit einem kleinen Körbchen voller Erdbeeren in der Hand. »Hier«, sagt die Kleine und hebt Frau Müller den Korb entgegen. »Von meiner Mama. Wir haben Erdbeeren geerntet, und die sind für euch.« – »Das ist aber nett«, bedankt sich Frau Müller. »Kann ich dir denn auch was geben?« – »Ja«, strahlt das Mädchen, »10 Euro.« – »Ist das nicht ein bisschen viel?«, fragt Frau Müller erstaunt. Die Kleine schüttelt den Kopf: »Nee ... 10 Euro.« Frau Müller wendet sich an ihren Mann: »Was mache ich denn jetzt?« – »Gib ihr 10 Euro und sag ihr, dass sie uns nie wieder etwas bringen soll. Und sprich bei nächster Gelegenheit mit ihrer Mutter!«

Da hat sich die Kleine wohl ein bisschen verschätzt, aber wer kann es ihr verdenken. Der Umgang mit Geld will eben gelernt sein, ebenso wie Lesen, Schreiben und Rechnen. Dabei geht es einerseits darum, die Größenordnung und den Wert des Geldes kennenzulernen, zum anderen aber auch darum, ein vernunftbestimmtes Konsumverhalten zu trainieren.

Kleine Kinder schätzen den Wert von Geld zunächst nach der Größe der Münzen oder den Bildern der Geldscheine ein. Doch schnell lernen sie, dass man sich mit Geld Wünsche erfüllen kann. Das Mädchen aus dem obigen Beispiel hatte offensichtlich einen Wunsch vor Augen, für den es exakt 10 Euro brauchte und für den das Taschengeld wohl nicht ausreichte. Kinder müssen aber lernen, ein realistisches Verhältnis zu Geld zu bekommen. Dabei stehen die Eltern häufig in Konkurrenz zur Werbung und zu den Angeboten in Supermärkten und Kaufhäusern.

Der Geldlehrplan der Medien vermittelt hauptsächlich eines: Kaufen macht gute Laune. Was die Eltern ihren Kindern stattdessen beibringen müssen, ist, dass man nicht alles auf der Stelle haben kann. Man sollte überlegen, ob die Anschaffung sinnvoll und nützlich ist. Dass der Handel das anders sieht, ist kein Wunder. Denn Kinder sind schließlich die Konsumenten von morgen – und die sind nicht schlecht bei Kasse: Die rund 5,7 Millionen sechs- bis dreizehnjährigen Kinder in Deutschland hatten 2009 im Schnitt 1058 Euro im Geldbeutel oder auf einem Sparkonto, ergab die repräsentative KidsVerbraucheranalyse, die jährlich im Auftrag des Egmont Ehapa Verlags durchgeführt wird. Hochgerechnet verfügt diese Altersgruppe damit über mehr als 6 Milliarden Euro. Fast 2,5 Milliarden Euro kommen durch Taschengeld und regelmäßige Geldgeschenke zusammen und werden bevorzugt für Süßigkeiten, Zeitschriften und Eis ausgegeben. Weitere 3,6 Milliarden liegen auf Sparkonten.

Kinder schauen sich den Umgang mit Geld vorwiegend von den Eltern ab. Wer also selbst mit Geld nicht umgehen kann, kann es seinem Nachwuchs auch nur schwer beibringen. Deshalb ist es für die Eltern wichtig, auch für ihr eigenes Leben klare Finanzregeln aufzustellen. Die Erziehungsberechtigten haben zum Thema Kinder und Umgang mit Geld eine, sagen wir, ambivalente Einstellung: Fast drei Viertel der Eltern behaupten, dass sie versuchen, ihren Kindern ganz bewusst den Umgang mit Geld zu vermitteln, ergab eine Untersuchung der Comdirect Bank. Dennoch lässt knapp die Hälfte der Befragten die Kinder im Dunkeln, wenn es um das Gehalt der Eltern geht. Fast ebenso viele geben an, zu Hause ungern oder gar nicht über Gelddinge zu sprechen. Ein Viertel der Befragten sieht Geldfragen als Thematik, mit der man Kinder nicht unnötig früh belasten sollte. Geldsorgen werden von den wenigsten Eltern mit den Kindern geteilt. Dabei wird die Einstellung zum Thema Geld und Finanzen stark vom Elternhaus und eigenen Erfahrungen geprägt. Schule und Studium spielen in Deutschland eine untergeordnete Rolle, ebenso die Medien.

Taschengeld und Sparen

Mit Taschengeld lernen Kinder frühzeitig, verantwortungsvoll mit Geld umzugehen, weil sie sehen: Aha, Geld ist nicht unbegrenzt vorhanden, ich muss es mir einteilen, um mir meine Wünsche zu erfüllen. Und für manche Sachen muss ich eben länger sparen. Wichtig ist dabei, dass die Kinder nicht bei allen Anschaffungen die Eltern um Erlaubnis fragen müssen. Wo bliebe denn da die Eigenverantwortlichkeit? Also, ruhig mal nicht eingreifen, auch wenn man die geplante Anschaffung des Sprösslings für kompletten Unsinn hält. Der Lerneffekt beim Fehlkauf: Erst denken, dann kaufen!

Beim Taschengeld muss man das richtige Maß finden. Ist es so niedrig, dass das Kind sich keine Kleinigkeiten vom Schulkiosk leisten kann, kann es schnell als Außenseiter dastehen. Hat es viel mehr Geld als die Mitschüler, kann dagegen Neid aufkommen und das Kind kann schwer den verantwortungsvollen Umgang mit Geld erlernen.

Wie viel Taschengeld ist genug?

Natürlich muss jeder selbst wissen, wie viel Taschengeld das eigene Kind bekommen soll oder was die wirtschaftliche Situation der Familie zulässt. Aber es gibt auch Empfehlungen, hier zum Beispiel die des Nürnberger Jugendamts.
Kindern bis zum Alter von zehn Jahren fällt es mitunter noch schwer, das Taschengeld für einen ganzen Monat einzuteilen. Daher ist ein wöchentliches Taschengeld sinnvoller, denn das ist für das Kind überschaubarer.

- 4 bis 5 Jahre: 1 Euro.
- 6 bis 7 Jahre: 2 Euro.
- 8 bis 9 Jahre: 3 Euro.

Danach kann man getrost zur monatlichen Zahlung des Taschengelds übergehen.

- 10 bis 11 Jahre: 14 bis 16 Euro.
- 12 bis 13 Jahre: 20 bis 22 Euro.
- 14 bis 15 Jahre: 25 bis 30 Euro.
- 16 bis 17 Jahre: 35 bis 45 Euro.
- 18 Jahre: 70 Euro.

Wichtig ist nicht nur die Höhe des Taschengeldes, sondern auch eine klare Regelung, was davon gekauft werden muss und was nicht. Gehören zum Beispiel Kleidung, Mofareparaturen oder Handygebühren dazu, wird es höher ausfallen müssen, als wenn diese Kosten von den Eltern gesondert übernommen werden.

Mein Rat: Zahlen Sie das Taschengeld stets pünktlich und ohne Auflagen. Das Kind oder der Jugendliche kann nur den verantwortlichen Umgang mit Geld lernen, wenn man ihm Planungssicherheit bietet. Fordern Sie auf der anderen Seite auch rigoros die Schulden ein, die Ihr Kind bei Ihnen gemacht hat. Eine Taschengeldkürzung als Strafe ist wenig sinnvoll. Ob man Kindern zusätzlich zu dem Taschengeld Prämien für gute Zeugnisnoten zahlen sollte, darüber sind sich die Eltern und Pädagogen nicht einig. Die einen sagen, gute Leistungen dürfen auch ruhig belohnt werden, und die anderen weisen darauf hin, dass ein Kind mit schlechten Noten doppelt bestraft werde, durch die schlechten Noten an sich und zusätzlich durch kein Geld. Und was ist, wenn es einem Kind leichtfällt, eine Zwei zu erreichen, während das andere sich dafür gehörig anstrengen muss? Manche Eltern sind deshalb schon auf die Anwendung von Zielvorgaben übergegangen: Zu Beginn des Schuljahres wird gemeinsam mit dem Kind überlegt, welche Noten in welchen Fächern realistisch erreichbar sind. Liegt das Ergebnis wie geplant, gibt es Geld, liegt es darüber, etwas mehr Geld. Und wenn die Note unter Plan liegt, erhält das Kind eben kein Geld.

Bereits bei Kindern und Jugendlichen ist es üblich, sich für größere Anschaffungen Geld zu leihen. Viele Banken bieten bereits für Kinder ab 10 Jahren oder ab 14 Jahren Taschengeldkonten oder Guthabenkonten an. Das sind Girokonten, die aber nicht überzogen werden können. Da Banken und Sparkassen an Minderjährige aber keine Kredite geben dürfen, kommt geliehenes Geld in der Regel von Eltern, Freunden und Geschwistern. Es gibt verschiedenste Untersuchungen über die Verschuldung von Kindern und Jugendlichen. In den meisten Fällen wird festgestellt, dass es in erster Linie das Handy ist, was sie in die Schuldenfalle treibt. Kann man aber mit Prepaid-Karten eigentlich leicht unterbinden.

Karte leer – tja, dann geht halt nichts mehr. Oder man muss eben nachladen (lassen).

Übrigens haften Kinder bis zur Vollendung des siebten Lebensjahres für ihre Handlungen grundsätzlich nicht, weil sie geschäftsunfähig sind. Solche Rechtsgeschäfte sind unwirksam und verpflichten weder sie selbst noch die Eltern. Beschränkt geschäftsfähig sind Kinder und Jugendliche von 7 bis 18 Jahren. Rechtsgeschäfte gelten als schwebend unwirksam, wenn sie nicht mit Einwilligung der Eltern (oder eines gesetzlichen Vertreters) geschlossen werden. In beiden Fällen kann aber eine elterliche Genehmigung nachträglich erteilt werden. Eine Ausnahme bilden Willenserklärungen, die rechtlich lediglich vorteilhaft sind. So ist beispielsweise die Annahme von bestimmten Schenkungen auch ohne Zustimmung der Eltern wirksam. Voll geschäftsfähig ist man in Deutschland erst mit 18 Jahren.

Eine weitere Ausnahme regelt Paragraph 110 des Bürgerlichen Gesetzbuches, der sogenannte Taschengeldparagraph: Der Jugendliche kann sich von seinem Taschengeld auch ohne Zustimmung der Eltern etwas kaufen. Voraussetzung: Es muss direkt gezahlt worden sein. Gilt also nicht für Ratengeschäfte und Verträge, die laufende Zahlungen zur Folge haben, wie Handyverträge, Zeitschriftenabonnements, Mitgliedschaften et cetera.

2

Bank und Kunde: Warum Vertrauen nichts zählt

In Schweden startete man vor Jahren ein Experiment: ein Schimpanse gegen fünf Börsenmakler. Die Aufgabe: 10 000 Kronen maximal vermehren. Affendame Ola war treffsicher – im wahrsten Sinne des Wortes. Sie wählte mit Dartpfeilen auf die Kurszettel die Aktien aus, während die Börsenmakler fleißig analysierten. Mit Erfolg. Nach einem Monat hieß es: »And the winner is: Ola!«

Kurios, aber wahr: In keinem anderen Bereich des täglichen Lebens kann der Laie mit dem Profit so gut mithalten wie beim Kapitalmarkt. All die gewieften Bankberater und Finanzanalysten, die Unternehmen auf Herz und Nieren prüfen, alle Fachbegriffe intus haben – das sind doch die Profis, die müssen es doch schließlich wissen. Falsch. Das Börsenwetter lässt sich eben nicht voraussagen. Nicht einmal für die nächsten 24 Stunden. Warum sonst haben sich Berater und Analysten in der Finanzkrise blutige Nasen geholt mit ihren Prognosen und Empfehlungen – die fast alle schieflagen. Ausnahmen bestätigen natürlich wie immer die Regel. Nein, keine Illusionen: In der Finanzbranche wird auch nur mit Wasser gekocht.

Aber auch die Journalisten haben ihr Fett abbekommen. Sie sollen informieren, orientieren, sind Überbringer von Nachrichten, sollen dabei eine Lotsenfunktion ausüben und schwere Kost leicht verdaulich machen – in Wort, Ton und Bild. Und, ganz wichtig: ab und zu mal den Rasenmäher anschmeißen, damit kein Gras über bestimmte Geschichten wächst. Dabei immer neugierig und unabhängig sein, sich also nicht vereinnahmen lassen. Immer distanziert, nie selbst mitmachen. Journalisten, die Wächter also? Ach was, Nachtwächter sind wir! Ich höre die Stimmen noch. Hätten wir nicht die Internetblase oder die Finanzkrise kommen sehen müssen und die sogenannten Finanzinnovationen als Humbug enttarnen sollen? Sind wir nicht auch zu leichtgläubig und blauäugig gewesen? Ja, da ist was dran.

Dann die neuen Finanzprodukte, vorher völlig unbekannt und ohne Vorbild. Geprüft und abgesegnet von Experten: Vorstandschefs, Finanzchefs, Steuerberatern, Wirtschaftsprüfern, Aufsichtsräten und nicht zuletzt den Rating-Agenturen, eine Art TÜV also. Wie kann man denn als kleiner Wirtschaftsjournalist Zweifel haben bei dieser geballten Expertenmacht? Geblendet vom Riesen-Hype um die New Economy surften wir auf der Erfolgswelle mit. Kommentar- und kritiklos – bis zur die Lehman-Pleite.

Einige Journalisten ließen sich sogar auf krumme Touren ein, von der Geldgier gepackt, schrieben Aktien bewusst und wider alle Daten »hoch«, priesen sie an, kauften sie parallel im großen Stil. Um dann, wenn sich die große Meute auf diese Aktie stürzte und die Kurse stiegen, mit Verbündeten Kasse zu machen. Doch so etwas kommt schnell heraus, wenn es eindeutig ist. Jeder Deal an der Börse wird im dortigen Zentralcomputer registriert, Auffälligkeiten im Kursablauf werden kontrolliert, geprüft, gemeldet und auch geahndet. Und zwar mit Gefängnis. Diese Kollegen kann man vergessen. Zum Glück sind sie in der Minderheit.

Was raten wir den Kunden denn heute? Der Glamour der Börsengebäude und Bankpaläste täuscht. Deshalb: Vertrauen ist gut, Kontrolle aber besser, soll Lenin gesagt haben, russischer Revolutionär und Gründer der ehemaligen Sowjetunion.

2.1 Motto des Tages: Vertrauen ist gut, Kontrolle ist besser

Freundlich und sympathisch – diese Worte beschreiben den älteren Mann mit schütterem, silbernem Haar und tiefen Geheimratsecken auf den ersten Blick ganz gut. Den vertrauenerweckenden treuen Hundeblick hat er ebenso drauf wie das melancholische Lächeln, das seine Lippen umspielt. Doch der Schein trügt gewaltig, wie sich herausstellen soll. Ein gepflegtes Äußeres, gepaart mit bescheidenem Auftreten, das dennoch unaufdringlich zeigt, dass man einen sehr wohlhabenden Menschen vor sich hat. Wer ihn treffen will, muss in Opern oder Konzerte gehen. Oder Wohltätigkeitsveranstaltungen besuchen, das verspricht eine hohe Trefferquote. Ansonsten: Audienz beim Ortstermin im Büro (eher selten) oder im Golfclub in Florida. Man gönnt sich ja sonst nichts. Doch unser gesuchter Lebemann ist sehr anspruchsvoll bei der Auswahl seiner Geschäftspartner.

Ahnen Sie schon, um wen es geht? Ein paar weitere Hinweise: Er scheint so seriös, dass man ein Investment bei ihm wie eine Staatsanleihe betrachtet – und er ist schon so lange im Geschäft, dass man ihn zum Urgestein der Wall Street zählt. Ein paar Stationen aus seinem Leben: Als 22-Jähriger gründet er im Jahr 1960 seine Firma mit 5000 Dollar Startkapital. Schon zehn Jahre später gehört er zu den Pionieren der Nasdaq und wird lange Zeit deren Verwaltungsratsvorsitzender. Außerdem ist er Mitglied in verschiedenen Kongressausschüssen und sitzt in den Beratungsgremien der Börsenaufsicht SEC. Ein Teufelskerl, nicht wahr?

Warum sollte man also misstrauisch werden, als dieser erfolgreiche Börsenhändler eine Vermögensverwaltung und Anlageberatung für wohlhabende Kapitalanleger gründet? Ist doch ein logischer Schritt. Seinen erlesenen Kunden steht er als exklusiver Ansprechpartner zur Verfügung. Vorbildlich und kundenorientiert. Große Versprechen? Fehlanzeige. Solide 10 Prozent Rendite erwirtschaftet er über Jahre hinweg. Weniger als die Konkurrenz, aber eben verlässlich. Und Verlässlichkeit schafft schließlich Vertrauen. Warum also nervige Fragen nach den Anlagemethoden stellen? Unser Mister X lässt durchblicken, dass er etwa zwanzigmal im Jahr die Gelder investiert und bei einem Wertzuwachs von einem Prozent sofort wieder aussteigt. Kleine konstante Gewinne, kaum Risiko für den Anleger. Überzeugend und sicher, finden nicht nur Kleinanleger, sondern auch große Banken, Investmentfondsanbieter und Wall-Street-Experten. Alle sind der Meinung, dass er noch etwas klüger und gewitzter ist als sie selbst. Wie viel gewitzter unser gaunerischer Unbekannter tatsächlich war, stellte sich eines Tages heraus: Am 11. Dezember 2008, um genau zu sein. Na, haben Sie inzwischen erraten, um wen es geht?

An diesem Dezembermorgen um 8.30 Uhr klopfen FBI-Beamte an die Tür des mittlerweile 70-jährigen Mannes: »Wir sind hier, um herauszufinden, ob es eine harmlose Erklärung gibt für einige Informationen, die wir erhalten haben.« Die Antwort ist unerwartet: »Es gibt keine Erklärung, die mich unschuldig aussehen lassen könnte. Ich habe Investoren mit Geld bezahlt, das eigentlich gar nicht da war. Es war alles eine große Lüge, faktisch ein Schneeballsystem.« Ein Geständnis auf dem Silbertablett.

Das ist die unglaubliche Gaunergeschichte von Bernard L. Madoff. Achttausend Anleger hat er um eine Gesamtsumme von sagenhaften 50 Milliarden Dollar gebracht. Heute sitzt er im Gefängnis, verurteilt zu 150 Jahren Haft, weil der Richter in seinen Taten eine außergewöhnliche Bösartigkeit erkannte. Die Ironie: Madoff selbst hatte über seine Söhne und deren Anwälte die Ermittlungen der Behörden gegen sich initiiert. Keiner seiner Investoren hatte bis zu diesem Moment Verdacht geschöpft. Ein böses Erwachen folgte. Vorläufiger tragischer Höhepunkt: Ein Sohn von Madoff nahm sich das Leben.

»Vertrauen ist der Anfang von allem« hieß der Werbespot der Deutschen Bank aus dem Jahr 1996. Aber wie sieht es mit dem Vertrauen der Kunden in ihre Bank und deren Berater wirklich aus? Wen fragen Sie denn vertrauensvoll um Rat, wenn es darum geht, wie Sie Ihr Erspartes anlegen können und was Sie für Ihre Altersvorsorge tun sollten? Diese Fragen stellte die Studie der Comdirect Bank. Das Ergebnis: Die Deutschen vertrauen in erster Linie den Tipps ihres Partners, aber auch dem Vater und der Mutter, dem besten Freund oder der besten Freundin. Nicht weiter erstaunlich. Wenn man seinem Partner, seinen Eltern und engsten Freunden nicht vertraut, wem denn dann? Aber wenn diese Vertrauenspersonen gar keine Ahnung auf dem Gebiet der Geldanlage haben? Tja, dann kommen (notgedrungen) die Bankberater und unabhängigen Finanzberater ins Spiel.

Die Entscheidung für eine bestimmte Form der Geldanlage wird bei jedem zweiten Deutschen in erster Linie von Bank-, Versicherungs- oder freien Finanzberatern beeinflusst, ergab eine europaweite Studie von TNS Sofre im Auftrag der Fondsgesellschaft Fidelity. Das heißt, man vertraut darauf, dass die empfohlene Anlage sich positiv entwickeln wird. Jeder zehnte Deutsche setzt bei seiner Entscheidung auf die Information durch die Medien.

Der Zusammenbruch von Lehman Brothers, die Pleite der isländischen Kaupthing Bank, der Einbruch an den Wertpapiermärkten. All das hat nicht nur Kleinaktionären schlaflose Nächte beschert. Beim Blick auf die Kontoauszüge konnte es einem schlecht werden: alles in den Miesen. Kein Wunder also, dass die große Mehrheit der Deutschen durch die Finanzkrise zumindest etwas Vertrauen in unser Wirtschafts- und Finanzsystem verloren hat, zeigen Studien der Comdirect und der Gesellschaft für Konsumforschung. Viele Bundesbürger glauben den Bankberatern kein Wort mehr. Jeder Vierte fühlt sich von den Finanzfachleuten hintergangen. Gut die Hälfte ist verärgert, mehr als ein Drittel verunsichert und nur die wenigsten blicken trotz allem optimistisch in die Zukunft und sagen: Wird schon werden! Erstaunlich ist, dass trotzdem die meisten Befragten ihr Verhalten in Bezug auf Geld nicht geändert haben. Kaum einer ist wesentlich sparsamer geworden oder vorsichtiger oder kritischer bei Geldanlagen. Wird man aus Schaden denn nicht klug?

Scalping kommt von Skalpieren

Madoffs Betrugsskandal ist keine Eintagsfliege. Immer wieder gehen Geschichten von Marktmanipulationen durch die Presse, die Anleger bares Geld kosten. Verdacht auf Bilanzfälschung, Kursmanipulation und Insiderhandel.

An einem Septembermorgen in mehreren deutschen Städten: Polizei, Staatsanwaltschaft und Beamte der Bundesanstalt für Finanzdienstaufsicht (BaFin) durchkämmen Bürogebäude und Wohnungen von Unternehmern, Aktienhändlern sowie Anlegerschützern und auch Finanzjournalisten. Eine großangelegte Razzia nach jahrelanger Ermittlungsarbeit. Der Vorwurf: Insiderhandel und Scalping. Dieser Begriff kommt von Skalpieren und umschreibt gezielte Veröffentlichungen, um den Aktienkurs eines Unternehmens zu beeinflussen – im eigenen Interesse selbstverständlich. »Scalping funktioniert natürlich nur, wenn ich eine möglichst große Öffentlichkeit auf den Wert hinweise, den ich gerade besitze und in die gewünschte Richtung steuern möchte. Die breite Masse aber kann man besonders gut von Journalisten ansprechen«, beschreibt ein Experte für Kapitalmarktrecht diese Machenschaften.

Besonders pikant: Ausgerechnet Vertreter der Schutzgemeinschaft der Kapitalanleger (SdK), die auf Hauptversammlungen von Aktiengesellschaften stets das Hohelied des schutzbedürftigen Kleinanlegers singen, sollen neben Journalisten bekannter Anlegermagazine an Insidergeschäften kräftig mitverdient haben. So bei der Kursmanipulation von Wirecard, einem bayerischen Unternehmen für elektronischen Zahlungsverkehr. Gewettet wurde auf fallende Kurse der Aktien, unter anderem mit gezielten Negativberichten über die Firma. Der Kurssturz folgte sogleich und damit der Reibach für die Beteiligten. Die Verfahren laufen.

Nur zur Klarstellung meines Berufsstandes, dem der Wirtschafts- und Finanzjournalisten. Auszug aus dem Kodex des Presserats zur Wirtschafts- und Finanzmarktberichterstattung: »Journalisten dürfen keine Berichte über Wertpapiere in der Absicht veröffentlichen, durch die Kursentwicklung des entsprechenden Wertpapiers sich, ihre Familienmitglieder oder andere nahestehende Personen zu bereichern.« Unabhängig vom Ausgang der Verfahren: Das Vertrauen in den seriösen Finanzjournalismus ist erschüttert. Noch ein Vertrauensschwund also.

Der große Ärger mit den Lehman-Zertifikaten

So was gab es in Deutschland noch nie: Anleger demonstrieren mit Transparenten wie »Bankster« oder »Wir wollen unser Geld zurück«. Dazu: Mahnwachen vor Sparkassen und Banken, die Papiere der Pleitebank Lehman Brothers noch kurz vor deren Zusammenbruch Anlegern als topsicher angedreht hatten. Zertifikate: Das klingt nach Gütesiegel, TÜV-geprüft. Niemand wurde darauf hingewiesen, dass bei einer Pleite die Zertifikate wertlos würden und Anleger vor einem Totalverlust stünden? »Wer konnte denn auch nur ahnen«, sagte mir ein verzweifelter Bankberater, »dass so eine große internationale Bank den Bach runtergeht und von der Politik einfach fallengelassen wird?«

Wie viel Geld die Privatanleger verloren haben, weiß man nicht. Die Deutsche Schutzvereinigung für Wertpapierbesitz (DSW) schätzt, dass allein von der Pleite der Lehman Brothers in Deutschland knapp zehntausend Zertifikate-Anleger betroffen sind und der Schaden (in Euro) im zweistelligen Millionenbereich liegt. Knapp die Hälfte dieser Zertifikate wurden nach Angaben des Deutschen Derivate Verbands (DDV) von der Deutschen Bank und der Commerzbank verkauft, aber auch Dresdner Bank, Citibank und die Sparkassen waren mit von der Partie. Die DSW und die Verbraucherzentralen in ganz Deutschland wurden mit einer Flut von besorgten Anrufen überschüttet.

Von tragischen Schicksalen im Zuge der Finanzkrise höre ich fast täglich. Zu vielen ahnungslosen Kunden wurde Schrott aufgeschwatzt bei großen deutschen Banken. So hatte ein Rentner auf Anraten seines Bankberaters seine gesamten Ersparnisse in Höhe von 27 000 Euro in Lehman-Zertifikate angelegt, obwohl er in allen Beratungsgesprächen darauf hingewiesen hatte, dass er keine riskante Anlage wünsche. Er wurde nicht über die Risiken von Zertifikaten informiert und kaufte sie, weil er blindes Vertrauen in die Kompetenz seines Beraters hatte. Trauriges Ende: Der Rentner hat sein gesamtes Erspartes verloren – wie so viele andere Kleinanleger. Ein anderer Fall: Einer 84-jährigen Frau wurden vor sechs Jahren Zertifikate als Geldanlage empfohlen. Sie hat ihre Altersvorsorge fast verloren und streitet sich mit der Sparkasse herum.

Wenn man nachfragt, beißt man bei den meisten Geldinstituten auf Granit: »Aha, Sie haben Verluste gemacht? Nun ja, Zertifikate sind schließlich Risikopapiere … Wie, das wussten Sie nicht? Was, wir sollen falsch beraten haben? Beweise bitte. Haben Sie nicht? Ach, vor sechs Jahren sagen Sie … ist doch ohnehin längst verjährt!« Alles schon erlebt. Kulanz ist eher die Ausnahme: Haspa, Frankfurter Sparkasse und Citibank haben immerhin einen Schritt auf ihre Kunden zugemacht, indem sie Entschädigung auf Kulanzbasis anbieten und ihnen einen Teil der angelegten Summe erstatten.

Ja, die Beweislast liegt auf Seiten des Anlegers. Mittlerweile gibt es zum Glück das vorgeschriebene Beratungsprotokoll. Wenn es denn nur richtig ausgefüllt würde! Dazu kommen wir später noch. Aber ich habe auch Stimmen aus den Banken gehört: Was soll der kleine Bankangestellte denn tun, wenn ihm die Zertifikate als sichere Anlageform angepriesen werden, er entsprechende Infos bekommt und das Zeug nun verkaufen muss? Ist auch was dran.

Was sind eigentlich Zertifikate?

Zertifikate sind eine Art Schuldverschreibung von Banken. Sie bringen keine feste Verzinsung, sondern der Anleger ist beteiligt am Erfolg eines Börsengeschäfts. Dabei geht es um Spekulationen auf steigende oder fallende Börsenindizes wie DAX, Zinsen oder Preise für Aktien oder Rohstoffe innerhalb eines bestimmten Zeitraums. Es gibt unzählige Zertifikate-Variationen mit völlig unterschiedlichen Ertragschancen und Verlustrisiken. Mehr dazu in Kapitel 4.

Der springende Punkt: Klassische Investmentfonds sind bei Insolvenz der Fondsgesellschaft gesetzlich geschützt, bei Spareinlagen greift der Einlagensicherungsfonds bei Zahlungsunfähigkeit der Bank. Bei Zertifikaten besteht keinerlei Schutz! Bedeutet: Totalverlust, falls die Bank pleitegeht. So viel zur sicheren Geldanlage …

2.2 Vertraue meinem Rating: Wie Finanzanalysten arbeiten

Mitte 2010 gab es in Deutschland insgesamt 8,6 Millionen Aktienbesitzer. 2,5 Millionen davon haben ausschließlich in Aktien investiert, 4,7 Millionen in Fondsanteile und 1,4 Millionen fahren zweigleisig. Viele Kleinanleger vertrauen dabei den Analysen und Anlageempfehlungen von Finanzanalysten blind. Wenn diese bestimmten Aktien oder ganzen Branchen eine positive Entwicklung voraussagen, kann es ja nicht völlig falsch sein, wenn man diese Aktien kauft. Haben Sie eigentlich eine Vorstellung davon, wie diese Empfehlungen zustande kommen? Die meisten Kleinanleger haben keinen blassen Schimmer.

Finanzanalysten oder Investment-Professionals sollen große institutionelle Anleger mit ihrem fachkundigen Röntgenblick durch Unternehmen, Branchen und auch Staaten beraten: was sie kaufen, verkaufen oder halten sollen an Wertpapieren. Daumen rauf oder Daumen runter, verpackt in wochenlang erarbeiteten dicken Studien. So einfach ist das Geschäft und doch so kompliziert, oft mit heftigen Folgen an den Börsen. Was? Bank Y hat das Börsenunternehmen X herabgestuft, weil dem Analysten die Gewinnaussichten nicht passten? Nix wie weg mit dieser Aktie! Alles erlebt, jeden Tag. Und: Auch bei dieser Zunft regiert der Herdentrieb. Statistiken zeigen, dass in Börsenboom-Phasen Kaufempfehlungen der Analysten klar vorne lagen, in einem Börsenabschwung die zum Verkauf. Keine große Kunst, oder?

Immer mehr Köche rührten im Analysetopf, als sich in den Neunzigerjahren junge, völlig unbekannte Unternehmen an die Börse drängten und am »Neuen Markt« Geld und Glück suchten, dort notiert werden wollten, wie es in der Fachsprache heißt. Plötzlich tauchten auf Pressekonferenzen dieser Unternehmen ebenso unbekannte junge Gesichter auf, die nach den ersten Äußerungen des Chefs von Unternehmen X hektisch vor die Tür stürzten und draußen kurze Sätze ins Handy stammelten. Als Journalist wird man da ja neugierig: »Wer sind Sie denn?« – »Ich? Ich bin Analyst beim Wertpapierhaus Y.« – »Aha ... Hab mich nur gewundert, weil ich Sie noch nie gesehen habe.« – »Klar, können Sie auch nicht. Ich war bisher auf der Uni, hab BWL studiert, dann einen Crashkurs bei meiner Bank, drei Monate, und jetzt arbeite ich als Analyst.« – »Ah ja, verstehe. Haben Sie denn Ahnung von dem Unternehmen, von der Branche und so?« – »Nö, wozu? Am Neuen Markt sind doch nur Unternehmen, die es bisher noch nicht gab. Und in Branchen wie Internet oder Telekommunikation, die es bisher auch nicht gab. Alles neu eben. Da braucht man nicht von der Pike auf Analyse betreiben, nur kurz seine Einschätzung geben, fertig.« Ja, da kommt sicher Vertrauen auf.

Das wurde auch so manchem alten Hasen zu bunt. Ein altgedienter, hochangesehener und versierter Finanzanalyst kam eines Tages vorbei und meinte nur: »Tschüss. Für immer.« Ich: »Wieso denn, hast doch noch kein Rentenalter?« – »Nein«, erwidert er, »aber das hier ist nicht mehr meine Welt. Wer sich hier alles Finanzanalyst schimpft, und wie da analysiert wird, da dreht sich's bei mir. Ich komme zurück, wenn alles wieder normal ist.« Lange musste er nicht im Exil bleiben. Der Neue Markt hob sensationell ab – und stürzte ebenso spektakulär schnell. Ohne Netz und doppelten Boden. Und die jungen neuen Internetanalysten? Weg – bis auf wenige Überlebende.

Früher waren Finanzanalysten diejenigen, die akribisch Firmendaten der Aktiengesellschaften sammelten, gewichteten und im Vergleich zum Kurs und der Branche werteten. Die Experten, meist erfahrene, ausgebuffte Bilanzprofis, konnten manch faulen Trick in der Bilanz entdecken. Meist ein eher schlecht bezahlter Job. Aber das war einmal. Heute gehören Analysten zu den besser verdienenden Bankangestellten, manche arbeiten auch freiberuflich. Wochenlang über den Zahlen brüten? Bei den jungen Analysten ist das meist nicht drin, dazu fehlt ihnen wahrscheinlich die Zeit. Was darüber hinaus leider auch oft fehlt, ist der ausreichende Background für ein qualifiziertes Urteil.

Wie kommt der Finanzanalyst denn nun zu seinen Ergebnissen und Empfehlungen? Paragraph 34 b des Wertpapierhandelsgesetzes regelt seine Arbeit: Sachkenntnis, Sorgfalt und Gewissenhaftigkeit sind dabei die wichtigsten Schlagworte. Ein Finanzanalyst ist ein Wertpapierfachmann. Er versucht, sich einen möglichst genauen Überblick über die Situation einer Aktiengesellschaft und der Kurschancen ihrer Aktien zu verschaffen. Oder er betrachtet die Situation und mögliche Entwicklung einer gesamten Branche. Was muss er denn dafür auf dem Kasten haben? Nun, vor allem Bilanzanalyse, Bewertungsmethoden und Finanzmathematik. Um die Entwicklungen an der Börse zu analysieren, benutzt er unter anderem die technische Chartanalyse und die Fundamentalanalyse.

Charts sind die Kurven, die die Kursentwicklung einer Aktie nachzeichnen. Manchmal werden die Kurscharts auch mit den Börsenumsätzen der betreffenden Aktie kombiniert. Aus den Charts der Vergangenheit sollen per Chartanalyse Zukunftstrends abgelesen werden. Die Fundamentalanalyse betrachtet »fundamentale Daten«, die die Kursentwicklung beeinflussen. Unternehmensspezifische und branchenspezifische Daten sowie allgemeine Konjunkturdaten zum Beispiel. Dazu gehört tägliches akribisches Durchkämmen der Börsen- und Wirtschaftsinformationen weltweit. Ziel der Übung: die künftige Entwicklung der Aktiengesellschaft prognostizieren und so einen realistischen Aktienwert errechnen. Liegt dieser über dem derzeitigen Aktienkurs, gilt die Aktie als »unterbewertet«, so der Fachjargon. In diesem Fall wird der Analyst den Kauf empfehlen. Umkehrschluss: Bei einer »überbewerteten« Aktie wird er zum Verkauf raten. In der Praxis nutzen Finanzanalysten meist eine Kombination aus beiden Methoden. Diese Analysen sind sowohl an institutionelle Anleger als auch an private Bankkunden gerichtet.

Finanzanalyst darf sich bei uns in Deutschland leider jeder nennen. Es gibt keine geregelte Ausbildung für diesen Beruf. Meist absolvieren die jungen Leute nach dem Studium (Betriebswirtschaft oder Volkswirtschaft) eine Zusatzausbildung. Die heißen dann Certified European Financial Analyst (CEFA), Certified International Investment Analyst (CIIA) oder Chartered Financial Analyst (CFA) – oder ähnlich.

Finanzanalysten sind also keine Hellseher, sondern im günstigsten Fall Fachleute. Um es gleich vorweg zu sagen: Ich schere mich mittlerweile um das Geschwätz der Analysten gar nicht mehr. Meine Meinung: Zu viele unerfahrene Analysten kommen zu früh in Verantwortung und dürfen Empfehlungen abgeben. Schon Endzwanziger, direkt von der Uni und per Schnellkurs angelernt, dürfen Analysen auf den Markt werfen. Wenn sie etwas von »akkumulieren«, »strong buy«, »underweighten«, »sell«, »Outperformer«, »Market Performer« und »Underperformer« flüstern, beben die Kurse, weil Investoren fast blind und sofort den Empfehlungen folgen. Mit ihrem Urteil können sie Kurse in die Höhe treiben oder aber auch einen Absturz auslösen.

Warum Anlageempfehlungen oft positiv ausfallen

Können Sie sich daran erinnern, dass ein Analyst vor einem Einbruch der Märkte gewarnt und empfohlen hätte, die Aktien abzustoßen? Fehlanzeige. Weder vor dem Zusammenbruch des Neuen Marktes noch vor der Finanzkrise ab 2008 warnten die Finanzanalysten. Und kurz vor der Lehman-Pleite wurden ahnungslosen Privatanlegern Lehman-Zertifikate geradezu angepriesen. Klar, ein Analyst darf nach dem Wertpapierhandelsgesetz nur öffentlich bekannte Tatsachen verwenden. Alles andere wäre Insiderhandel – und damit verboten. Aber ein bisschen mehr an Informationen und Treffsicherheit und dafür ein bisschen weniger Überraschungen dürfte man bei Profis eigentlich schon erwarten.

Haben Sie sich schon einmal gefragt, warum es so viele positive Empfehlungen von Finanzanalysten gibt und so wenig negative? Meine Antwort ist ganz einfach: Zu wenige Finanzanalysten sind bei ihrer Bewertung unabhängig; sie müssen die Interessen ihres Arbeitgebers, also der Bank, vertreten und Anweisungen folgen. Ein Beispiel: Im Mai 2008 meldete die *Süddeutsche Zeitung*, dass die Investmentbank Merrill Lynch ihre Analysten angewiesen hatte, sich häufiger kritisch über Aktien zu äußern. Künftig sollten mindestens 20 Prozent der Analysen zu einem negativen Urteil über die Unternehmen kommen. Wie soll das denn bitte gehen? Und wo bleibt da die Unabhängigkeit? In diesem Fall schien es sich zwar um einen Versuch zu handeln, die Glaubwürdigkeit der Bank zu erhöhen, aber der Königsweg war das doch wohl auch nicht.

In der Regel ist es schon so, dass negative Analysen dem Geschäft schaden. Das gilt besonders für Investmentbanken, speziell bei der Betreuung von Börsengängen. Die Analysten der Research-Abteilung dürfen dem Kundenressort der Bank nicht dazwischenfunken, unter gar keinen Umständen. Es heißt zwar immer, Kundeneinheiten und Research würden überall voneinander unabhängig geführt und der Fluss »sensibler Informationen« zwischen diesen durch »Chinese Walls« verhindert, genau so, wie es das Wertpapierhandelsgesetz vorschreibt. Brav. Aber funktioniert das in der Praxis? Wohl eher nicht. Der Analyst macht sein Gutachten sicher neutral. Doch was weiter mit der Analyse passiert, ob sie weitergereicht wird, wie sie interpretiert wird und ob der Bankberater am Schalter die Studie tatsächlich aus der Schublade holt, wenn er einen Kunden zu einer Aktie beraten soll – das steht in den Sternen. Kann man im Einzelfall auch kaum nachvollziehen.

Auch Finanzanalysten sind nicht vor dem Herdentrieb gefeit. Wollen Finanzmarktexperten herausgefunden haben. Nachvollziehbar: Es ist eben angenehmer, die Meinung zu vertreten, die alle anderen Kollegen verbreiten. Eine Minderheitsmeinung? Viel zu riskant. Was ist, wenn die sich als falsch erweist? Da fällt man doch als Analyst nur negativ auf. Wie unangenehm. Nein, besser liegen alle falsch, dann hat man sich zumindest nicht allein geirrt. Auch eine Art der Risikostreuung.

Warum liegen Analysten mit ihren Prognosen oft schief, obwohl sie doch das Ohr an der Matratze der Unternehmen haben? Weil beide, Analyst und Unternehmen, bewusst mit gezinkten Karten spielen. Ein Beispiel: Unternehmen X gibt eine Gewinnprognose bekannt, die aber niedriger ausfällt als beim Management geplant. Statt 8,70 Euro je Aktie verkündet man also nur 8 Euro. Der Analyst seinerseits taxiert den Gewinn auf 8,35 Euro, denn er weiß: Das Unternehmen untertreibt bewusst, weil es keinen Kursrückgang der Aktie riskieren will. Das Unternehmen rückt dann wenig später mit dem »echten« Gewinn von 8,70 Euro heraus. Alle sind glücklich: der Analyst, weil er ohnehin mehr als 8 Euro erwartet hat, und die Aktionäre, weil das Unternehmen doch mehr verdient. Die Folge: Die Aktie wird gekauft, der Kurs steigt. Wäre die Gewinnprognose des Analysten indes eingetreten, also »nur« 8,35 Euro je Aktie, hätte sich Enttäuschung breitgemacht: »Was? Nicht mehr als der Analyst getippt hat?« – und die Aktie würde eher verkauft, der Kurs würde dadurch fallen. Fazit: Gewinnschätzungen der Firmen sind in der Regel (Ausnahmen bestätigen sie nur) zu tief. Analysten »wissen« das, spielen das Spielchen bewusst mit. So wahrt jeder sein Gesicht.

Interessant ist die Reaktion der Anleger auf die vielen Kaufempfehlungen und geringen Verkaufsempfehlungen: Sie richten sich nicht nach einer Kaufempfehlung, aber sehr stark nach der Verkaufsempfehlung. Also: Beim Wertpapierkauf haben sie Bedenken, weil sie davon ausgehen, dass die Analysten vielleicht befangen sind, aber beim Verkauf, da sind sie sofort bei der Sache. Warum? Na, weil die Anleger Angst haben, zu spät zu verkaufen und Verluste zu machen.

Wer ist der beste Analyst?

Schaut den Analysten eigentlich auch einmal jemand auf die Finger? Klar, zum Beispiel bewertet das US-Analysehaus Starmine, eine Tochter des weltgrößten Finanzdatenanbieters Thomson Reuters, seit mehr als zehn Jahren die Qualität von Aktienempfehlungen und die Genauigkeit der Gewinnschätzungen. Für den Analysten-Award 2010 suchte man zusammen mit dem *Handelsblatt* den Besten der Besten unter 1422 Analysten von 169 Brokern.

Im Jahr 2009 stürzten zu Jahresbeginn die Aktienkurse stark ab, danach zeigte sich im März eine kräftige Gegenbewegung. Glück und satter Gewinn für den Anleger, dessen Analyst diese Wende erkannt und mit entsprechenden Empfehlungen schnell reagiert hat. Ganz oben auf dem Siegertreppchen des Analysten-Awards stand diesmal Patrick Hummel von UBS. Wer auf seine Warnung vor Aktien des Solarkonzerns Conergy reagierte, konnte einen Wertverlust von mehr als 60 Prozent vermeiden. Für Hummel ist es wichtig, fundamental gut zu recherchieren, Trends in Sektoren und Unternehmen zu erkennen und solide Empfehlungen abzugeben. Denn er ist davon überzeugt, fundamentale Trends setzen sich letztlich durch. Im Sektor Konsum und Einzelhandel hatte Thilo Kleibauer von M. M. Warburg/SES Research die Nase vorn. Er ist auf der Hitliste von Starmine schon ein Dauergast. Affinität zu Zahlen, ein gewisses Maß an Erfahrung und schließlich ein gesundes Selbstbewusstsein – das macht einen guten Analysten aus. Klar, er soll schließlich hinter seinen Meinungen und Erwartungen stehen.

Wenn es ein Analyst mehrmals in Folge in solche Bestenlisten schafft, ist das schon einmal ein gutes Zeichen, was seine Kompetenz und seinen Instinkt angeht. Dennoch: Der Anleger selbst ist der beste Analyst.

Der beste Analyst sind Sie selbst

Nutzen Sie Ihren gesunden Menschenverstand beim Aktienkauf, dann sind Sie nicht auf die Empfehlungen der Analysten angewiesen. Heute gibt es vielfältige Möglichkeiten, sich über Unternehmen zu informieren. Orientieren Sie sich an den Fundamentaldaten eines Unternehmens wie Gewinn und Börsenbewertung und schätzen Sie so die Zukunftsaussichten selbst ein.

Sie kennen sich gut in einer bestimmten Branche aus? Großartig! Dann können Sie die gesammelten Infos natürlich viel besser bewerten. Das heißt jetzt nicht, dass Sie sich total auf diese eine Branche versteifen sollen – Achtung Klumpenrisiko! –, aber es ist ein guter Anfang. Berücksichtigen Sie ruhig Ihr Finanzwissen beim Spekulieren an der Börse.

Wenn es dennoch eine Analystenempfehlung sein muss, dann holen Sie sich die eben. Aber bitte nicht blind auf eine Meinung vertrauen. Vergleichen Sie, nutzen Sie unterschiedliche Quellen. Und fragen Sie sich bei Kaufempfehlungen kritisch: Was hat der Analyst davon, genau diese Aktie zu empfehlen?

2.3 Heiße Finanztipps: Wie Banken die Medien einspannen

Pressereisen waren vor gar nicht allzu langer Zeit durchaus üblich. Das Konzept: Unternehmen, Banken und Versicherungen laden Journalisten ein. Das Reiseziel: ein aufregender Ort, manchmal sogar exotisch. Alles andere wäre schließlich total öde. Der Anlass: Informationen zu bestimmten Themen, oft mit exklusiven Interviewpartnern, an die man sonst eher schlecht herankommt. Die eingeladene Gruppe: natürlich klein und handverlesen. Für die Journalisten ist ein solches Ereignis natürlich immer besonders spannend – aber eben auch besonders heikel. Wird man nicht, wenn auch nur unterschwellig, zu einer positiven Berichterstattung beeinflusst?

Ein bekannter Kommunikationsberater war in der Branche berühmt dafür, dass er die Buchstaben PR nicht als »Public Relations« interpretierte, sondern als »Partys und Reisen«. Ihm war vor allem eine gute persönliche Beziehung zu den wichtigen Entscheidern in den Medien wichtig. Und wo geht das bitte schön besser als bei einem entspannten Abendessen an den interessantesten Orten dieser Welt? Da kann ein nüchternes Sitzungszimmer im 14. Stock eines Geschäftshochhauses mit belegten Brötchen oder Keksen, lauwarmem Kaffee und Mineralwasser einfach nicht mithalten.

Ja, Journalisten-Einladungen zu solch leckeren Zielorten sind strittig, ich weiß, wecken Neid und Misstrauen. Reine Lustreisen, was soll das? Die Journalisten werden doch nur vereinnahmt, schreiben das, was ihnen vorgesetzt wird, und überhaupt. An der Stelle muss ich das Fähnchen für meine Zunft aber mal hochhalten. Große Zeitungsverlage und TV-Sender übernehmen in der Regel die Reisekosten, nicht das einladende Unternehmen. Die Unabhängigkeit muss gewahrt bleiben.

Ein Beispiel: Einladung für Journalisten nach Las Vegas von einem jungen, wachsenden Unternehmen am Neuen Markt. New Economy – der letzte Schrei damals. Eine Technologiemesse im US-Spielerparadies wollte man als Kulisse nutzen, um Journalisten die neuesten Produkte der Branche und auch frische Zahlen des Unternehmens zu präsentieren. Eine Pressekonferenz mit viel Tamtam, atemberaubende Erfolgszahlen, Gewinnprognosen deutlich über den Erwartungen – ein Knaller! Das Unternehmen lachte sich schon ins Fäustchen nach dem Motto: »Die haben wir in der Tasche« und sah bereits positive Schlagzeilen und steigende Kurse. Aber dann kam alles anders. Einigen Wirtschaftsjournalisten fielen Unstimmigkeiten auf zwischen dem stolz Verkündeten und den schriftlichen Unterlagen. Umsatzzahlen differierten – und zwar beträchtlich. Nein, sicher kein Tipp- oder Übertragungsfehler. Denn innerhalb des Vorstands verstrickte man sich derart in Widersprüche, dass die Journaille sofort in Hab-Acht-Stellung ging, ständig nachfragte, keine klare Antwort erhielt und schlussfolgerte: Oha, da ist was oberfaul. Entsprechend kritisch wurden die Berichte nach Deutschland gefunkt. Folge: kein Freudensprung der Aktie, bei den Analysten schnell Daumen runter. Manipulationen wurden aufgedeckt, und ganz schnell war die Bude dicht. Die Gerichte hatten das Wort.

Pressereisen sind im Prinzip schon eine tolle Sache, dienen dem Kennenlernen und Verstehen fremder Kulturen und bringen Einblicke für den Journalisten, die er am Schreibtisch oder am Telefon einfach nicht bekommen kann. Vor Ort direkt die Entscheider treffen und interviewen macht definitiv einen Unterschied. Nur wenn Unternehmen das Ganze sponsern wollen, wird man eben hellhörig. Wie, Firma X hat das alles bezahlt?

Na, dann weiß man ja, was von den Berichten zu halten ist. In manchen Fällen sind die Zweifel durchaus berechtigt. Aber dazu später mehr.

Werbegeschenke – auch so ein Thema. Als Journalist bekommt man ja von Unternehmen allerhand Krimskrams zugeschickt. Weil Weihnachten ist oder weil ein Jubiläum ansteht oder eben einfach so. Für die gute Zusammenarbeit. Zugegeben, ist eine Zwickmühle. Kann man sicher sagen, dass solche Geschenke nichts bewirken, nicht die Berichterstattung beeinflussen? Nein, kann man nicht. Journalisten sind schließlich auch nur Menschen. Dennoch wird jeder seriöse Journalist penibel darauf achten, dass – Pressereisen hin und Werbegeschenke her – seine Berichterstattung korrekt ist. Schließlich stehen sein Image und seine Glaubwürdigkeit auf dem Spiel. Wer sich zu weit aus dem Fenster lehnt, Vermutungen als Tatsachen verkauft, sich aus dubiosen Quellen bedient und Informationen verbreitet, die sich später als falsch herausstellen, oder sich leichtfertig vor den Karren fremder Interessen spannen lässt, wird von seinen Kollegen in den anderen Medien gnadenlos zur Rechenschaft gezogen und ist schnell weg vom Fenster. Und das ist auch gut so.

Gebühren und Sponsoren: Fernsehen heute

Diese Sendung wird Ihnen präsentiert von … Kennt man ja. Firma X beteiligt sich an den Kosten für eine Fernsehsendung und sichert sich damit ein Stück Sendeplatz direkt davor und danach für Werbung in eigener Sache. Sponsoring, das muss man klar sagen, macht heutzutage viele TV-Sendungen erst realisierbar.

Als die Sendung *Börse im Ersten* 2001 gestartet wurde, musste der Hessische Rundfunk einen Sponsor suchen. Bei den hohen Kosten, die heute bei einer TV-Produktion anfallen, reichen die Fernsehgebühren nicht aus. Kaum erfuhr man von der Suche, standen Banken, Finanzdienstleister und Versicherungen Schlange. Doch für einen öffentlich-rechtlichen Sender kommt das natürlich nicht in die Tüte. Nein, unbedingtes Kriterium für den

Sponsor der Wahl: Es darf kein börsennotiertes Unternehmen sein. Mit dem Börsengang disqualifiziert es sich automatisch als Sponsor, Einflussnahme von dieser Seite also von vornherein ausgehebelt.

Ob das bei Privatsendern auch so konsequent gehandhabt wird? Könnte man vielleicht bezweifeln. Da gibt es schon hier und da Sendeformate, bei denen man sich fragt: Müsste da nicht »Dauerwerbesendung« eingeblendet werden?

Orientierung im Informationsdschungel: Die Suche nach der Finanzinformation

Glaubwürdigkeit ist das Zauberwort, wenn es um Information und Meinungsbildung speziell in Finanzfragen geht. Banken, Versicherungen und Finanzdienstleister hatten bei den Kunden schon immer ein gewisses Glaubwürdigkeitsdefizit. Daher haben sie bereits seit Beginn der Achtzigerjahre immer wieder versucht, die Medien ganz gezielt für ihre Zwecke einzuspannen. Warum? Weil die Wirtschaftsmedien und Fernsehnachrichten in Deutschland eben einen Glaubwürdigkeitsvorsprung haben. Wenn was in den Nachrichten kommt, dann stimmt das auch, das meint zumindest mehr als die Hälfte der »gut informierten Bevölkerung«. Haben verschiedene Studien immer wieder belegt.

Aber wie findet man denn heraus, welche Meldung richtig und welche totaler Schrott ist? Ist bei der heutigen Informationsflut wirklich nicht einfach – und macht Arbeit noch dazu. Zeitungen, Zeitschriften, Fernsehen, Internet, Radio, Newsletter, Bücher et cetera. Die Liste der Medienkanäle ist mittlerweile ellenlang. Über alle Kanäle werden wir mit Informationen überschwemmt. Dabei gilt: Qualität der Informationen geht vor Quantität – und zwar nicht nur für die Leser, Zuschauer und Zuhörer, sondern vor allem auch für die Journalisten.

Wer liefert in Deutschland Informationen zu Wirtschaftsthemen?

400 Tageszeitungen, 140 Redaktionen im privaten und öffentlich-rechtlichen Rundfunk, 60 Kundenmagazine von Banken, Finanzdienstleistern und Versicherungen, 55 Fachzeitschriften und 50 Publikumszeitschriften.

Dazu kommen das Internet, Newsletter per E-Mail und Post, Informationsportale et cetera. Überwältigend – im wahrsten Sinne des Wortes.

Wirtschaftsjournalisten suchen natürlich aktiv nach Finanzinformationen, in den volkswirtschaftlichen Abteilungen der Banken zum Beispiel. Dort bekommt man neutrale und fundierte Infos. Aber auch bei Unternehmen fragen Journalisten gerne einmal nach, gehen auf Pressekonferenzen et cetera. Ich kann mich aber noch an die Zeiten erinnern, als man in vielen Unternehmen vor einer Mauer des Schweigens stand. Die Aufgabe des Pressesprechers bestand oft nur darin, nichts zu sagen – entgegen seiner Berufsbezeichnung. Später folgte dann eine Phase der Geschwätzigkeit und des Informationsüberflusses. Wirklich wichtige, manchmal pikante Informationen sollten von einer Flut von Nebensächlichkeiten und Unwichtigem überdeckt werden.

Wenn es Unternehmen nützt, sind sie oft sehr mitteilungsfreudig und drängen den Journalisten Informationen regelrecht auf. Aber sobald es unangenehme Fragen gibt, wird ausgewichen, oder – noch schlimmer – es steht überhaupt kein Ansprechpartner zur Verfügung. Informationsverweigerung pur. So kann man als Journalist nicht arbeiten. Deshalb gehen zum Beispiel immer mehr Fernsehteams dazu über, überraschend am Empfang eines Unternehmens aufzutauchen und nach einem Verantwortlichen zu fragen, der ihnen Rede und Antwort stehen kann. Manchmal funktioniert diese Überfalltechnik, aber oft genug wird man einfach vom Sicherheitsdienst vor die Tür gesetzt. Kein sonderlich kluger Schachzug, denn auch der Rauswurf liefert starke Fernsehbilder, die man senden kann.

Die Beziehung zwischen Unternehmen, Banken, Versicherungen und Finanzdienstleistern und den Medien kann man als gesundes Misstrauen bezeichnen. Einerseits braucht man sich gegenseitig, aber man misstraut sich eben auch. Beide Seiten wissen nämlich, dass der Einfluss der Medien bei der Schaffung eines Images in der Öffentlichkeit gar nicht hoch genug eingeschätzt werden kann. Übrigens: Mancher profilierte Journalist verdient seine Brötchen ja mittlerweile in den PR-Abteilungen von Großkonzernen. So wechselte beispielsweise ein Chefredakteur der *Wirtschaftswoche* als Kommunikationschef zur Deutschen Bank. Ein Einzelfall ist das sicher nicht.

Schwarze Schafe: Wenn Journalisten Berichte tunen

Noch einmal zurück zur Pressereise nach Las Vegas, auf der kritische Journalisten Unstimmigkeiten aufdeckten. Es gab durchaus auch Journalisten, die sich von den Tatsachen überhaupt nicht beeindrucken ließen, deren Berichte positiv ausfielen. Schwarze Schafe gibt es eben überall, die positiv berichten, obwohl sie es besser wissen. Warum? Aus Verblendung oder Eigennutz – Gründe gibt es sicher viele. Wichtig ist, dass sie die Konsequenzen dafür tragen müssen.

Der Verhaltenskodex des Deutschen Presserates (so etwas wie die Ethikkommission für Journalisten) gibt wie bereits erwähnt umfangreiche Verhaltensgrundsätze und Empfehlungen – auch speziell zur Berichterstattung über Wirtschaft und die Finanzmärkte. Aber auch der Gesetzgeber schiebt krummen Touren klipp und klar einen Riegel vor. Nach Paragraph 14 Wertpapierhandelsgesetz (WpHG) sind Insidergeschäfte verboten und werden als Ordnungswidrigkeit beziehungsweise Straftat geahndet. Ein Beispiel: Ein Finanzjournalist erfährt – woher und von wem auch immer –, dass das börsennotierte Unternehmen X kurz vor der Fusion mit einem großen Wettbewerber steht. Eine Information, die bisher keiner kennt und welche die Aktienkurse beider Firmen erheblich beeinflussen könnte. Fusionen sind eines der Schmiermittel an der Börse und treiben in der Regel die Kurse nach oben. Eine solche Vorabinformation nennt man Insiderinformation.

Der Kollege kann sie sehr wohl journalistisch verwerten, die bevorstehende Fusion also öffentlich machen. (Mal ehrlich: Wann hat man schon mal eine wichtige Information vor allen anderen?!) Der springende Punkt: Er darf diese Information nicht geschäftlich ausnutzen. Im Gesetz heißt es: »Journalisten dürfen Insiderinformationen nicht verwenden, wenn sie für eigene oder fremde Rechnung für sich selbst oder für einen anderen Wertpapiere erwerben oder veräußern.« Also die Geschichte rausposaunen, parallel aber schnell die Aktien kaufen beziehungsweise verkaufen (auch über Strohmänner), geht nicht. Den Beruf ausüben: vollkommen in Ordnung. Mit persönlicher Gewinnabsicht verbinden: klares Nein.

Ein anderes Beispiel: Ein Wirtschaftsjournalist gibt Aktienempfehlungen aus: »Ich empfehle Aktie X zum Kauf.« Darf er. Hat er sich allerdings vor der Veröffentlichung selbst mit diesem Wertpapier eingedeckt und dies verschwiegen (»Interessenkonflikt wird nicht offengelegt«), dann ist das eine Form von Marktmanipulation, Scalping genannt. Auch das ist ein Verstoß gegen das Wertpapierhandelsgesetz.

Und noch etwas. Der Deutsche Presserat hat empfohlen: Wer in einem Artikel über Wertpapiere schreibt, sie dabei auch empfiehlt oder davon abrät, der sollte innerhalb von zwei Wochen nach der Veröffentlichung dieses Papier weder kaufen noch verkaufen, also keine Geschäfte damit machen – um ein missbräuchliches Verhalten des Journalisten von vornherein auszuschließen. Was nicht heißt, dass er nach den vierzehn Tagen machen kann, was er will. Nochmals: Berichte über Wertpapiere dürfen zu keiner Zeit in der Absicht veröffentlicht werden, sich persönlich daran zu bereichern.

2.4 Einfach und sicher: Werbung für Finanzprodukte auf dem Prüfstand

Noch vor einem Jahrzehnt war man sicher: Emotionen sind das Gegenteil von Vernunft. Und Entscheidungen werden immer bewusst gefällt. Schluss, aus, basta. Emotionen, das ist die Spielwiese für die Kreativen bei den Werbeagenturen. Sie sollen mit emotionalen Werbebotschaften die Aufmerksamkeit des Konsumenten auf die wirklich wichtigen Aussagen lenken. Damit dieser dann die einzig vernünftige Entscheidung, nämlich die Kaufentscheidung, treffen kann. Doch Irren ist ja bekanntlich menschlich. Bei Finanzentscheidungen spricht eben meist nicht der Verstand. Die Vernunft muss draußen bleiben, die Emotionen sind am Drücker. Heute weiß man also – der Hirnforschung sei Dank! –, dass die Emotionen entscheiden. Läuft zu 70 bis 80 Prozent unbewusst ab. Dabei gibt das limbische System den Ton an.

Schubladen für Bankkunden

Hans-Georg Häusels Limbic Map ist eine Art Landkarte des Emotions- und Werteraums von Menschen und in drei Regionen gegliedert: Balance, Stimulanz und Dominanz. Zwischen den beiden Polen Stimulanz und Dominanz steht der Bereich »Abenteuer und Thrill«. Zwischen Stimulanz und Balance bilden sich »Phantasie und Genuss« und zwischen Balance und Dominanz »Kontrolle und Disziplin«. In diesen drei Feldern – Abenteuer, Phantasie und Disziplin – finden sich die von den Emotionen bestimmten Werte des Menschen. Insgesamt hat Häusel auf der Grundlage seiner Limbic Map sieben verschiedene Limbic Types identifiziert.

Die sieben Limbic Types

- *Harmonisierer:* In Deutschland sind 30 Prozent der Menschen Harmonisierer mit einer hohen Sozial- und Familienorientierung, geringer Aufstiegs- und Statusorientierung und dem Wunsch nach Geborgenheit.
- *Traditionalisten:* 20 Prozent sind Traditionalisten mit geringer Zukunftsorientierung und dem Wunsch nach Ordnung und Sicherheit.
- *Offene:* 13 Prozent der Deutschen fallen in diese Kategorie. Offenheit für Neues, Wohlfühlen, Toleranz und sanften Genuss zeichnet diese Gruppe aus.
- *Hedonisten:* 13 Prozent sind Hedonisten mit der aktiven Suche nach Neuem, hohem Individualismus und großer Spontaneität.
- *Disziplinierte:* 11 Prozent sind Disziplinierte mit hohem Pflichtbewusstsein, geringer Konsumlust und Detailverliebtheit.
- *Performer:* 8 Prozent sind Performer mit hoher Leistungsorientierung, Ehrgeiz und hoher Statusorientierung.
- *Abenteurer:* 5 Prozent sind Abenteurer mit hoher Risikobereitschaft und geringer Impulskontrolle.

Warum erzähle ich davon? Nun, all diese Typen pflegen natürlich einen unterschiedlichen Umgang mit Geld. Manche sind sorglos, andere wollen sich mit Krediten das Leben verschönern. Der Nächste möchte schnell reich werden und etwas riskieren. Wieder andere wollen ihr Kapital strategisch ausbauen, ihr Geld effizient verwalten. Und wieder andere wünschen sich mehr Kontrolle oder auch Risikovermeidung und Vorsorge. Kein Wunder also, dass Häusel vom Strategiechef einer größeren deutschen Bank den Auftrag erhielt, die übliche Unterteilung der Kunden nach Einkommen und Vermögen zu untersuchen. Man bat um Vorschläge, wie man die verschiedenen Kundentypen besser erreichen kann. Wissenschaft und Werbung verschmolzen hier also zu einem Instrument.

Die Bank sortierte ihre Kunden nach Limbic Types, integrierte das neugewonnene Wissen auch in die Kundendateien. Sprich: Wenn ein Kunde an den Schalter kommt und der Bankberater die Kundendatei aufruft, erhält er gleichzeitig die Information, mit welchem Typ Mensch er es hier zu tun hat – und weiß, wie er mit ihm umgehen muss. Denn nicht nur das Interesse an bestimmten Formen der Geldanlage und die Art des bevorzugten Beratungsgesprächs sind typbezogen – nein, auch bei Small Talk unterscheiden sich die Typen ganz erheblich, ebenso wie bei ihren Erwartungen hinsichtlich der Inszenierung des Beratungsraums. Dem Harmonisierer zum Beispiel ist es vollkommen egal, ob billige Werbekugelschreiber im Beratungszimmer liegen. Er springt besonders auf heimelige Signale an. Das löst bei ihm Vertrauen aus. Dem Performer hingegen wäre eine solche »Wohnzimmeratmosphäre« zu plump und minderwertig. Er legt Wert auf Stil, auch beim Berater. Ganz anders wieder beim Hedonisten. Da wird der Bankberater mit goldenen Manschettenknöpfen und einer erkennbar teuren Uhr sofort zum Antityp.

Ist das noch Kundenorientierung oder schon versuchte Kundenmanipulation? Klar, die Bank wird immer sagen, all diese Instrumente dienten der Verbesserung der Beratung und seien natürlich immer im Sinne des Kunden. Aber was soll man davon halten, wenn Berater den Tonfall, das Ambiente und sogar Worte entsprechend eines Profils wählen? Weil sie wissen, dass bei einem Kunden Angstschüren zum Verkaufserfolg führt, während beim anderen eben Bauchpinselei und das Versprechen exklusiver Angebote besser ziehen. Ausgebuffte und entsprechend geschulte Verkaufsprofis wissen, welche Knöpfe sie beim Kunden drücken, welche Stichworte fallen müssen, damit der Kunde ruft: »Ja, ich will!«

Wir als einfache Kunden können uns sehr gut ausmalen, was in Zukunft noch auf uns zukommt. Lässt sich ja auf alle möglichen Bereiche ausweiten. Und die Methoden, mit denen uns die Werbung bisher schon zu manipulieren versucht, sind gegen die neuen Konzepte des Neuromarketings eigentlich nur Kinderkram. Kein Wunder, dass da Kritik laut wird: seitens der Kunden, die nichts von solchen Einteilungen wissen, seitens der Verbraucherschützer, die darin eine schlimme Entwicklung sehen. Aber: Eine Einteilung in Zielgruppen, Milieus und sonstige Einheiten gibt es schon lange und wird es immer geben – Marketinginstrumente eben. Doch es schadet sicher nicht, als Kunde aufmerksam zu sein und kritisch die Absichten des Gegenübers zu hinterfragen. Nicht nur in der Bank.

Eine Bank ist mit ihrer Einteilung in solche Kundentypen bereits schwer auf die Schnauze gefallen. Regelrecht in der Luft zerfetzt wurde die Hamburger Sparkasse von der Journaille. Konsequenz: Man stampfte die Einteilung ein – obwohl sie, so die Bank, nur zum Besten des Kunden diente – und gelobte Besserung.

Was Testimonials und Dienstmädchen-Hausse verbindet

Keiner weiß genau, auch die Profis der Werbeszene nicht, ob Testimonials (also Promis) einem Produkt auf die Verkaufssprünge helfen. 50 Prozent der Werbung sind eh, so die Standardformel, für die Katz, bringen also nichts, verlorenes Geld. Nur welche 50 Prozent? Dieser Werbekalauer treibt die Branche seit Urzeiten um. Ehrlich gesagt: Der Großteil der Finanzwerbung macht mich nicht an. Austauschbar, langweilig, einfach fad. Und meist nach der PANIK-Formel zusammengebaut. PANIK steht für Prominenz, Angst, Nichtverstehen (des Beratungsangebots), Inkompetenz (der Anleger) und Kreditversprechen. Das will doch keiner sehen. Oft bedient man sich dann eines Prominenten, der für das Produkt ordentlich die Werbetrommel rühren soll. Diese auserwählten Testimonials sind oft Schauspieler oder andere Künstler, Sportler oder auch TV-Moderatoren. Ob diese dann in Finanzfragen eine besondere Kompetenz besitzen, ist eigentlich Nebensache. Hauptsache, sie sind bekannt – und möglichst auch noch erfolgreich.

Einer, der richtig gut rüberkam als Promi, mit seiner Authentizität und seinem rumpeligen Charme, war Schauspieler Manfred Krug. Bekannt und beliebt durch die ARD-Krimiserie *Tatort* und andere TV-Serien, stand er im Mittelpunkt einer der aufwendigsten Werbemaßnahmen in der Wirtschaftsgeschichte und sollte außerdem noch der Aktie als Anlageklasse in Deutschland zum Durchbruch verhelfen. Eine Aktienkultur wie in den USA oder anderen europäischen Ländern sollte endlich her. Wie? Die T-Aktie sollte 1996 das Mauerblümchen-Dasein der Aktie beenden und als »Volksaktie« den Anleger dazu bringen, sein Erspartes auch in die Beteiligung an Unternehmen – denn nichts anderes sind Aktien – zu stecken. Das war auch ein politisches Ziel, und dafür trennte sich der Staat sogar von einem Teil seiner Anteile am bisherigen Staatsbetrieb Deutsche Telekom.

Und Manfred Krug mimte in Fernsehspots ganz den Kumpel aus der Nachbarschaft: »Wenn die Telekom an die Börse geht, dann geh' ich mit.« Der TV-Coup, begleitet von pompösen Auftritten des Telekom-Chefs Ron Sommer, meist im Duett mit dem Bundesfinanzminister. Das alles brachte die erwünschte Wirkung. Tenor: Die Telekom ist ein Superunternehmen mit großer Zukunft. Das Risiko der T-Aktie: praktisch null. Als dann noch Börsen-Altmeister André Kostolany schwärmte: »Die T-Aktie ist für jeden Anleger so etwas wie eine zweite Rente«, waren alle Schulzes, Müllers und Meiers im Lande hin und weg und kauften, kauften, kauften. Dass die T-Aktien bald kontingentiert und limitiert wurden, die Käufer also nur eine bestimmte Stückzahl per Zuteilung erhielten, brachte die Nachfrage zusätzlich zum Kochen. Ein genialer Marketingzug. Die Folgen sind bekannt. Die T-Aktie eilte von einem Kursrekord zum nächsten, war in der Spitze 104 Euro teuer.

Aber: Irgendwann war es so weit, und einigen an der Börse wurde das Spielchen zu heiß. Auf dem Höhepunkt des Börsenbooms, Anfang 2000, lautete der Aufmacher einer großen deutschen Boulevardzeitung: »Geldrausch.« Und »Lehrer verdient Jahresgehalt an zwei Tagen an der Börse.« Das Blatt berichtete, dass niemand mehr arbeiten gehen wolle, sondern alle nur noch an den Börsen das große Geld verdienen wollen. Da gab es auch für die größten

Skeptiker kein Halten mehr. Die Zahl der Aktionäre in Deutschland stieg auf ein Hoch, das nie zuvor und auch nie wieder danach erreicht wurde. Nach dem Motto: Was die anderen können, kann ich schon lange. Und die Profis? Machten genau das Gegenteil. Stiegen aus, verkauften Anteile. An der Börse sind Euphorie und Gier immer die Phase, in der sich die »Hartgesottenen«, so nannte Kostolany die ausgebufften Profis, vom Markt zurückziehen und Kasse machen. Signale für diese Trendwende nach einer Hausse sind also aktuelle Strömungen in der Gesellschaft, hier: Euphorie. Oder, so ein US-Milliardär: »Im Taxi dreht sich der Fahrer um und meint: Ich kenne Sie. Jetzt gebe ich Ihnen einen Aktientipp und Sie mir einen – und wir beide haben was davon. Da wusste ich: Jetzt ist wirklich jeder im Markt. Jetzt gibt's nicht mehr viel zu holen. Ich steige aus.« Sprach er und verkaufte alle seine Aktien. Dienstmädchen-Hausse nennt die Börse solche Euphoriephasen. Und tatsächlich: Die Börsen setzten noch im ersten Quartal 2000 zu einem Sturzflug an, der erst im Jahr 2003 sein Ende erreichte. Viele haben dadurch einen Teil ihres Vermögens verloren.

Ich kenne einige, die mit der T-Aktie richtig Geld gescheffelt haben. Die riefen natürlich nicht Hurra, als das große Erwachen kam. Die »Zittrigen« (wieder Kostolany), also die braven, ahnungslosen Kleinanleger, mussten jeden Tag mit ansehen, wie der Kurs »ihrer« T-Aktie dahinschmolz wie Schnee in der Sonne. Aktienkultur, ade! Leider. Eine der Hauptursachen: Die T-Aktie wurde wie ein Waschmittel angepriesen. Das Wort Risiko hatte man aus dem Mund von Telekom-Boss Ron Sommer nie gehört. Er hätte es – bei aller Begeisterung für sein Unternehmen – besser sagen sollen. Und auch die Politik wiegte den kleinen Mann in dem festen Glauben: Da passiert nichts. Ehrlich, du brauchst dir null Sorgen machen. Wie gesagt: zweite Rente.

Und Manfred Krug? Auch er wurde nach dem Desaster öffentlich angemault, als Lügner beschimpft. Krug konterte 2007 in einem Interview mit dem *Stern*: »Ich entschuldige mich aus tiefstem Herzen bei allen Mitmenschen, die eine von mir empfohlene Aktie gekauft haben und enttäuscht worden sind. Keine Entschuldigung bei den Zockern, die das Spiel kennen. Nur bei denen, die nicht klüger waren als ich selbst.« Aber es kam auch ein Schuss Selbstkritik zur Rolle der Promis in der Werbung. Krug: »Auch wer Rasierklingen anpreist oder Klopapier oder Lakritze – er muss die Hersteller nach der Qualität ihrer Ware fragen. [...] Wenn er niemandem traut, bleibt nur eins. Er muss von solcher Werbung die Finger lassen.« Späte Einsicht, aber immerhin. Übrigens: Krug war voll mit im Chor der klagenden T-Aktionäre. Hat er womöglich auch T-Aktien als Honorar bekommen? Schöne Bescherung ...

Die Wächter der Werbung

Hand aufs Herz: Viele Finanzprodukte sind für Otto Normalverbraucher völlig unverständlich. Man könnte die Eigenschaften schon einfacher formulieren, klar. Aber wenn man den Kunden zum Beratungsgespräch in die Höhle des Löwen locken möchte, eignet sich die Verwirrungstaktik wohl doch besser. Privatanleger sind nun einmal in den meisten Fällen keine Finanzspezialisten – und das nutzt man aus, indem man wild verschwurbelte Prozentrechnungen anstellt, deren Auflösung sich meist in sehr kleiner Schrift in den Fußnoten wiederfindet. Gewinnchancen und garantierte Erträge vernebeln dem potentiellen Kunden die Sicht auf die Risiken im Kleingedruckten. Mit Kreditversprechen und »fairen« Angeboten versucht man, die Konsumlust der Kunden auszunutzen. Dass dann die Kreditkosten durch mitverkaufte Versicherungen in ungeahnte Höhen steigen, ist den meisten Privatkunden nicht klar. Aus Angst, die Raten irgendwann nicht mehr bezahlen zu können, lässt man sich zur Lebensversicherung dann zu allem Überfluss auch gleich noch eine gegen Arbeitsunfähigkeit und Arbeitslosigkeit aufschwatzen. Die Banken verdienen da nicht mehr am Kredit selbst, sondern an den Versicherungsprovisionen.

Das dürfen sie zum Glück in der Form nicht mehr machen; alles sollte eigentlich schon ganz anders sein. Aber bisher haben sich die Banken nicht darum geschert, dass der Gesetzgeber ihnen viele dieser Tricks zu verbieten versucht hat.

Kommen wir einmal genauer auf das WpHG und die WpDVerOV zu sprechen. Ja, wir Deutsche sind Weltmeister im Abkürzen. Je unverständlicher, desto besser. Dabei sollen gerade diese beiden für ein besseres Verständnis und mehr Verständlichkeit sorgen. Wo? Bei Finanzgeschäften von Bank oder Sparkasse mit dem Kunden. Das Wertpapierhandelsgesetz (WpHG) und die Wertpapierdienstleistungs-Verhaltens- und Organisationsverordnung (WpDVerOV) sind zugegeben Wortungetüme, aber eben immens wichtig für die Bundesanstalt für Finanzdienstleistungsaufsicht (BaFin). Die Bundesbehörde beaufsichtigt Banken, Versicherungen und den Handel mit Wertpapieren und entscheidet über die Zulassung einer Bank oder Versicherung. Sie soll ein »funktionsfähiges, stabiles und integeres deutsches Finanzsystem gewährleisten. Bankkunden, Versicherte und Anleger sollen dem Finanzsystem vertrauen können«, so die BaFin selbst zu ihren Aufgaben. Also, beim »Vertrauen« muss man nach den Erfahrungen 2008/2009, sprich Finanzkrise, erhebliche Zweifel anmelden. Kunden und Anleger haben dem System überhaupt nicht mehr vertraut – im Gegenteil. Hat die BaFin da nicht auch versagt? Ist sie von der Branche, die sie beaufsichtigen soll, nicht vorgeführt worden? Mehr zur BaFin und ihren Aufgaben in Kapitel 3.

Die BaFin schaut den Kreditinstituten auch bei Werbemaßnahmen auf die Finger und kontrolliert die »Redlichkeit und Nicht-Irreführung«. So will es Paragraph 31 WpHG. Noch wichtiger aber ist die – pardon – WpDVerOV. Denn was da vom europäischen Gesetzgeber schon 2006 beschlossen worden ist, hat es wirklich in sich. Umfangreiche und höchst delikate Regelungen für die Werbung von Wertpapierdienstleistern. Und die BaFin muss ständig darüber wachen, dass Banken, Sparkassen und Versicherungen diese Vorschriften in der täglichen Werbepraxis beachten und umsetzen. Ist wohl nicht der Fall, denn warum sonst ermahnt die Behörde ihre Schäfchen im Rundschreiben 1/2010 eindringlich, endlich in der Werbung Ernst zu machen? »Das Rundschreiben ist erforderlich geworden, weil die Kundeninformationen vieler Unternehmen nicht den Ende 2007 eingeführten Vorschriften entsprachen«, heißt es. Satte drei Jahre haben also diese vielen

Unternehmen ihre Kunden nicht korrekt informiert und umworben. Das ist heftig.

Wie sehen denn diese neuen und schon wieder leicht angestaubten Werbevorschriften aus? Werbung und Information müssen scharf getrennt sein. Produktbeschreibungen müssen sich am durchschnittlichen Kenntnisstand der Kundenzielgruppe (siehe da!) orientieren. Neben den Vorteilen von bestimmten Wertpapierprodukten müssen in gleichem Umfang (jawohl!) auch die Risiken benannt werden. Und Sprüche wie eine Wertentwicklung von »500 Prozent Rendite in zehn Jahren« gehen schon mal überhaupt nicht. Die Werbung der Finanzbranche war bisher von ganz pfiffig bis sehr bieder, aber auch mit Werbebotschaften versehen, die so nicht mehr erlaubt sind.

Zugegeben: Vieles in dem Rundschreiben klingt trocken, Juristendeutsch eben. Aber die Sache hat Sprengkraft und soll Ihnen die Augen öffnen, wie und mit welchen Methoden die Finanzbranche Sie umwerben darf. Und wenn Sie sich dennoch über den Tisch gezogen fühlen und sich beschweren wollen: immer ran! Die BaFin lädt zum Kontakt ein und hält auch einige lesenswerte Broschüren bereit, etwa: *Geldanlage – Wie Sie unseriöse Anbieter erkennen*. Na, wenn die BaFin das nicht weiß …

Die wichtigsten Punkte des BaFin-Rundschreibens

Die Vorschriften gelten für alle Informationen über Finanzinstrumente oder Wertpapierdienstleistungen von Kreditinstituten, aber auch für Informationen von Drittanbietern, zum Beispiel Kapitalanlagegesellschaften – egal, ob Werbung oder nicht.

Produktinformationen:

- Die Informationen in der Werbung, im Infomaterial und im Verkaufsprospekt zu einem Produkt dürfen sich nicht widersprechen.

- Werbliche Informationen müssen ausdrücklich als Werbung gekennzeichnet sein. Werbung ist dabei alles, was eine »absatzfördernde Zielrichtung« hat. Das kann auch der vermeintlich objektive Artikel im Kundenmagazin sein oder das Infoschreiben, das den Kauf von bestimmten Wertpapieren empfiehlt.
- Informationen müssen verständlich sein und an die Kenntnisse der Zielgruppe angepasst werden. Das bedeutet: Je komplizierter ein Produkt oder eine Dienstleistung, desto mehr Erklärungen müssen in der Produktinformation stehen.
- Wesentliche Aussagen müssen klar ausgedrückt und wesentliche Informationen müssen erwähnt werden.

Vor- und Nachteile des Produkts:

- Wer die Vorteile eines Produkts anpreist, muss gleichzeitig eindeutig auf die damit einhergehenden Risiken hinweisen. Es geht also nicht, dass der Kunde selbst aus den Produkteigenschaften mögliche Risiken schlussfolgern muss.
- Je umfassender Vorteile hervorgehoben werden, desto umfassender müssen eventuelle Risiken erläutert werden.

Zinsversprechen, Garantien, Steuervorteile:

- Unterliegt das Zinsversprechen bestimmten Bedingungen? Dann werden statt der Aussage »Rendite x Prozent p. a.« Formulierungen wie »Chance auf x Prozent Rendite p. a.« oder »Bis zu x Prozent Rendite p. a.« empfohlen.
- Schlagwortartige Garantieaussagen wie »Garantie-Zertifikat« oder »100 Prozent Kapitalschutz« allein sind nicht erlaubt. Es muss ein zusätzlicher Hinweis auf den Garantiegeber dazu sowie die Angabe, woraus sich der Kapitalschutz ergibt.
- Werben mit steuerlichen Vorteilen geht nur mit dem Hinweis, dass die steuerliche Behandlung individuell ist und sich künftig unter Umständen ändern kann.

Aussagen zur Wertentwicklung des Produkts:

- Ein deutlicher Hinweis auf den genauen Bezugszeitraum ist Pflicht.
- Frühere Wertentwicklungen, Simulationen oder Prognosen sind kein verlässlicher Indikator für eine künftige Wertentwicklung.
- Angaben zur Wertentwicklung geben immer die tatsächliche Wertentwicklung innerhalb von zwölf Monaten wieder.

Angabe von Bruttowerten:

- Wie wirken sich Provisionen, Gebühren und andere Kosten, zum Beispiel Ausgabeaufschläge, Transaktionskosten oder Depotgebühren, genau aus? Stichwort Gesamtkosten!
- Ein allgemeiner Hinweis, dass Gebühren anfallen oder weitere Kosten entstehen, reicht nicht.

2.5 Leistung aus Leidenschaft: Wie Banker am Verkaufen verdienen

»Leistung aus Leidenschaft« ist der aktuelle Werbeslogan der Deutschen Bank. Irgendwie soll er mir als Kunde ja ein gutes Gefühl geben und Vertrauen schaffen. Tut er aber nicht. Ich sehe weder einen Vorteil für mich hinsichtlich der Produkte noch hinsichtlich der Dienstleistungen. Aber die Herrschaften hier scheinen wenigstens leidenschaftlich bei der Sache zu sein. Was soll mir das denn sagen? Eine Art Code vielleicht? Wie im Arbeitszeugnis: »Er war stets pünktlich.« Na, wenn's sonst nichts Nettes zu sagen gibt … Ich sehe ihn förmlich vor mir, den enthusiastischen Bankangestellten, der sich seinen Lebenstraum jeden Tag aufs Neue erfüllt, wenn er fröhlich pfeifend das Bankgebäude betritt. Also bitte, das glaubt doch kein Mensch. Mal ehrlich: Gehen die meisten Menschen jeden Morgen (mehr oder weniger) pünktlich zur Arbeit, weil sie damit ihrer Leidenschaft frönen, oder nicht doch hauptsächlich um Geld zu verdienen?

Wenn sich jemand für den Beruf des Bankkaufmanns entscheidet, dann kann er – hoffentlich – gut mit Zahlen umgehen, und er wünscht sich, im Rahmen sicherer Arbeitsbedingungen vielleicht ein bisschen mehr verdienen zu können als in einem anderen Beruf.

Aber es gibt sie noch: Berater, die mitdenken und sich um ihre Kunden sorgen. Der Beweis: Bei einer älteren Dame aus Frankfurt rief ein vermeintlicher Verwandter an, der dringend 30 000 Euro brauchte. Der Enkeltrick – eine klassische Betrügermasche. Oma machte sich sofort auf zur Bank, um das Geld abzuheben und dem geliebten Verwandten aus der Patsche zu helfen. Aber der Bankangestellte wurde stutzig, fragte nach, verweigerte die Auszahlung der Summe und verständigte stattdessen die Polizei. Und er hatte dabei den richtigen Riecher: Tatsächlich klickten vor der Wohnung der alten Frau wenig später die Handschellen. Eine zwielichtige Person, die das Geld abholen sollte, wurde vorläufig festgenommen. So viel Engagement – löblich.

Der Kampf um den Neukunden

Was das Misstrauen in Banken angeht, stehen wir Deutschen im Ländervergleich an der Spitze, ergab das 2010 veröffentliche Edelman Trust Barometer. Edelman ist ein weltweit agierendes unabhängiges PR-Netzwerk. Knapp 20 Prozent der Deutschen trauen den Banken zu, das Richtige für sie zu tun, Tendenz sinkend. Weltweit sind es hingegen fast 50 Prozent, Tendenz steigend.

Früher war es für Privatleute ganz klar, wo sie ihr Geld anlegten, nämlich bei »ihrer« Bank. Dort, wo man sein Sparkonto hatte, führte man auch sein Girokonto und schloss darüber hinaus allenfalls noch einen Bausparvertrag ab. Heute ist das anders. Nicht nur die Filialbanken versuchen sich gegenseitig die Kunden abzujagen, sondern auch die in- und ausländischen Direktbanken mischen in diesem Geschäft kräftig mit. Selbst Automobilclubs bieten ihren Mitgliedern inzwischen Finanzprodukte an. Mittlerweile ist das System der Finanzwelt vollkommen unübersichtlich geworden. Wussten Sie, dass die Deutsche Bank mit der Postbank und der Norisbank eine Mehrmarkenstrategie verfolgt? Wer mit wem kooperiert, welches neue Unternehmen wessen Tochter ist – alles sehr schwer zu durchschauen. Und bei den Produkten wird es nicht besser. Produktkombinationen mit anderen Konditionen, Gebührenänderungen, Sonderangebote, fast wie im Supermarkt. Dem Verbraucher bleibt nichts anderes übrig, als sich ständig neu zu informieren, sonst zahlt er drauf.

Wer gehört zu wem?

Die folgende Auflistung nennt die wichtigsten Töchter und Vertriebspartner einiger ausgewählter großer Banken. Natürlich ist diese Aufstellung nicht vollständig, zeigt Ihnen aber, warum manche Banken bestimmte Anbieter für Fonds, Bausparverträge oder Versicherungen bevorzugen.

Commerzbank:

- *Fonds:* Allianz Global Investors (u. a. Vertriebspartner).
- *Bausparen:* Wüstenrot (Beteiligung).
- *Versicherung:* Allianz (Vertriebspartner).

Deutsche Bank:

- *Fonds:* DWS Investment (Tochter).
- *Bausparen:* Deutsche Bank Bauspar AG (Tochter).
- *Versicherung:* Zurich Financial Gruppe (Vertriebspartner).

HypoVereinsbank (UniCredit):

- *Fonds:* Pioneer (Tochter der UniCredit).
- *Bausparen:* Wüstenrot (Beteiligung).
- *Versicherung:* ERGO (Vertriebspartner).

Postbank:

- *Fonds:* Postbank.
- *Bausparen:* BHW (Tochter).
- *Versicherung:* HUK-Coburg (Vertriebspartner).

Sparkassen:

- *Fonds:* DekaBank.
- *Bausparen:* zehn Landesbausparkassen (LBS).
- *Versicherung:* elf öffentliche regionale Erstversicherungsgruppen, die bekannteste ist die Provinzial.

Volks- und Raiffeisenbanken:

- *Fonds:* DZ Bank (Zentralinstitut des Finanzverbundes) und Union Investment (Partner).
- *Bausparen:* Schwäbisch Hall (Teil des Finanzverbundes).
- *Versicherung:* R+V Versicherung (Teil des Finanzverbundes).

Das Vertrauen der Kunden zurückgewinnen, das war während der Finanzkrise oberstes Ziel der Banken. Doch Mitte 2010, anderthalb Jahre nach dem Zusammenbruch der US-Investmentbank Lehman Brothers, ist das Vertrauen der Deutschen gegenüber Finanzdienstleistern nach wie vor zerstört. Zeigt eine Untersuchung des Beratungsunternehmens BBDO Consulting. Am besten schnitten noch die Sparkassen, die Genossenschaftsbanken und die Bausparkassen ab, mit einer 5,9 bis 6,5 auf der Vertrauenswertskala von 1 bis 10. Am wenigsten vertrauten die Befragten den Investmentbanken und den Fondsgesellschaften. Im Mittelfeld bewegten sich Versicherungen, Direktbanken und -versicherer, Universal- und Großbanken, Privatbanken sowie unabhängige Finanzdienstleister.

Sparkassen und Volksbanken sind deshalb gut dran, weil sie bei ihrer Verankerung vor allem auf dem Land oder in Kleinstädten Bodenständigkeit und Transparenz demonstrieren müssen, aufgrund ihrer Satzungen und ihres gesetzlichen Auftrags. Das ganze Füllhorn an immer neuen und oft undurchschaubaren Finanzprodukten auszuleeren und aggressiv zu verkaufen, das läuft hier nicht, auch weil die Kunden eher konservativ ausgerichtet sind und man sich vor Ort untereinander gut kennt. Den Berater möchte ich sehen, der seinen Kunden »heiße Ware« andreht, nur damit Sparkasse oder Volksbank fette Provisionen abgreifen kann. Wenn es schiefgeht, ist man als Berater in seinem Ort ganz fix unten durch. Also: Finanzprodukte verkloppen, dass sich die Balken biegen, geht auf dem Land nicht so einfach.

Allerdings: Alle, auch die Kleinen, kämpfen darum, ihren Kundenstamm zu halten und ein Überlaufen zu Mitbewerbern zu verhindern. Immerhin: Vier Millionen Kunden würden, so eine Umfrage, gerne das Institut wechseln, zögern aber. Wehe, diese Wackelkandidaten springen ab. Noch härter aber ist der Kampf um Neukunden, vor allem um die sogenannten Wunschkunden mit regelmäßigen Einkommen. Sie werden mit »Leuchtturmprodukten« umgarnt, die den Stammkunden bewusst vorenthalten werden. Dabei werden höhere Zinsen geboten als bei der Konkurrenz, jedoch zeitlich begrenzt, meist nur drei bis sechs Monate, und das auch nur bis Höchstsummen von 10 000 oder 20 000 Euro. Vorsicht also: Je mehr Fußnoten eine solche Werbung hat, desto größer sollte die Skepsis sein. Oft handelt es sich um reine Lockvogelangebote.

Strukturvertrieb: Wenn der Finanzvertrieb an der Tür klingelt

Wissen Sie, was ein Strukturvertrieb ist? Große und mächtige Finanzorganisationen mit einem Heer von nebenberuflichen Vermittlern, also Verkäufern, die ein Sammelsurium an Finanzprodukten in ihren Koffern haben und ihr Geld mit Klinkenputzen verdienen. Also an der Haustür erscheinen, immer adrett angezogen sind und einen netten Eindruck vermitteln (sollen).

Vier große Finanzvertriebe gibt es hierzulande, mit diesen Abkürzungen: AWD, OVB, DVAG und MLP. Mittlerweile sind die Finanzvertriebe so stark gewachsen, dass die Nummer eins für die Jahrestagung der Vermittler die Frankfurter Festhalle mit Tausenden von Plätzen mieten muss. Gegründet wurden sie von cleveren Einzelunternehmern, die mit ihrem Riecher großen Erfolg hatten, im Wohnzimmer der Kunden und nicht an sterilen Bankschaltern alles an Finanzprodukten aus dem Köfferchen zu zaubern, was Otto Normalverbraucher »unbedingt und dringend« benötigt: als Absicherung für die Wechselfälle des Lebens (Versicherungen) oder für die Altersversorgung (Investmentfonds, Sparpläne jeder Art).

Im Prinzip nichts gegen diese höchst einträgliche Geschäftsidee. Nur: Der Kunde muss wissen, dass auch hier der Verkaufsdruck groß ist, dass hinter den Finanzvertrieben mittlerweile große Versicherungen stehen, die natürlich am liebsten ihre Produkte verkaufen wollen. Ein Grund, warum sich AWD vom Werbespruch des »unabhängigen Finanzoptimierers« verabschieden und OVB den Zusatz »objektiv« streichen musste.

Die Verkäufer werden nach einem Pyramidensystem bezahlt. Wer in der Pyramide unten steht, muss einen Teil seiner Verkaufsprovision an den übergeordneten Leiter geben, kann aber selbst neue Verkäufer anwerben, die dann wiederum unter ihm arbeiten. Ich habe etwas Ähnliches als Student mit dem Verkauf amerikanischer Lexika erlebt. Da drückt man ganz schön was »nach oben« ab, verdient aber immer noch gut, wenn die Menge stimmt. Also ein ausgeklügeltes Provisionssystem, das natürlich der Kunde bezahlen muss – und das nicht zu knapp.

Achtung: Freie Finanzberater, so der Bundesgerichtshof (BGH) in einem Urteil, sind im Gegensatz zu einem angestellten Bank- oder Sparkassenmitarbeiter nicht verpflichtet, dem Kunden beim Verkauf von Finanzprodukten zu verraten, wie viel Provision sie dafür erhalten. Denn bei einem Freien sei es im Gegensatz zum Angestellten klar, dass er ausschließlich von der Provision leben müsse. Na ja, der immer wieder geforderten Transparenz der Kosten dient das Urteil nicht, schade. Wer also lieber wissen will, was der Berater denn so abgreift, sollte das Produkt bei einem Bankberater und nicht beim freien Vermittler kaufen.

Der Kauf eines Finanzprodukts ist vergleichbar mit der Anschaffung eines x-beliebigen Gebrauchsgegenstands. Preis, Qualität und Leistung müssen einfach stimmen. Und Bankberater sind nichts anderes als Verkäufer. Sie preisen eben statt Autos oder Elektrogeräten Finanzprodukte an. Wollen Ihnen eine Form der Geldanlage verkaufen. Wichtig sind dabei Glaubwürdigkeit und Kompetenz. Mit guter Beratung allein verdienen die Banken – wie alle anderen Händler auch – aber keinen Cent, darüber muss man sich im Klaren sein. Es sei denn, die Bank bietet bereits Honorarberatungen an. Ansonsten fließt nur bei einem Verkaufsabschluss Geld: durch Provisionen.

Provisionserträge sind ein wichtiger Bestandteil der Einnahmen von Banken. Dazu gehört auch, was in Bankendeutsch »Bankprovision« genannt wird, im Volksmund aber Bankgebühr heißt. Zu den Bankgebühren zählen der allgemeine Zahlungsverkehr und die Kontoführung, das Auslandsgeschäft, Wertpapiergeschäfte im Auftrag der Kunden, die Wertpapierdepotverwaltung, Bürgschaften sowie der Verkauf von Devisen und Edelmetallen. Die Einnahmen von Banken bei zinsabhängigen Dienstleistungen, wie zum Beispiel der Gewährung von Krediten, fallen unter die Rubrik Zinserträge. Niedrige Kontogebühren sind für viele Bundesbürger ausschlaggebend. Aber Achtung, auf die Wortwahl kommt es an: Kostenlos bedeutet, dass Sie für das Konto keine Grundgebühren zahlen müssen. Kostenfrei heißt, dass zum Beispiel auch Daueraufträge, Überweisungen und Ähnliches nichts kosten. Bankprovision zahlt der Kunde beim Kauf und Verkauf von Wertpapieren über die Börse. Meist 1 bis 2 Prozent des Handelsbetrags, bei einigen Direktbanken auch Pauschalen zwischen 6 und 30 Euro. Die Depotgebühren liegen meist zwischen 1 und 3 Promille des Depotwerts.

Dann gibt es natürlich noch die eigentlichen Provisionen, also Geld für die Vermittlung von Kredit-, Spar-, Bauspar- und Versicherungsverträgen, für den Verkauf von Fondsanteilen und Zertifikaten, sowie Bonifikationen für Platzierung von Wertpapieren an der Börse. Ein Beispiel: Verkauft eine Bank einem Kunden Investmentfondsanteile, dann erhält die Fondsgesellschaft die vom Kunden gezahlten Gebühren. Dabei ist es üblich, dass die Bank eine Rückvergütung für die Vermittlung bekommt, nennt sich »Kickback-Provision«. Läuft übrigens genauso bei Versicherungspolicen und Zertifikaten.

Welche Gebühren kassiert der Anbieter? Bei Fonds fällt einmalig ein Ausgabeaufschlag an (auch Agio oder Verkaufsprovision). Dazu kommen Bestandsprovisionen, das heißt die laufenden Verwaltungs- oder Managementgebühren. Bei Aktienfonds beträgt der Ausgabeaufschlag meist 5 bis 6 Prozent der Anlagesumme, bei Immobilienfonds 5 Prozent, bei Mischfonds 3 bis 5 Prozent und bei Rentenfonds 3 Prozent. Die Managementgebühren pro Jahr liegen in der Regel bei 1 bis 2 Prozent. Oft verlangen die Fondsgesellschaften zusätzlich eine sogenannte Performance-Gebühr, die erfolgsabhängig ist. Beim Abschluss einer privaten Rentenversicherung betragen allein die Verkaufsprovisionen, die die Versicherer vom Kunden erhalten, etwa 4 bis 7 Prozent der Beiträge. Beim Kauf von Lebensversicherungen variieren die Verkaufsprovisionen meist zwischen 4 und 5 Prozent der gesamten Beitragssumme, liegen manchmal aber auch deutlich höher. Auch die Versicherungsgesellschaften geben von diesen Einnahmen einen Teil an die Banken weiter, die ihre Policen verkauft haben.

Die Kickback-Provisionen, die von den Fondsgesellschaften an die Bank gezahlt werden, sind unterschiedlich hoch. Grob überschlagen: ein Teil der Verkaufsprovision plus meist ein Fünftel der Bestandsprovisionen. Beim Verkauf von geschlossenen Fonds ist noch mehr zu holen. Zwar verlangt die Fondsgesellschaft vom Kunden nur 5 Prozent des Anlagebetrags als Agio, kassiert aber zusätzlich eine »interne Provision«, meist 10 bis 15 Prozent. Bei Schiffsfonds sind sogar 20 Prozent üblich. Diese interne Provision geben die geschlossenen Fonds in der Regel in voller Höhe an den Verkäufer weiter, also an die Bank oder die Finanzberatungen, häufig auch noch den Ausgabeaufschlag. Manchmal gibt es im Rahmen von Sonderaktionen sogar Prämien als zusätzlichen Verkaufsanreiz. Die Höhe variiert, je nachdem, wie viel der Kunde am Ende anlegt. Das können bei einer Anlagesumme von 15 000 Euro zum Beispiel 175 Euro sein, danach eine prozentuale Steigerung. Ab 100 000 Euro winkt zusätzlich ein Goldbarren und ab 500 000 eine Luxusreise nach China im Wert von 10 000 Euro. Kein Scherz.

Aber jetzt kommt der Clou an der Sache: Die interne Provision zahlen die Fondsanbieter meist nicht aus eigener Tasche, sondern aus dem Geld der Anleger. Nur merken die das nicht. Warum? Ganz einfach, die Summen werden im Prospekt als »Emissionskosten« oder »Eigenkapitalvermittlungsprovision« bezeichnet.

Achtung, Verwechslungsgefahr!

Kickback-Provisionen im Bereich Kapitalanlage sind ganz normale Provisionen für die Vermittlung eines Geschäfts. Nichts dagegen einzuwenden. Fällt der Begriff Kickback im gleichen Atemzug mit Immobiliengeschäften, ist das eine ganz andere Geschichte: Ein Verkäufer bietet eine überteuerte Immobilie zum Kauf an. Der Kaufpreis wird dem Käufer von einer Bank voll finanziert, er muss also kein Eigenkapital einsetzen. Einen Teil des überhöhten Kaufpreises zahlt der Verkäufer als Kickback an den Käufer zurück. Meistens halten bei der Abwicklung solcher Geschäfte weitere Vermittler und Berater ebenfalls die Hand auf. Zweck der Übung: nicht der tatsächliche Erwerb einer bestimmten Immobilie, sondern die Beschaffung von Bargeld. Die Bank wird nicht über diese Zahlung informiert und über den Wert der beliehenen Immobilie getäuscht. Klarer Fall: Betrug!

Provisionen müssen offengelegt werden

Der Bundesgerichtshof sagt seit langem: Kickback-Provisionen für Geldanlageprodukte sind grundsätzlich zulässig. Aber: Die

Bank oder der Anlageberater muss den Kunden – unaufgefordert! – über solche Rückvergütungen informieren. Anderenfalls verletzen sie ihre Aufklärungspflicht und machen sich schadensersatzpflichtig. Begründung: Der Kunde hat ein Recht, darüber informiert zu sein, inwieweit die Empfehlung eines Anlageproduktes auch im finanziellen Eigeninteresse der Bank liegt.

Bereits seit 2007 sind die Finanzberater der Banken verpflichtet, ihre Privatkunden detailliert über die Höhe von Verkaufsprovisionen bei empfohlenen Produkten zu informieren. Das soll mögliche Interessenkonflikte offenlegen. Als Anleger darf man seine Investition rückabwickeln, wenn der Berater umsatzabhängige Provisionen verheimlicht hat, unabhängig von eventuellen Beratungsmängeln in Bezug auf die Produkte.

Aufgepasst! Laut einem aktuellen Beschluss des Bankrechtssenats des Bundesgerichtshofs gilt diese Aufklärungspflicht nun rückwirkend ab dem Jahr 1990. Heißt also: Der Anleger kann das Anlagegeschäft rückgängig machen – wegen Verletzung der Aufklärungspflicht – und seinen finanziellen Einsatz zurückverlangen, auch wenn das Geschäft bereits zwanzig Jahre zurückliegt. Es laufen bereits zahlreiche Schadenersatzklagen gegen Banken, die Kickback-Provisionen verschwiegen haben. Wen wundert es?

Immer mehr Kleinanleger vertreten die Ansicht, dass eigentlich nicht der Bank die Kickback-Provision zusteht, sondern ihnen selbst. Verbraucherschützer raten ihnen, die Banken um Herausgabe dieser Provisionen zu bitten. Ob die Banken die Kickback-Provisionen behalten dürfen oder nicht: Diese Frage ist derzeit noch nicht höchstrichterlich geklärt. Wenn es sich bei der Vermittlung von Fonds oder Zertifikaten um eine sogenannte Geschäftsbesorgung handelt, müsste die Bank laut Bürgerlichem Gesetzbuch Rückvergütungen jeglicher Art an den Kunden weitergeben. Geschäftsbesorgung heißt, die Bank verpflichtet sich, ein vom Kunden übertragenes Geschäft zu »besorgen«. Dafür könnten dann Gebühren erhoben werden. Die gibt es aber bisher noch nicht. Wenn es sich aber beim Verkauf dieser Anlageprodukte um einen reinen Kaufvertrag handelt, dürfte die Bank die Rückvergütungen behalten. Vielleicht um sich vor einer möglichen Rückzahlung zu schützen, verschickt so manche Bank bereits an ihre Depotkunden Schreiben mit dem Titel »Rahmenvereinbarung für Wertpapiergeschäfte«, die unterschrieben zurückgeschickt werden sollen. Hier gilt wie bei jedem Vertrag: durchlesen, bevor man unterschreibt.

Bankenunabhängige Anlageberater müssen beim Verkauf von Finanzprodukten ungefragt keine Provisionen offenlegen. Entschied der Bundesgerichtshof in einem Grundsatzurteil. Die Richter wiesen die Schadenersatzklage eines Anlegers gegen den Finanzvertrieb AWD wegen verschwiegener Provisionen ab. Begründung: Als Anleger müsse man davon ausgehen, dass Berater des Finanzvertriebs Verkaufsprovisionen erhalten. Dagegen bestehe zwischen einem Geldinstitut und seinem Kunden üblicherweise eine auf Dauer angelegte Vertragsbeziehung, und der Kunde müsse deshalb nicht damit rechnen, dass die Bank bei der Anlageberatung eigene Interessen verfolgt. Was für eine Logik. Jeder verfolgt doch Eigeninteressen, auch ein Geldinstitut.

Zwischen den Stühlen: Verkaufsdruck statt Kundenwunsch

Kommt ein Kunde in die Bank: »Ich möchte gern zu meinem Berater.« Die Dame am Schalter erwidert: »Tut mir leid, das geht nicht.« – »Wieso denn nicht? Ich habe ihn doch gerade durch die Scheibe gesehen.« – »Ja, mag sein. Aber er hat Sie zuerst gesehen.«

Wie viel Wahrheit steckt in diesem Witz? Hat man natürlich untersucht, nachdem das Vertrauen in die Banken in den Keller gerutscht war. Man wollte wissen: Was wünscht sich der deutsche Kunde von seiner Bank, oder besser von seinem Bankberater? Mehr als die Hälfte der Bundesbürger kritisiert, dass man einfach nur mit Standardprodukten abgespeist wird, also die persönliche Note bei der Beratung fehlt. Die Kunden wünschen sich maßgeschneiderte Angebote – passend für ihre persönliche Situation. Sie wünschen sich Respekt und ein Miteinander auf Augenhöhe. An der Wertschätzung dem Kunden gegenüber hapert es laut

Meinungen von Bankkunden zu Finanzthemen
Angaben in Prozent

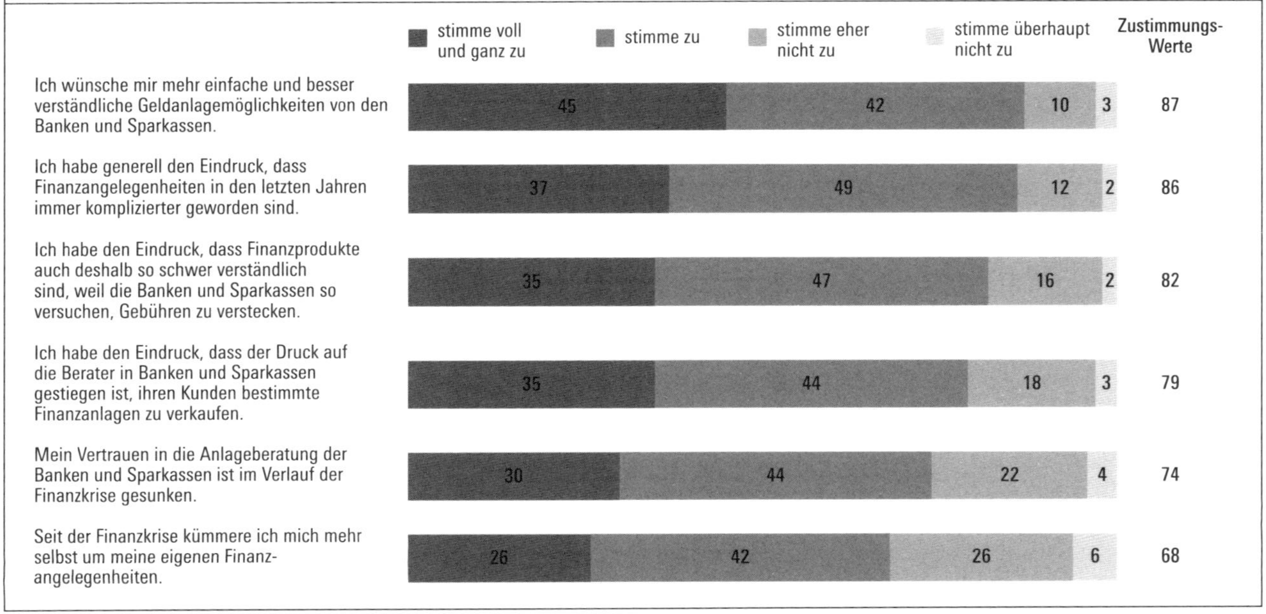

Quelle: ING-DiBa und TNS Infratest, 2010

Umfrage noch gewaltig. Der Kunde ist König? In der Finanzwelt scheint das noch nicht angekommen zu sein. Die Bundesbürger beklagten sich, dass man bei vielen Banken eher als Bettler denn als eine eigenständige Persönlichkeit behandelt wird. Kundenbindung muss doch anders gehen. Weg von den Produkten, hin zu mehr Fokus auf den Kunden. Der bringt doch schließlich das Geld mit!

Banken wollen natürlich Geld verdienen. Deshalb verkaufen sie am liebsten die Produkte des eigenen Hauses beziehungsweise der konzerneigenen Tochtergesellschaften oder verbundener Unternehmen. Dann können sie sämtliche anfallenden Gebühren selbst einstecken. Am zweitliebsten verkaufen sie Produkte, die ihnen die höchsten Kickback-Provisionen bringen. Die Folge: Die Bankverkäufer dürfen nicht das Produkt empfehlen, welches für den Kunden am besten ist, sondern welches ihnen von ihrer Vertriebsleitung vorgegeben wird. Sie erhalten konkrete Zahlen, wie viele Privatkredite, Fonds, Girokonten oder Versicherungen sie pro Tag verkaufen müssen, und werden so unter einen enormen Verkaufsdruck gesetzt.

Klingt jetzt nicht sonderlich kundenorientiert, und ist es auch nicht. Ein Bankberater erzählte mir einmal: »Wenn ich morgens ins Büro komme und meinen Computer anschalte, sehe ich gleich den Schriftzug: ›Welche Lebensversicherungen verkaufen wir heute?‹ Also weiß ich, was an dem Tag angesagt ist.« Andere müssen stündlich Aktivitätslisten abgeben und täglich die verkauften Stückzahlen an das Controlling melden. Erreicht ein Bankverkäufer das gesetzte Verkaufsziel nicht, drohen Konsequenzen: schriftliche Stellungnahme, verordnete Überstunden, Urlaubssperre, Versetzung, Abmahnung oder sogar Kündigung. Zu allem Überfluss hängt das Jahresgehalt der Bankberater von ihrem Verkaufserfolg ab, denn das besteht für die meisten aus einem festen Teil und zusätzlichen erfolgsabhängigen Zahlungen. Sonderzahlungen? Davon haben die Berater bei Banken und Versicherungen seit der Finanzkrise immer weniger gesehen.

Der Verkaufsdruck auf Bankberater war schon immer immens. Aber seit der Finanzkrise ist es schwieriger geworden, den Kunden etwas zu verkaufen. Viele sind einfach skeptischer geworden. Zertifikate verkaufen? Früher kein Problem, aber seit die Risiken dem Privatanleger schmerzlich bewusst sind – keine Chance. Na gut, sagt der Vertriebsleiter, dann schwenken wir eben um und verkaufen Lebensversicherungen, Bausparverträge und Rentenfonds; das bringt ebenfalls saftige Provisionen. Die Zwickmühle: Nach den neuen gesetzlichen Regeln für die Kundenberatung müssen die Berater sich eigentlich intensiver mit den Kundenwünschen beschäftigen und ihnen die passenden Produkte anbieten. Meist sind das dann aber nicht die, die ganz oben auf der Liste der Zielvorgaben stehen. So ein Mist aber auch.

Bei schlechter Beratung ist das Urteil der deutschen Bankkunden knallhart. Die große Mehrheit meint: Das muss bestraft werden. Berufsverbot sollte es geben! Auf Platz eins der »Beratervergehen« steht die unzureichende Information über Risiken, gefolgt von verheimlichten Provisionen. Auch Beratungen, die sich als Themaverfehlung herausstellen – also die Kundenwünsche nicht berücksichtigen –, sollten Konsequenzen haben. Viele finden, ein falsches Beratungsprotokoll disqualifiziert den Berater ebenfalls.

»In Ihrem Alter?«

Best Ager, also die Generation 50 plus, haben ordentlich was auf dem Konto. In Deutschland ist die Altersgruppe der 56- bis 65-Jährigen die wohlhabendste. Das ergab eine DIW-Studie zur Vermögensverteilung. Pro Kopf besitzt jeder Bürger dieser Altersgruppe etwa 130 000 Euro, verteilt auf Immobilien, Betriebs- und Geldvermögen. Aber auch die noch Älteren sind nicht arm: Die 66- bis 75-Jährigen haben ein durchschnittliches Nettovermögen von mehr als 110 000 Euro, während sich die 36- bis 45-Jährigen mit etwa 80 000 Euro Vermögen zufriedengeben müssen. Wer heute Rentner ist, hat im Laufe seines Lebens meist etwas auf die hohe Kante gelegt. Trifft aber sicher nicht auf alle zu, das weiß man, Stichwort Altersarmut.

Über das Schubladendenken bei Banken und Sparkassen zum

Wohle des Kunden haben wir bereits gesprochen. Pikant ist aber auch, dass die Berater ältere Menschen gerne in zwei Kategorien einstufen, AA wie »alt und arm«, und AD wie »alt und doof«. Altersdiskriminierung ist gerade im Bereich der Finanzwirtschaft an der Tagesordnung. Allgemeines Gleichbehandlungsgesetz hin oder her, wenn es um Kredite geht, handelt es sich nicht um das sogenannte Massengeschäft, auf das dieses Antidiskriminierungsgesetz Anwendung findet.

AA-Kunden werden von gewissen Leistungen der Bank schlichtweg ausgeschlossen, weil sie zu alt sind. Das sagt ihnen nur keiner. Regelrecht arm müssen sie auch nicht zwingend sein. Mag sein, dass sie ein eigenes Haus haben und eine passable Rente bekommen, aber das wird der Bank als Sicherheit bei einem größeren Kredit nicht mehr ausreichen. Selbst einen Dispo gibt es oft nicht mehr, auch wenn Sicherheiten vorhanden sind und das Risiko minimal ist. Wer weiß, die alten Leute könnten sich ja aus ihrer finanziellen Verantwortung stehlen, indem sie einfach früher sterben. Unerhört!

AD-Kunden sind vermögende Kunden, wissen aber nicht so recht, was sie mit ihrem Geld aus Lebensversicherungen, Erbschaften oder fälligen Wertpapieren anstellen sollen. Sie haben wenig Lust, das Kleingedruckte zu lesen, sie sind gegenüber ihrem Geldinstitut loyal bis zur Schmerzgrenze und sie setzen noch Vertrauen gegen Vertrauen und stellen wenig Fragen. Also verkauft man ihnen möglichst die Finanzprodukte, die die höchsten Provisionen und Gebühren abwerfen – in Finanzkreisen die idealen Kunden.

2.6 Keine Ahnung? Die Rechte der Kunden und die Pflichten der Banken

Zwei schlaue Psychologen haben folgendes Phänomen entdeckt: Inkompetente Menschen sind zu inkompetent, um ihre eigene Inkompetenz zu erkennen – mit dem Ergebnis, dass sie sich für klüger halten als andere. Das nennt sich im Fachjargon Dunning-Kruger-Effekt oder kurz DKE, nach den beiden Entdeckern getauft. Wie kam es dazu? Nun, sie führten ein Experiment an der Cornell University in den USA mit Studenten durch. Erstaunliches Ergebnis: Die Studenten, deren tatsächliche Leistungen im unteren Viertel des gesamten Spektrums landeten, waren felsenfest davon überzeugt, besser zu sein als die anderen. Auf den Punkt gebracht: Je weniger man weiß, für umso schlauer hält man sich. Unwissenheit erzeugt also ein stärkeres Selbstvertrauen als Wissen.

Wie kann man diesem unseligen Prozess entgegenwirken? Mein Ratschlag: Sprechen Sie einfach mehr mit anderen Leuten und besonders mit solchen, von denen Sie annehmen, dass sie eine andere Meinung haben als Sie selbst. Die eigene Urteilsfähigkeit lässt sich am besten schärfen, wenn man sich mit Widersprüchen auseinandersetzt. Und genau das gilt auch für Geldfragen. Weil aber niemand alles wissen kann – und das Nichtwissen in Gelddingen in Deutschland definitiv überwiegt und daher leicht zu großen Schäden führt –, sah sich das Verbraucherschutzministerium im Jahr 2009 genötigt, die Rechte der Kunden zu stärken und die Pflichten der Banken zu erweitern.

Den deutschen Privathaushalten entsteht pro Jahr durch Fehlleistungen von Finanzberatern und Versicherungsvermittlern ein Schaden von 20 bis 30 Milliarden Euro. Das hat eine Studie im Auftrag des Verbraucherschutzministeriums ergeben. Ein Teil dieser Schäden entsteht dadurch, dass 50 bis 80 Prozent aller Langfristanlagen durch die Anleger vorzeitig und mit Verlusten abgebrochen werden. Angesichts der oben genannten Schadenssummen sah sich die Bundesregierung gezwungen, strengere Auflagen für Anlageberater zu erlassen.

- Hat Ihnen Ihr Geldinstitut schon eine kostengünstigere Form der Kontoführung angeboten, ohne dass Sie danach fragen mussten?
- Hat Ihnen Ihr Geldinstitut schon einmal das Angebot gemacht, Ihr Geld zu besseren Konditionen anzulegen, wenn Sie auf dem Girokonto ein besonders hohes Guthaben hatten?
- Kennen Sie den Namen Ihres Bankberaters? Und werden Sie umgehend informiert, wenn ein neuer Bankberater für Sie zuständig ist?
- Ist der neue Bankberater beim ersten gemeinsamen Gespräch gut über Sie informiert?
- Bietet Ihnen Ihr Geldinstitut auch Fremdprodukte zur Geldanlage an, oder werden nur die Produkte der Kooperationspartner angeboten?
- Korrigiert Ihr Geldinstitut die Dispozinsen beim Girokonto nach unten, wenn das allgemeine Zinsniveau sinkt?
- Hat Ihre Bank Ihnen schon zinsgünstige Sonderkredite angeboten, wenn Sie über längere Zeit einen Dispositionskredit auf Ihrem Girokonto in Anspruch genommen haben?

Wenn Sie die Fragen überwiegend mit Ja beantworten konnten: Herzlichen Glückwunsch, Sie scheinen ein kompetentes Geldinstitut gefunden zu haben, das sich um Sie und Ihre Bedürfnisse kümmert. Wenn nicht, ist es vielleicht an der Zeit, über einen Wechsel nachzudenken.

Das Beratungsprotokoll: Hürde für Berater, Erinnerungsstütze für Kunden

Bei Beratungen über Wertpapiere ist die Bank seit 2010 verpflichtet, ein detailliertes Protokoll des Beratungsgesprächs anzufertigen. Dieses muss vom Bankberater unterschrieben werden, und der Kunde bekommt es vor dem Abschluss des Geschäfts in die Hand gedrückt. So will es das Wertpapierhandelsgesetz (Paragraph 34 Absatz 2 a).

Das Beratungsprotokoll dient der gewissenhaften und nachvollziehbaren Beratung. Begrüßenswert. Welcher Kunde kann sich schon alles merken, was ihm im Gespräch angeboten wird. Auch für den Berater ist es eine gute Gedächtnisstütze, wenn die Vorgaben des Kunden schriftlich fixiert werden. Die Protokolle dienen also als Mahnung zur Sorgfalt und zur Verhütung schlechter Beratung. Als Kunde kann man auch im Nachhinein besser nachvollziehen, warum ein bestimmtes Wertpapier empfohlen wurde und ob es tatsächlich den eigenen Anlagezielen entspricht. Natürlich hilft ein solches Dokument auch, Schadenersatzansprüche wegen Falschberatung durchzusetzen.

Pflichtangaben im Beratungsprotokoll

- Anlass der Beratung,
- Dauer und Inhalt des Gesprächs,
- Angaben zur Person des Kunden,
- persönliche und finanzielle Situation des Kunden,
- Kenntnisse und Erfahrungen des Kunden in punkto Geldanlage,
- Anlagehorizont des Kunden,
- Risikobereitschaft des Kunden,
- Ziele und Erwartungen an die Anlage,
- alle Empfehlungen der Bank einschließlich der Höhe der anfallenden Verkaufsprovisionen.

Allerdings gibt es keine einheitliche Vorlage für das Beratungsprotokoll. Die einzelnen Banken haben inzwischen Standardformulare entwickelt. »Die Berater werden nach unseren Erkenntnissen gerade geschult, wie die Protokolle auszufüllen sind, damit eine Falschberatung möglichst schwer nachweisbar bleibt«, warnt der auf Kapitalanlagerecht spezialisierte Anwalt Alexander Elsmann, der unter anderem für die Schutzgemeinschaft der Kapitalanleger e. V. (SdK) arbeitet, in einer Pressemitteilung der SdK im Juli 2010. Die SdK und Elsmann haben gemeinsam ein Musterberatungsprotokoll für ihre Mitglieder entwickelt, das über den Bankenstandard hinausgeht.

Die Protokollpflicht gilt übrigens auch für die telefonische Beratung. Das Beratungsprotokoll wird Ihnen im Anschluss per Post zugestellt. Wenn Sie aber sofort Wertpapiere kaufen möchten und das Protokoll folglich noch nicht da ist, muss die Bank Ihnen ein Rücktrittsrecht mit einer Frist von einer Woche einräumen.

Auch sehr wichtig: Die dreijährige Verjährungsfrist für Schadenersatzklagen bei Falschberatung beginnt künftig nicht mehr bei Vertragsschluss, sondern erst, wenn der Kunde merkt, dass er falsch beraten wurde.

Was Sie beim Beratungsgespräch unbedingt beachten sollten

Sie haben als Kunde das Recht auf die Aushändigung des Protokolls. Sie sind aber keineswegs verpflichtet, es zu unterschreiben und damit die Ordnungsmäßigkeit zu bestätigen. Lassen Sie sich bloß nicht zu einer Unterschrift drängen!

Prüfen Sie das Protokoll kritisch. Wenn es den Inhalt des Beratungsgesprächs nicht richtig wiedergibt: Widersprechen Sie und bitten Sie um Berichtigung. Eine bestimmte Frist für den Widerspruch ist vom Gesetzgeber übrigens nicht vorgesehen.

Grundsätzlich sollten Sie sich auf Beratungsgespräche

gezielt vorbereiten und Ihr eigenes Anlageprofil entwickeln. Vielleicht helfen Ihnen die Anlegertypen in Kapitel 4 dabei.

Es schadet nicht, zu Beratungsgesprächen eine Vertrauensperson mitzunehmen. Tun Sie das ruhig, wenn Sie sich dann sicherer fühlen.

Mustergültige Informationen für Kredite

Lockvogelangebote in der Kreditwerbung sind in Zukunft Geschichte, aufgrund des Gesetzes zur Umsetzung der Verbraucherkreditlinie, das im 11. Juni 2010 in Kraft getreten ist. Das bedeutet: Der supergünstige Zinssatz in übergroßen Lettern reicht nicht aus. Nein, auch alle weiteren Kosten des Kreditvertrags müssen angegeben werden. Dazu bitte immer ein realistisches Beispiel zur Erläuterung, kein schöngerechnetes! Hier greift die Zwei-Drittel-Regelung. Das heißt nichts anderes, als dass das Kreditinstitut mindestens zwei Drittel der aufgrund der Werbung zustande kommenden Verträge mit dem angegebenen (oder einem niedrigeren) effektiven Zins abschließt. In der Praxis wurde dem Kunden ja oft statt des Zinssatzes aus der Werbung ein wesentlich höherer untergejubelt. Begründung: Leider hat der Kunde nicht die geforderte Bonität. Pech.

Der effektive Zinssatz muss für die gesamte Laufzeit klar, verständlich und in auffallender Form angegeben werden. Das hört sich zwar gut an, wird aber spätestens bei der Anschlussfinanzierung nach Ablauf der Zinsbindung problematisch. Der Kreditgeber muss einen fiktiven Anschlusszinssatz unterstellen, wobei ihm weiter Ermessensspielräume bleiben.

Aber nicht nur der Bereich Werbung wird in dem Gesetz geregelt, sondern auch (vor-)vertragliche Information, Widerruf, vorzeitige Rückzahlung und Entschädigung sowie die Berechnung des effektiven Jahreszinses. Es gilt für alle Arten von Darlehen ab 200 Euro einschließlich Überziehungskredite – allerdings nur für Neuabschlüsse. Warum die Neuregelung? Ziel ist es, dass der Kunde in Zukunft die Angebote von Banken in der ganzen Europäischen Union vergleichen kann, indem er selbst die Vor- und Nachteile erkennen kann.

Für die sogenannte vorvertragliche Information gibt es europaweit gültige Muster. Das heißt, künftig wird der Verbraucher schon vor Abschluss des Vertrages über die wesentlichen Bestandteile des Kredits informiert. Also über den Nettodarlehensvertrag und den Gesamtbetrag, den Sollzins, den effektiven Jahreszins, die Vertragslaufzeiten und die Auszahlungsbedingungen. Der effektive Jahreszinses soll künftig europaweit einheitlich berechnet werden. Nicht neu, aber wichtig: Im Muster muss auf das vierzehntägige Widerrufsrecht hingewiesen werden. Neu und ebenfalls sehr wichtig: Information über die Folgen der ausbleibenden Zahlungen durch den Kreditnehmer müssen enthalten sein.

Der Kunde hat das Recht auf einen kostenfreien Vertragsentwurf und ein repräsentatives Beispiel – und zwar eine andere Beispielrechnung als in der Werbung! Einen Tilgungsplan muss man aktiv anfordern, hat aber als Kunde einen Anspruch darauf. Ablehnen darf die Bank Ihren Wunsch also nicht.

Der Bankberater ist verpflichtet, dem potentiellen Kunden angemessene Erläuterungen zu geben. Das heißt, er muss alles so erklären, dass der Kunde eindeutig erkennen kann, ob der Vertrag zu seinen Wünschen und seiner finanziellen Situation passt. Das muss allerdings nicht zwingend in schriftlicher Form erfolgen.

Bei befristeten Darlehensverträgen, die nicht wie Hypothekendarlehen durch ein Grundpfandrecht gesichert sind, dürfen die Verbraucher zukünftig das Darlehen jederzeit ganz oder teilweise zurückzahlen, statt wie bisher erst nach neun Monaten.

Bisher verkauften viele Banken zusammen mit den Krediten oft überteuerte Restschuldversicherungen zur Absicherung der Rückzahlung – allerdings ohne den Kunden zu fragen, nach dem Motto: ohne Versicherung kein Kredit. Tja, dann müssten aber eigentlich die Kosten für diese Versicherung in den effektiven Jahreszins eingerechnet werden. Machen die Banken aber ungern. Sieht nicht besonders schick aus, wenn aus 10 Prozent effektivem

Jahreszins plötzlich 20 Prozent werden. Stattdessen behaupteten sie lieber, dass die Versicherung Kundenwunsch war. Eindeutig. Neu: Künftig gibt es eine Beweislastumkehr. Sind die Kosten einer Restschuldversicherung nicht im effektiven Jahreszins enthalten, müssen die Banken beweisen, dass der Abschluss des Kredits auch ohne Versicherung möglich gewesen wäre.

Zum Thema Vertragskündigung: Bei unbefristeten Verträgen sind Kündigungen durch den Darlehensgeber nur noch zulässig, wenn eine Kündigungsfrist von mindestens zwei Monaten vereinbart ist. Der Kunde kann dagegen einen unbefristeten Vertrag jederzeit kündigen. Eine vertraglich festgelegte Kündigungsfrist von einem Monat für den Kunden ist absolute Obergrenze.

Kreditverträge im Internet abschließen: Da bekommen Verbraucherschützer schon beim Gedanken Schweißausbrüche. Sie fürchten, dass selbst gutinformierte und vorsichtige Privatkunden auf diese Weise per Mausklick in eine Kostenfalle tappen können. In der Verbraucherkreditrichtlinie ist zwar formuliert, dass Kreditgeber nicht verantwortungslos, zum Beispiel ohne Prüfung der Bonität des Kunden, Kredite vergeben dürfen. Es sind aber noch keine Sanktionen festgelegt worden. Nach Ansicht der Verbraucherschützer fehlen bisher die Aufklärung über die finanziellen Nachteile von Kombinationsverträgen aus einem Kredit- und Sparvertrag sowie ein wirksamer Schutz vor unseriösen Kreditvermittlern.

Geldmaschine Vorfälligkeitsentschädigung

Das gibt es nur bei uns: Vorfälligkeitsentschädigung. Ein Wortungetüm, ein deutsches Phänomen und ein richtiges Ärgernis. Wenn ein Kunde einen Kreditvertrag vor Ende der vereinbarten Laufzeit kündigt, hat die Bank oder Sparkasse Anspruch auf Entschädigung. Wegen entgangener Zinsen, Gebühren und was sonst auch immer. So weit, so gut, und nichts dagegen. Nur: Dass die Geldhäuser schamlos zugreifen und niemand sie dafür belangen kann, das ist der Skandal. Grundsätzlich sind Entschädigungen erlaubt. Das sagt Paragraph 409 Absatz 2 des Bürgerlichen Gesetzbuchs (BGB). Über die Höhe steht aber leider nichts drin.

Bei Konsumentenkrediten ist alles klar. Da liegen die »Strafzinsen« auf dem Tisch (siehe Kapitel 3), nicht aber bei grundbriefrechtlich gesicherten Darlehen, den Hypotheken also. Die Bank beziehungsweise Sparkasse kann vom Kunden die Kosten für den Refinanzierungs- und Gewinnausfall-Schaden verlangen. Wie die Institute diese aber berechnen, bleibt ihnen überlassen. Mit Folgen: Bei der Verbraucherzentrale Bremen sind pro Jahr fünfhundert Fälle von völlig verunsicherten Darlehensnehmern anhängig. »Die Berechnungen sind zu mindestens 80 Prozent falsch«, heißt es.

Der vorzeitige Ausstieg ist für all diejenigen interessant, die vor Jahren eine Festzinshypothek über zehn oder fünfzehn Jahre abgeschlossen haben – und mit großen Augen die aktuellen Rekord-Niedrigzinsen bestaunen, die oft wesentlich günstiger sind als das, was man bisher an die Banken abdrückt. Wenn nur die Vorfälligkeitsentschädigung nicht wäre. Da muss man genau nachrechnen: Wie groß oder klein ist der Vorteil, wenn ich einen neuen Hypo-Vertrag zu deutlich günstigeren Zinsen abschließe und die Vorfälligkeitsentschädigung dagegenstelle? Oft rechnet sich's eben nicht, weil Banken und Sparkassen gnadenlos zuschlagen. Übrigens: Im Internet finden sich Vorfälligkeitsentschädigungsrechner, meist bei Hypothekenbanken – ein erster Anhaltspunkt.

Wichtig: Die Bank kann das Darlehen vorzeitig zurücknehmen, muss es aber nicht, und das kostet sie aus. Anders, wenn der Kunde seine Immobilie verkauft oder eine Nachfinanzierung will. Dann muss das Institut die Vertragsänderung akzeptieren, lässt sich aber den Ausfall deftig bezahlen. Wem die Rechnung nicht passt, kann klagen. Sinnvoll ist dann allerdings eine Rechtsschutzversicherung, ein Prozess kann nämlich teuer werden. Da die Geldmanager jedes Gerichtsurteil in dieser Sache scheuen (Motto: nur keine Klarheit in der Unklarheit), kommt es meist zu einem besseren Angebot oder Vergleich vor Gericht. Fein raus ist derjenige, der mit seinem Geldinstitut eine einvernehmliche Vertragsauflösung hinbekommt. Weil er vielleicht ein guter bis sehr guter Kunde ist, der über diverse Konten und Wertpapierdepots verfügt, also jemand, den die Bank eher ungern verlieren will. Da kann sogar die ominöse Entschädigung ganz flachfallen. Alles Verhandlungssache.

Noch etwas: Als Alternative zur Vertragskündigung bei einer Festzinshypothek könnte ein sogenanntes Forward-Darlehen (Vorwärts-Darlehen) hilfreich sein. Das funktioniert folgendermaßen: Man schließt jetzt zu den Superniedrigzinsen ein Darlehen ab, das aber erst beim Auslaufen der bisherigen Hypothek in Kraft tritt. In zwei oder drei Jahren zum Beispiel, aber eben zu den Zinsen von heute. Interessant, vor allem wenn in Zukunft steigende Zinsen erwartet werden. Und die werden kommen! Für mich eine klare Sache.

Fazit: Die deutsche Festzinshypothek mit langer Laufzeit ist im Grunde eine feine Sache. Sie ist international einzigartig; in England etwa wird nur über variable Zinsen finanziert. Und sie bietet allen Beteiligten über einen längeren Zeitraum eine klare Kalkulationsgrundlage, eben durch den Festzins. Wenn nur die elendige Vorfälligkeitsentschädigung ohne gesetzliche Rahmenbedingungen nicht wäre. Es gibt eben immer zwei Seiten der Medaille.

Beipackzettel für Finanzprodukte

Als Reaktion auf die vielen Beratungsfehler der Vergangenheit wollte Verbraucherministerin Ilse Aigner die Banken und Sparkassen bereits im Juli 2009 dazu verpflichten, ihren Kunden ein standardisiertes Informationsblatt zu den einzelnen angebotenen Produkten auszuhändigen – mitsamt Vorschlag, wie so eine Produktinfo aussehen soll. Die Finanzinstitute haben diese Vorgabe aufgegriffen und freiwillig solche Beipackzettel entwickelt. Als grobe Orientierung sind sie prima, kann man gar nicht meckern. Die ING-Diba hat es vorgemacht, inzwischen verfügen fast alle Sparkassen, Volks- und Privatbanken über Informationsblätter, in denen sie die Chancen, Risiken und Kosten der von ihnen angebotenen Produkte erklären. Aber man hat sich nicht auf einheitliche Formulare einigen können. Sparkassen und Volksbanken verwenden ein einheitliches Formular, einige Banken ein anderes, vom Bundesverband deutscher Banken entwickeltes, und andere Banken basteln sich ihr eigenes Formular.

Die Beipackzettel der Banken sollen für mehr Transparenz sorgen und die Anleger über Chancen und Risiken informieren. Doch sie schaffen (noch) eher Verwirrung als Übersichtlichkeit, ergab eine Untersuchung des Bundesverbandes der Verbraucherzentralen (VZBV). Ein Vergleich der Produkte sei nach wie vor nicht möglich. Der VZBV fordert deshalb klare gesetzliche Standards.

Bundesfinanzminister Wolfgang Schäuble startet einen neuen Anlauf mit dem »Gesetz zur Stärkung des Anlegerschutzes«. Damit soll gesetzlich geregelt werden, wie die Produktinformationszettel auszusehen haben. Das soll alles drauf: die Art des Finanzinstruments, seine Funktionsweise, die Risiken, die Chancen und alle mit der Anlage verbundenen Kosten. Das Ganze auf maximal zwei Seiten, übersichtlich und verständlich geschrieben. Es ist ein Versuch, mehr Kontrolle auf Finanzberater auszuüben. Aber noch steht in den Sternen, ob und wann das Gesetz in Kraft treten wird. Der Finanzminister schlägt außerdem darin vor: Geschlossene Fonds sollen in Zukunft als Wertpapiere gelten und somit unter das Kreditwesengesetz fallen. Dadurch wird die BaFin für die Überwachung der Vermittler zuständig. Bundeswirtschaftsminister Rainer Brüderle dagegen will die Anlageberater unter die Gewerbeaufsicht stellen, was im Prinzip nur eine Registrierung und weniger Kontrolle bedeuten würde.

Jämmerlich bis gesetzeswidrig

Offensichtlich nehmen es die Banken und Sparkassen mit den Protokollen nicht so genau. Jedenfalls übte Verbraucherministerin Ilse Aigner heftige Kritik. Mangelhafte oder fehlerhafte Protokolle seien garantiert der falsche Weg, verlorengegangenes Vertrauen zurückzugewinnen, erklärte sie. Oft würden nämlich gesetzliche Vorgaben teilweise bewusst umgangen.

Die Beratung der Banken und Finanzdienstleister ist »jämmerlich«. So lautet das Ergebnis einer im August 2010 veröffentlichten Untersuchung von *Finanztest*. Dabei haben Testkunden in 21 Banken insgesamt 146 Beratungsgespräche geführt. »Das größte Problem der Banken ist: Sie missachten Gesetze«, so das Urteil von *Finanztest*.

In der Mehrzahl der Beratungsgespräche ging es um Wertpapiere, und ein Beratungsprotokoll wäre daher Pflicht gewesen. Aber nur knapp die Hälfte der Kunden erhielt ein Protokoll – in vielen Fällen mangelhaft. Schon auf den Vordrucken war nicht vorgesehen, die Anliegen der Kunden nach Wichtigkeit zu sortieren. Es wurde auch längst nicht vollständig ausgefüllt. Dreist: Einige Institute verlangten im Beratungsprotokoll sogar die Unterschrift des Kunden. Andere wollten sich den Erhalt des Protokolls auf einer separaten »Empfangsbestätigung« quittieren lassen. Das ist absolut nicht vorgeschrieben. Niemals machen!

Eigentlich ging es in der Untersuchung darum, ob die Produkte, welche die Bankberater den Testkunden für die Geldanlage angeboten haben, für deren Wünsche geeignet waren. Die Vorgaben: Der Kunde will 35 000 Euro für zehn Jahre anlegen, ist schon risikobereit, aber am Ende der Laufzeit soll mindestens die eingesetzte Summe bleiben. Außerdem sollte die Anlage so flexibel sein, das man im Notfall schnell an sein Geld kommt. Als sehr gut bewertete *Finanztest* zum Beispiel den Vorschlag, rund zwei Drittel des Betrags auf Tagesgeld und Sparbuch anzulegen und den Rest auf eine Anleihe, einen offenen Immobilienfonds und einen Aktienfonds.

Wer garantiert die eingezahlte Summe zurückhaben und jederzeit an sein Geld kommen will, darf kaum Risiken eingehen – und die gibt es nun mal bei Aktienfonds und erst recht bei offenen Immobilienfonds. Letztere befinden sich in einer ernsthaften Krise: Es gab schon Schließungen beziehungsweise Abwicklungen. Das ist peinlich für eine bisher höchst seriöse Geldanlage.

Bankberater: Für die Bankberater in den Bankfilialen gelten gesetzlich keine strengen Anforderungen. Für ihre Sachkunde ist die Bank verantwortlich.

Versicherungsvertreter: Gebundene Versicherungsvertreter verkaufen Versicherungspolicen für bestimmte Versicherer, ungebundene Versicherungsvertreter bieten die Produkte verschiedener Versicherungen an und leben von den Provisionen der Anbieter. Sie sind meist selbständige Handelsvertreter nach Paragraph 84 des Handelsgesetzbuches. Ihre Beziehung zu den Versicherungen ist in einem Maklervertrag geregelt. Rechtlich gesehen ist der Versicherungsvertreter Geschäftsbesorger der Versicherung und vertritt damit in erster Linie die Interessen der Versicherungsgesellschaft.

Versicherungsmakler: Versicherungsmakler sind Kaufleute nach dem Handelsrecht. Sie sind an keine Gesellschaft gebunden, sondern vermitteln Policen mehrerer oder sogar aller Versicherer und kassieren von denen Provisionen. Im Gegensatz zum Versicherungsvertreter handelt der Versicherungsmakler im Auftrag des Kunden, von dem er einen Beratungs- und Vermittlungsauftrag erhält. Insofern sollte er auch dessen Interessen vertreten.

Versicherungsberater: Versicherungsberater helfen Kunden bei der Auswahl der richtigen Versicherungspolicen, verkaufen diese aber nicht. An ihre Qualifikation werden gesetzliche Mindestanforderungen gestellt, um eine Zulassung zu erhalten. Sie erhalten keine Provisionen, sondern werden vom Kunden für die Beratung bezahlt.

Unabhängige Finanzberater: Nicht überall, wo »unabhängig« draufsteht, ist auch unabhängige Beratung drin. Bei vielen unabhängigen Finanzberatern bezieht sich die Bezeichnung »unabhängig« nur darauf, dass sie nicht an einzelne Gesellschaften gebunden sind, sondern Produkte verschiedener Anbieter verkaufen und von denen Provisionen einstecken. Es gibt auch solche, die das Honorarsystem und Provisionssystem kombinieren. Diese stellen nur dann ein Honorar in Rechnung, wenn es zu keinem Vertragsabschluss kommt. Schließt der Kunde aber einen Vertrag ab, verdienen sie an den Provisionen.

Achtung: Gerade Finanzvertriebe wie AWD, MLP und die Deutsche Vermögensberatung DVAG präsentieren sich gern als unabhängige Finanzberater. Doch Unabhängigkeit im Sinne einer Beratung, die sich nur am Interesse des Kunden orientiert, kann man von diesen Allfinanzvertrieben keinesfalls erwarten. Auch hier stehen an erster Stelle die Provisionen.

Certified Financial Planner (CFP): Das sind zertifizierte Finanzplaner, die erst einmal Sachkenntnis nachweisen müssen und sich zu kundenorientierter Beratung verpflichten. Zertifiziert werden sie vom Financial Planning Standard Board Deutschland e. V. Die über tausend Mitglieder des Vereins arbeiten teilweise auf Provisions- und teilweise auf Honorarbasis.

2.7 Ausweg Honorarberater: Warum sie mehr wert sind, als sie kosten

Für Beratung teures Geld bezahlen? Kommt ja gar nicht in Frage. Da kommt in Deutschland Entrüstung auf. Aber, mal ehrlich: Glauben Sie, dass Sie bei der »kostenlosen« Beratung bei Ihrer Bank wirklich nichts bezahlen? Da liegen Sie falsch. Die Bank kassiert immer – über indirekte Kosten eben, Bankgebühren. Warum dann nicht gleich von vornherein eine unabhängige Finanzberatung in Anspruch nehmen? Die Illusion der Gratisleistung wird von Honorarberatern gar nicht erst erweckt. Hier gilt ganz klar: Leistung gibt es nur gegen Bares. Ist doch fair. Darüber hinaus wird ein Interessenkonflikt des Beraters (Verkaufsdruck vs. Kundenwunsch) schlichtweg ausgehebelt.

Das Problem ist, dass zwischen den Honoraren der Honorarberater und dem, was die Deutschen für Beratung zu zahlen bereit sind, eine weite Lücke klafft. In einer Umfrage der Innofact AG im Auftrag der Beratungsgesellschaft BBDO Consulting gab die Mehrheit der Befragten an, weniger als 50 Euro als einen fairen Preis für eine umfassende Finanzberatung anzusehen. In einer repräsentativen Studie des Vermögensverwalters Axa Investment Managers erklärten sich zwar drei Viertel der Befragten bereit, für die Beratung zu zahlen, wenn die Gebühren für den Kauf einzelner Wertpapiere entfallen. Doch sie möchten dafür nicht mehr als 100 Euro hinblättern. Erstaunliches Ergebnis bei der Umfrage von Axa Investment Managers: Bei der Geldanlage in Fonds bevorzugen bereits mehr als die Hälfte der Bundesbürger die Honorarberatung. Vor allem Frauen, jüngere Leute und Besserverdiener (58 beziehungsweise 56 Prozent) würden lieber ein Honorar zahlen statt der Fondsgebühren.

In anderen Ländern sind die Menschen offensichtlich eher bereit, Geld in eine unabhängige Beratung zu investieren. Soweit mir bekannt ist, arbeiten 12 Prozent der Finanzberater in Großbritannien auf Honorarbasis. In den USA sind es 7 Prozent, während dieser Anteil in Deutschland heute erst 0,3 Prozent beträgt. Ich bin trotzdem der festen Überzeugung, dass sich die Finanzberatung auf Honorarbasis gegenüber der traditionellen Beratung auch in Deutschland langfristig durchsetzen wird. Denn bei Honorarberatern kann man neutrale, also unabhängige Beratung erwarten, weil sie nicht wie die Provisionsberater unter ständigem Verkaufsdruck stehen.

Honorarberater sind unabhängige Anlageberater, die nicht am Verkauf verdienen, sondern einzig und allein an der Beratung. Sie brauchen, wie alle anderen Anlageberater auch, seit November 2007 in der Regel eine Erlaubnis der Bundesanstalt für Finanzdienstleistungsaufsicht (BaFin), wenn sie ihre Kunden zu bestimmten Finanzinstrumenten beraten wollen. Die Erlaubnispflicht bezieht sich nur auf Finanzinstrumente wie Aktien, Anleihen und Zertifikate, nicht aber auf Investmentfonds. Ein Anlageberater darf also ohne die sogenannte »KWG-Erlaubnis« seinem Kunden nicht einmal raten, andere Finanzinstrumente aus seinem Depot zu verkaufen und stattdessen Fondsanteile zu erwerben.

Voraussetzungen für die Erteilung einer KWG-Erlaubnis sind die fachliche Eignung des Beraters (mindestens drei Jahre Berufserfahrung in einer leitenden Funktion einer Bank), persönliche Zuverlässigkeit, ein Eigenkapital von 50 000 Euro, ein umfassender Versicherungsschutz, eine fortlaufende Wirtschaftsprüfung, die Mitgliedschaft in der Entschädigungseinrichtung der Wertpapierhandelsunternehmen sowie die Erfüllung umfangreicher Kontrollauflagen der BaFin.

Was ist überhaupt eine Anlageberatung?

Nach dem Kreditwesengesetz (KWG) handelt es sich um eine Anlageberatung, wenn

- eine persönliche Empfehlung abgegeben wird, die sich auf Geschäfte mit bestimmten Finanzinstrumenten bezieht,
- die Empfehlung gegenüber Kunden oder deren Vertretern erfolgt,
- die Empfehlung auf eine Prüfung der persönlichen Umstände des Anlegers gestützt oder als für ihn geeignet dargestellt wird, und

- die Empfehlung nicht ausschließlich über Informationsverbreitungskanäle oder für die Öffentlichkeit bekannt gegeben wird.

Die Empfehlung muss sich auf »Geschäfte mit bestimmten Finanzinstrumenten« beziehen, die spezifisch benannt werden.

Werden nur bestimmte Gruppen von Finanzinstrumenten empfohlen, wie zum Beispiel festverzinsliche Wertpapiere, Zertifikate oder Technologieaktien, handelt es sich im Sinne des Gesetzes um keine Anlageberatung.

Als Alternative für eine eigene »bankenaufsichtsrechtliche Zulassung« bietet das Gesetz den Anlageberatern die Möglichkeit, als sogenannter »Tied Agent« (gebundener Vermittler) unter ein »Haftungsdach« zu gehen. Solche Haftungsdächer sollen dem Anleger für den Fall einer Falschberatung Schutz bieten. In erster Linie findet man so etwas bei Banken und Versicherungen, aber auch bei privaten Finanzdienstleistungsinstituten, Vermögensverwaltern und Maklerpools. Das heißt aber nicht, dass unabhängigen Honorarberatern dort auch die Türen offenstehen. Banken und Versicherer nehmen lieber die eigenen Vertreter unter den Schutzschirm. Schließlich werden diese wahrscheinlich eher die Produkte des eigenen Hauses vermitteln und die eigene Bank als Depotbank empfehlen.

Welche Ausbildung haben Honorarberater?

Das Problem ist, dass sich bislang jeder Honorarberater nennen kann, egal über welche Qualifikationen und Erfahrungen er verfügt. Der Verbund Deutscher Honorarberater fordert daher, dass der Beruf Honorarberater in die Gewerbeordnung aufgenommen wird. Also eine gesetzliche Definition des Berufsbildes. Aber bislang hat sich in der Richtung politisch noch nichts getan.

Anerkannte Abschlüsse gibt es zum Fachberater für Finanzdienstleistungen (IHK) und zum Fachwirt für Finanzberatung (IHK). Das IFH Institut für Honorarberatung bietet Ausbildungslehrgänge zur Vorbereitung auf diese Abschlüsse an, zusätzlich einen Zertifikatslehrgang »Geprüfter Honorarberater IFH«. Das IFH ist eine Tochter des Verbundes Deutscher Honorarberater GmbH (VDH), der im Jahr 2000 gegründet wurde. Der VDH ist ein Zusammenschluss von Beratern, die sich ausschließlich mit Honorar vergüten lassen, und zählt heute 345 Mitgliedsunternehmen mit 1200 Beratern.

Auch der im Juni 2008 gegründete Beraterzirkel Honorarberatung für Finanzen e. V. (BZHF) sieht seine Aufgaben in erster Linie in der Entwicklung des Berufsbildes für »zertifizierte Honorarberater für Finanzen«, in der Definition von verbindlichen Aus- und Weiterbildungsstandards für die Mitglieder sowie in der Definition von Ethikgrundsätzen für zertifizierte Honorarberater für Finanzen.

Die im März 2009 gegründete »Initiative der qualifizierten und unabhängigen Honorarberater für mehr Transparenz in der Finanzberatung und -vermittlung« betrachtet sich als Sprachrohr der qualifizierten Honorarberater. Ihr Ziel ist es, mit Hilfe eines Qualitätssiegels eine besonders hohe Qualität in der Honorarberatung sicherzustellen und den gesetzlichen Bezeichnungsschutz für Honorarberater so rasch wie möglich zu etablieren. Der Initiative haben sich bereits mehr als 500 Mitglieder angeschlossen.

Konzept Honorarberatung erobert die Banken

»Auch in Deutschland gehört die provisionsgetriebene Beratung verboten«, fordert Karl-Mattäus Schmidt, Vorstandssprecher der Quirin-Bank. Seine Bank berät ihre Kunden ausschließlich auf Honorarbasis, seit der Gründung 2006. Kostet den Kunden pro Stunde 150 Euro, alternativ eine monatliche Pauschale von 75 Euro oder 1,65 Prozent des verwalteten Vermögens pro Jahr. Alle Provisionen von Fondsgesellschaften oder den Emittenten von Zertifikaten schüttet die Bank eins zu eins an ihre Kunden aus. Das soll ihre Unabhängigkeit bei der Beratung garantieren. Inzwischen hat die Quirin-Bank mehr als 5500 Kunden und verwaltet ein Vermögen von 1,5 Milliarden Euro.

Das Konzept scheint gut anzukommen. Die Quirin-Bank selbst bezeichnet sich in einem Werbespot selbst als »Deutschlands unbeliebteste Bank. Bei Banken«. Aber auch die anderen Banken schneiden sich wohl schon eine Scheibe ab. Zum Beispiel die Direktbanken Comdirect und Cortal Consors. Seit 2009 bieten sie die Honorarberatung als Alternative zur herkömmlichen Beratung an.

Was die Honorarberatung kostet

Früher galt Honorarberatung als eine Dienstleistung, die sich nur Reiche leisten können. Für Vermögen ab 500 000 Euro ist das Honorarmodell bereits weitverbreitet. Die jährlichen Betreuungspauschalen liegen zwischen 2,1 und 0,3 Prozent des betreuten Vermögens. Dabei gilt: Je mehr Geld vorhanden ist, desto niedriger ist der Prozentsatz. Heute gibt es aber Angebote für jeden Geldbeutel. Die meisten Honorarberater haben sich auf eine bestimmte Kundengruppe spezialisiert, die einen auf die Betreuung von Millionenvermögen, die anderen auf ganz normale Kunden, nach dem Motto: Die Menge macht's.

Klarer Deal: Honorarberater verlangen von ihren Kunden für die Beratung Geld. Dafür gibt der Berater sämtliche Kickback-Provisionen, die er von den Anbietern der Produkte erhält, an den Kunden weiter. Abgerechnet wird nach Stunden oder über eine vorher festgelegte Pauschale beziehungsweise eine Kombination aus beiden. Die Zahlung wird auch fällig, wenn es zu keinem Vertragsabschluss kommt. Freie Honorarberater verlangen meist zwischen 100 und 200 Euro pro Stunde; es kann aber auch teurer werden. Manche vereinbaren auch eine pauschale Vergütung, zum Beispiel 1 oder 1,25 Prozent des betreuten Vermögens pro Jahr. Der Verbund Deutscher Honorarberater gibt 80 bis 150

Euro pro Stunde an. Auch die Verbraucherzentralen bieten eine Honorarberatung an, die in der Regel um die 75 Euro pro Stunde kostet. Was am Ende an Kosten für eine Honorarberatung zusammenkommt, ist vom Einzelfall abhängig. Für eine ausführliche Finanz- und Altersvorsorgeplanung können zehn Stunden Beratung anfallen, also 1000 bis 2000 Euro, ebenso sind aber auch vier bis fünf Stunden à 100 Euro üblich. Provisionsberatung ist im Vergleich dazu teurer: Allein aus der Abschlussprovision einer Lebensversicherung ließe sich die Honorarberatung für mehrere Jahre finanzieren. Für eine Lebensversicherung mit einer Beitragssumme von 10000 Euro muss man beispielsweise mit einer einmaligen Verkaufsprovision von bis zu 600 Euro rechnen und mit Bestandsprovisionen von bis zu 250 Euro pro Jahr.

Aber »das entscheidende Argument für das Honorarmodell ist nicht ein etwaiger Preisvorteil, sondern der fehlende Anreiz, möglichst viele provisionsträchtige Produkte zu verkaufen«, wird ein Honorarberater in der *Wirtschaftswoche* zitiert. Die Provisionsberater verkaufen ihren Kunden oft eher eine zweite Kapital-Lebensversicherung statt einer beratungsintensiven Berufsunfähigkeitsversicherung.

Wie Sie den richtigen Honorarberater finden

- Verfügt der Honorarberater über eine KWG-Erlaubnis, oder unter welchem Haftungsdach steht er?
- Hat er eine Vermögensschadenversicherung, die den Schaden einer möglichen Falschberatung ersetzt?
- Welche Ausbildung und wie viel Erfahrung hat er?
- Ist er Mitglied in einem der berufsspezifischen Verbände?
- Klären Sie vorher, was der Berater für Sie tun soll und was das kosten wird.
- Gibt es Informationsmaterial, das er Ihnen vorab zur Verfügung stellen kann? Bitten Sie um ein Muster eines Beratungsprotokolls.

3

Banken und Sparkassen: Womit Finanzinstitute ihr Geld verdienen

Mit der immer weiter fortschreitenden Globalisierung verlagerte die Deutsche Bank unter dem Schweizer Josef Ackermann das Geschäft ins Ausland. Schwerpunkt Investment-Banking. Motto: Die Welt ist unser Feld, nicht mehr Masse ist Klasse.

Im Juni 2002 leistete Ackermann, ich kann mich an die Pressekonferenz genau erinnern, fast einen Offenbarungseid und attackierte Vorgänger Rolf Breuer. Man müsse weg vom Denken in Marktanteilen, hin zur Profitorientierung. Die Kosten seien zu hoch, man habe in einigen Bereichen schlecht verdient. Die Konsequenz: Jetzt müsse man eben seine Hausaufgaben machen – und dabei auch Stellen abbauen. Legendär seine öffentliche Äußerung wenig später, man wolle 25 Prozent Eigenkapitalrendite erzielen und werde 4500 Stellen abbauen. Zack, rein ins Fettnäpfchen, wieder eine schwere Kommunikationspleite bei der Nummer eins im Geldgewerbe. Die Empörung war mal wieder groß. Der Vorwurf: Renditegier und Größenwahn auf Kosten der Mitarbeiter. Haben schon die alten Chinesen vor tausend Jahren gewusst: Gier ist die Wurzel allen Übels.

Nach dem Ausflug in die weite Welt entdeckte man dann die Heimat wieder. Und damit den »Normalkunden«. Auf ihn baut man jetzt, wie alle anderen auch. Auf den ist Verlass, und der hat auch was auf der Naht: über 4 Billionen Euro Geldvermögen (zwölf Nullen) mit zum Großteil »bescheidenen« Zinserträgen und Renditen, weil die meisten Bürger total auf Nummer sicher gehen, gerade nach dem Erwachen aus der Finanzkrise.

Warum erzähle ich das alles? Weil jeder wissen sollte, vor allem jeder Geldanleger, dass gerade die großen Privatbanken je nach Wetterlage ihre Richtung ändern. Mal rein in die Kartoffeln, mal raus, mal ran an den Privatkunden, dann wieder igittigitt weg von ihm. Filialen schließen, vor allem auf dem Land, ab in die große weite Welt und da die große Kohle machen. So geschehen in den Jahren bis 2007.

Hat ja auch lange funktioniert. Die Welt wunderte sich, dass plötzlich die Gewinne der Banken explodierten, allen voran in den USA, dass sie vor allem schneller und stärker kletterten als die in der sogenannten Realwirtschaft, also der Wirtschaft »zum Anfassen«, den Produzenten von Autos, Flugzeugen oder Möbeln und TV-Geräten. Geht laut Lehrbuch an sich nicht, denn das Finanzgewerbe »begleitet« die Realwirtschaft nur mit Krediten, die es aus den Einlagen der Sparer et cetera finanziert, kann also nicht deutlich mehr Gewinne einfahren als ein Autobauer. Oder etwa doch? Keiner, auch die Ökonomen als Experten nicht, hat da mal nachgehakt, woher in den Jahren bis 2007 die Gewinnexplosion kam. Die Geldprofis beruhigten die wenigen kritischen Frager: Was wollt ihr denn? Wir kriegen schöne Provisionen, wenn wir große Fusionen in der Wirtschaft einfädeln (das Investment-Banking also), und: Wir haben neue Produkte erfunden, Innovationen.

Beim Wort Innovation verstummt ja fast jede Kritik. Das will man doch, danach sehnt sich eine auf immer mehr Wachstum ausgerichtete Volkswirtschaft! Dass immer neue Produkte immer neue Bedürfnisse schaffen, dass sie vor allem in alle Welt exportiert werden können und die Wirtschaftsleistung eines Landes damit wächst, gemessen am Bruttoinlandsprodukt (BIP). Das BIP und sein ständiges Plus sind das Maß aller Dinge, wird heiß ersehnt und an den Finanzmärkten der Welt belohnt – oder nicht. Was, nur 1 Prozent Wachstum im ersten Quartal? Daumen runter! Was, 3 Prozent plus im zweiten Quartal? Prima Wachstum, gut für die Gewinne der Unternehmen und die Arbeitsplätze. Also, Daumen hoch! So einfach ist das – na ja, nicht immer.

Hat wirklich niemand nachgefragt, was denn die Finanzhelden an neuen Produkten erfunden haben und ob es tatsächlich bahnbrechende Innovationen waren? Doch, kritische Geister gab es schon, nur hatten die starken Gegenwind: Wer will denn unsere schöne Party stören, was sollen denn die Nörgler? Ich kann mich an Zuschauer erinnern, die beim TV-Auftritt des einen oder anderen Kritikers (jawohl, die gab es!) auf dem Höhepunkt des Börsenbooms Ende der Neunzigerjahre empörte Briefe schrieben: »Bitte diesen Typen nicht mehr vor die Kamera lassen! Ich hab gerade so gut verdient und will nicht, dass die gute Börsenlaune durch solche Kritikaster vermiest wird.« Da hatte man als kritischer Journalist schon einen schweren Stand. Aber hallo!

Oder hätte ich vielleicht mit Gottfried Keller kommen sollen, der bereits 1860 im *Fähnlein der sieben Aufrechten* warnte: »Es wird eine Zeit kommen, wo in unserem Lande wie anderwärts sich große Massen Geldes zusammenhängen, ohne auf tüchtige Weise erarbeitet und erspart worden zu sein. Dann wird es gelten, dem Teufel die Zähne zu weisen. Dann wird sich zeigen, ob der Faden und die Farbe gut sind in unserem Fahnentuch.« Man stelle sich vor, diese Sätze auf Pappe übers Börsenparkett gehängt und mit getragener Stimme angesetzt: »Diese Geschichte von 1860, ihr Börsenmannen und -frauen, wiederholt sich jetzt. Wer ist der Aufrechte und widersetzt sich?« Die Profis hätten sich gebogen vor Lachen und gerufen: »Lehmann, ab ins Körbchen.« Nein, Mahner gab es kaum.

Einer, der seinen Zeigefinger allerdings früh hob, weit vor der Finanzkrise, war Paul Volcker, lange Chef der amerikanischen Notenbank (FED) und Vorgänger des schon legendären Alan Greenspan. Alle sogenannten Finanzinnovationen, erklärte der heute über 80-Jährige und Berater von US-Präsident Obama, seien weder ökonomisch noch gesellschaftspolitisch und überhaupt sinnvoll – bis auf die Geldautomaten.

Ansonsten kein Widerhall, noch nicht mal Protest der Betroffenen. Auch dass der zweitreichste Mann der Welt und ausgebuffte

Kapitalanleger, Warren Buffett, von »modernen Massenvernichtungswaffen« sprach, verpuffte, weil die Party auf vollen Touren lief und keiner zum Ausgang drängte. Im Gegenteil: Immer mehr Anleger in der Welt rissen sich um die vermeintlichen Finanzinnovationen mit Kürzeln wie CDS, ABS et cetera. Fein verpackt als »strukturierte Produkte«, sogenannte Derivate, die zwar viele nicht kapierten, mit denen aber trefflich Kohle gemacht wurde. Selbst Vorstandschefs von Banken mussten zugeben, dass sie die Beschreibungstexte vieler neuer Produkte – oft über 300 Seiten stark, in reinstem Juristenenglisch verfasst – gelinde gesagt kaum verstanden haben. Der Finanzdesigner wurde nur gefragt: »Ist alles in Ordnung mit dem Produkt?« – »Na klar, Chef.« – »Und man kann damit wirklich Geld verdienen?« – »Und ob, Chef!« Gut dass man drüber gesprochen hat. Also: Durchwinken und ab in den Vertrieb damit.

Die Finanz- und Anlegerwelt war ganz scharf auf diese neuen Produkte, riss sie der neuen Berufszunft der Finanzdesigner förmlich aus den Händen. Und die sahnten an Boni und sonstigen Prämien ab, was nur ging. Ackermanns vielzitiertes Jahressalär von 12 Millionen Euro, da konnten die neuen jungen Herrscher der Finanzszene nur müde grinsen. Lunch in London mit Schampus für einige Tausend Euro oder britische Pfund? Standard. Mal schnell zum Fettabsaugen ins Schönheitsstudio um die Ecke, wieder für einige Tausend? Taschengeld! Diese Studios waren übrigens die Ersten, die den Umschwung merkten, als die Finanz-Yuppies plötzlich ausblieben, zur Krisenbewältigung in ihren Geldhäusern festgenagelt und ihre Boni (fürs Erste!) gestrichen wurden. Kneipen und Luxusschuppen im Umfeld eines Finanzzentrums sind wie Seismographen. Sie spüren die Erschütterungen immer als Erste am Geschäft, positiv wie negativ.

Bis es manchen wieder zu heiß wurde und aus schicken Finanzinnovationen urplötzlich toxische Papiere wurden, die niemand mehr haben wollte. Da war er wieder, der Herdentrieb. Erst Raffgier bis zur Halskrause, dann nix wie weg. Seitdem lagern in vielen Banken der Welt millionen- und milliardenfach Giftpakete: Gestern noch hoch gehandelt, heute nichts mehr wert, werden sie mit Billigung des Staates in »Bad Banks« (schlechten Banken) zwischengelagert, nur damit die Mutterbank überleben kann. Ob diese es letztlich schafft oder doch wie Lehman Brothers im September 2008 die Grätsche machen muss, ist völlig offen. Die größte Finanzkrise der Neuzeit schwelt weiter und wird noch mehr Opfer fordern.

Der Schwarze Peter Finanzkrise

Hätten alle Beteiligten indes gewusst, was die Pleite eines der führenden Geldhäuser in der Welt auslöst, nämlich eine Schockstarre bisher nie erlebten Ausmaßes – man hätte auch Lehman gerettet. Denn die Kosten der Pleite sind weit höher als die einer Rettung. Fachleute mussten das Desaster, wie wir alle, mit ungläubigen Augen mit ansehen: den Übergang von der Finanzkrise in eine Wirtschafts- und dann Staatenkrise. Der Grund war eine gigantische Verschuldung, die viele Länder eingehen mussten, um große, angeblich systemrelevante – also für eine Volkswirtschaft lebensnotwendige – Geldhäuser zu retten und die eigene Wirtschaft über riesige Konjunkturprogramme aus der Erstarrung zu lösen. Letzteres ist weitgehend gelungen. Zur Freude gerade der deutschen Exportwirtschaft.

Der Kreis der Schuldigen und Verursacher der Krisen ist groß. Angefangen bei der amerikanischen Regierung unter Clinton und Bush, welche die Nachfrage nach Wohneigentum in den USA mit Steuergeldern anheizte und mit dazu beitrug, dass Hypothekenbanken Darlehen aller Art »ohne Risiko« verhökerten, darunter sogenannte Ninja-Hypotheken. An Amerikaner mit »no income, no job, no assets«, also ohne Einkommen, ohne Arbeit, mit absolut nichts auf der Naht. Dazu das extrem billige Geld der US-Notenbank, und fertig war der Anfang einer Immobilienblase.

Das heizte die Preise wegen der starken Nachfrage natürlich an und führte zur ersten Stufe der späteren Weltkrise, als nämlich in den USA die Zinsen stiegen und die Menschen die (höheren) Hypothekenzinsen nicht mehr zahlen konnten. Just diese Hypothekenkredite aber waren in die Pakete verpackt, die die jungen Finanzdesigner als neue Wertpapiere erfunden hatten und von den Rating-Agenturen (dem Finanz-TÜV) bestens bewertet wurden. Aus der (kleinen) US-Immobilienkrise wurde damit die Weltkrise.

Aber: Wo waren sie denn, die Damen und Herren der Aufsichtsgremien, der Aufsichtsämter, der Überwachungs- und Regulierungsbehörden oder der doch als unabhängig gepriesenen Rating-Agenturen? Letztere hatten die Lehman-Bank noch kurz vor deren Pleite ausgezeichnet: mit der Bestnote »AAA« (Triple-A). Im Nachhinein passt der Spruch des Augustinermönchs Abraham a Santa Clara, der vor dreihundert Jahren schrieb: »Wer heucheln kann und schmeicheln kann, der ist heut ein gemachter Mann.« Und geheuchelt hatten die Finanz-TÜV-Leute. Wie kann denn eine Bank heute pleitegehen, wenn sie noch gestern in den höchsten Tönen (AAA) gelobt wurde? Geht nicht. Oder der TÜV-Mann schmeichelte, war also geschmiert. Beweise dafür? Schwer.

Drum aufgepasst, Kunden und Anleger: Eine neue deutsche Welle naht. Die Institute wollen schließlich nur euer Bestes – euer Geld. Oder warum hat die Deutsche Bank die Postbank mit ihren Millionen Kleinkunden gekauft? Ein neuer Angriff auf den Massenkunden ist angesetzt. Kleinvieh macht bekanntlich auch Mist. Damit Sie keinen »Mist« bauen, jetzt weiter im Text mit Er- und Aufklärung.

3.1 Ohne sie läuft nichts: Finanzsystem zwischen Volks- und Zentralbanken

Das Bankwesen in Deutschland basiert auf drei Säulen: den Genossenschaftsbanken, den öffentlich-rechtlichen Instituten und den privaten Geschäftsbanken. Voraussetzung für die Ausübung von Bankgeschäften ist eine Genehmigung von der Bundesanstalt für Finanzdienstleistungsaufsicht (BaFin).

Im Gegensatz zu den privaten Geschäftsbanken steht bei Genossenschaftsbanken und öffentlich-rechtlichen Instituten die Gewinnmaximierung nicht im Vordergrund. Die Genossenschaftsbanken werden in der Regel in der Rechtsform als – wie der Name schon sagt – eingetragene Genossenschaft geführt; Eigentümer sind die Mitglieder der regionalen Genossenschaften. Volks- und Raiffeisenbanken sind als Selbsthilfeeinrichtungen mittelständischer Unternehmer entstanden. Ihr Zweck ist darauf gerichtet, »den Erwerb oder die Wirtschaft ihrer Mitglieder [...] durch gemeinschaftlichen Geschäftsbetrieb zu fördern«, heißt es im Genossenschaftsgesetz. Die öffentlich-rechtlichen Institute gehören ihren Trägern, also Gemeinden, Ämtern, Kreisen oder Zweckverbänden. Die Sparkassen haben die vorrangige Aufgabe, der Bevölkerung Möglichkeiten zur sicheren und verzinslichen Geldanlage zu bieten und die örtlichen Kreditbedürfnisse zu befriedigen.

Die Deutsche Bundesbank ist die Zentralbank der Bundesrepublik Deutschland. Ihr oberstes Ziel: die Stabilität des allgemeinen Preisniveaus und des Finanzsystems sichern. Ihre Hauptaufgaben sind, für die Stabilität des Geldes, des Finanz- und Währungssystems und des Bankensystems sowie für die Sicherheit des Zahlungsverkehrs und des Bargelds zu sorgen.

Seit 1999 ist die Deutsche Bundesbank Teil des Eurosystems und gemeinsam mit den anderen (derzeit fünfzehn) nationalen Zentralbanken und der Europäischen Zentralbank für den Euro verantwortlich. Die Präsidenten der nationalen Zentralbanken haben Sitz und Stimme im Europäischen Zentralbankrat (EZB-Rat) und wirken so an den monatlichen geldpolitischen Entscheidungen mit. Die Beschlüsse setzt die Bundesbank dann in Deutschland um. Reibungslose Abwicklung des unbaren Zahlungsverkehrs im In- und Ausland steht ebenfalls auf der Aufgabenliste der Bundesbank. Und schließlich muss sie ein Auge darauf haben, dass Bargeld stets ausreichend in guter Qualität zur Verfügung steht. Das heißt, nicht nur Falschgeld aus dem Verkehr ziehen, sondern auch beschädigte Banknoten oder Münzen aussondern oder ersetzen. Dabei ist die Bundesbank im Vergleich zu anderen Zentralbanken besonders pedantisch.

Das deutsche Banksystem in Zahlen

- Ende 2008 zählte die Deutsche Bundesbank 2169 Kreditinstitute mit 41 734 Filialen und 675 000 Beschäftigten.
- Zum genossenschaftlichen Finanzverbund gehören 1156 Volks- und Raiffeisenbanken mit 13 500 Bankstellen, die beiden Zentralinstitute DZ Bank und WGZ-Bank, die Sparda-Banken, PSD-Banken und Kirchenbanken, die GLS Gemeinschaftsbank sowie weitere Sonderinstitute wie die Apotheker- und Ärztebank.
- Unter die öffentlich-rechtlichen Institute fallen 431 Sparkassen, 8 Landesbanken, das Zentralinstitut der Sparkassen DekaBank und die KfW Bankengruppe sowie die Landesbausparkassen.
- Außerdem gibt es noch 283 private Geschäftsbanken mit 11 560 Filialen. Also die deutschen Großbanken, ausländische Institute, die Filialen oder Zweigstellen in Deutschland haben, private Bausparkassen, private Realkreditinstitute, die besicherte Pfandbriefe begeben, sowie die Banken der Privatbankiers.

3.2 Bankenaufsicht: Wer kontrolliert die Finanzinstitute?

Damit eine Volkswirtschaft richtig funktionieren kann, braucht sie ein verlässliches, effizientes und stabiles Bankensystem. Hier kommt die Bankenaufsicht ins Spiel. Das Kreditwesengesetz bezeichnet als Hauptziele der Bankenaufsicht, »Missständen im Kreditwesen entgegenzuwirken, die die Sicherheit der den Instituten anvertrauten Vermögenswerte gefährden, die ordnungsgemäße Durchführung der Bankgeschäfte beeinträchtigen oder erhebliche Nachteile für die Gesamtwirtschaft nach sich ziehen können«. Konkret bedeutet das neben der Genehmigungspflicht für Bankgeschäfte eine laufende Überprüfung aller Kreditinstitute in Deutschland. Dabei geht es darum, ob im Verhältnis zu den Risiken angemessenes Eigenkapital vorhanden ist, ob die Liquidität ausreichend ist und ob das Risikomanagement in den Banken bestimmte Mindestanforderungen erfüllt. Die Bankenaufsicht kann und soll nicht in jedem Fall eine Insolvenz verhindern. Zum Schutz des Kunden gibt es dafür die gesetzliche Einlagensicherung, die ihm garantiert, dass Einlagen pro Institut bis zu einem Betrag von 50 000 Euro geschützt sind.

Die laufende Überwachung der Kreditinstitute teilen sich in Deutschland die Deutsche Bundesbank und die Bundesanstalt für Finanzdienstleistungsaufsicht, kurz BaFin, entsprechend den Vorschriften des Kreditwesengesetzes. Die Deutsche Bundesbank wertet die von den Banken regelmäßig einzureichenden Berichte und Meldungen aus und prüft die Eigenkapitalausstattung sowie das Risikomanagement. Dabei hat sie sich an die Aufsichtsrichtlinien zu halten, welche die BaFin im Einvernehmen mit der Bundesbank erstellt.

Die BaFin übt als zuständige Verwaltungsbehörde die Aufsicht über die Institute aus. Sie ist unabhängig von Steuergeldern und finanziert sich ausschließlich aus Gebühren und Umlagen der beaufsichtigten Institute. Damit man die Größenordnung der Überwachung besser einschätzen kann: 2000 Banken, über 700 Finanzdienstleister und 600 Versicherungsunternehmen soll die BaFin im Auge behalten. Dazu rund 30 Pensionsfonds, 6000 inländische Fonds und mehr als 70 Kapitalgesellschaften. Im Jahr 2009 traten Staatsanwaltschaften, Finanz-, Polizei- und Zollbehörden mit über 90 000 Anfragen an die BaFin heran. Wenig bekannt ist, dass die BaFin auch im Verbraucherschutz tätig ist. Am BaFin-Verbrauchertelefon kann jeder Bürger Fragen stellen und sich über Banken, Versicherer und Finanzdienstleister beschweren. Jährlich erhält die BaFin dort zusätzlich rund 22 000 Beschwerden und Anfragen.

Dieses Pensum soll die Bundesanstalt für Finanzdienstleistungsaufsicht stemmen, und zwar mit – halten Sie sich fest – gerade einmal 1800 Mitarbeitern. Das Personal soll jedoch auf über

2000 erweitert werden. Aber mal ehrlich: Um das Finanzgewerbe wirklich im Blick zu behalten, wird auch diese Aufstockung nicht reichen, zumal die Mitarbeiter nach deutschem Beamtenrecht bezahlt werden. Der Chef der BaFin geht im Monat mit knapp 11 000 Euro Bruttogehalt nach Hause, ein Referatsleiter kommt auf nur 4500 Euro im Monat. Kein Wunder, dass sich die dritte Führungsebene einer normalen Bank über solche Beträge kaputtlacht – und dass echte Könner mühelos abgeworben werden. Natürlich mit Folgen für die Qualität dieser so wichtigen und gleichzeitig hochumstrittenen Behörde.

Wo war die BaFin denn auf dem Höhepunkt der Finanzkrise und was tat sie, um vor dem Desaster des Immobilienfinanzierers Hypo Real Estate in München (jetzt umbenannt in Deutsche Pfandbriefbank) zu warnen? Da sträuben sich Steuerzahler und Anleger schon die Nackenhaare, wenn Jochen Sanio, der Chef der Bankenaufsicht, bei einer Anhörung über die ebenfalls skandalösen Vorgänge bei der HSH-Nordbank in Kiel (Landesbank von Hamburg und Schleswig Holstein) ironisch lächelnd dieses von sich gab: »Ich stehe Ihnen als Zeuge nicht zur Verfügung. Ich war mit dem Risikomanagement der HSH-Nordbank nicht befasst. Die laufende Überwachung von Instituten gehört nicht zu meinem Aufgabenbereich.« Moment mal, Herr Sanio. Was schreibt die BaFin denn selbst über ihre Aufgaben? Die Behörde »soll ein funktionsfähiges, stabiles und integres deutsches Finanzsystem gewährleisten. Bankkunden, Versicherte und Anleger sollen dem Finanzsystem vertrauen können.« Anspruch und Wirklichkeit! Dabei hatte just der BaFin-Chef schon im Sommer 2007 vor der »größten Bankenkrise seit 1931« gewarnt. Wie passt das alles zusammen? Ganz einfach: Die BaFin untersteht (noch) dem Bundesfinanzministerium, wird also von Berlin kontrolliert und damit auch, bemängeln Kritiker, in ihren Befugnissen kurz gehalten. Warum auch immer. Nur ein Beispiel: Verkaufsprospekte von Wertpapieren wie Fonds oder Zertifikaten müssen bei der BaFin eingereicht werden. Wer meint, jetzt kommt der Finanz-TÜV, der das gesamte Produkt auf Herz und Nieren prüft, der irrt. Ist der Prospekt formal korrekt, macht die Behörde einen Haken dran –

auch wenn das beschriebene Produkt zum Himmel stinkt und Anleger womöglich abgezockt werden könnten. Die BaFin hat für diese Expertise keine »Befugnis«. Sie prüft also nicht, ob inhaltlich auch alles stimmt – und wird daher von der Finanzbranche oft schlichtweg vorgeführt. Da kommt nicht allzu viel Vertrauen ins Finanzsystem auf, oder?

Die Kontrolleure der ausgebufften Geldprofis sind also im Großen und Ganzen ein ziemlich zahnloser Tiger: einerseits abhängig von der Politik und andererseits finanziert durch eine Zwangsumlage – ausgerechnet von der zu kontrollierenden Finanzindustrie. Kann man das wirklich Unabhängigkeit nennen? Jedenfalls wird mittlerweile über eine Zusammenlegung der beiden Aufsichtsbehörden BaFin und Deutsche Bundesbank nachgedacht. Und auch über die Bezahlung der Finanzpolizisten.

3.3 Das ganz große Rad: Investment-Banking für Ausgebuffte

Die Aufgaben des Investment-Banking sind breit gestreut: Die Investmentbank führt Firmen an die Börse, berät Unternehmen bei Umstrukturierungen, bei Fusionen und beim Kauf oder Verkauf von Firmen und Firmenteilen und bietet ihnen verschiedenste Finanzierungsformen. Dafür erhält sie von den Unternehmen Provisionen, die sich am Wert des getätigten Geschäfts orientieren. Zum Investment-Banking gehören: Mergers & Acquisitions (Fusionen und Zukäufe), Trading (Eigenhandel), Sales (Verkauf), Research (Analyse) und Corporate Finance (Unternehmensfinanzierung).

Der Trading-Bereich ist für den Handel von Aktien, Anleihen, Derivaten und Devisen an den internationalen Kapitalmärkten zuständig. Im Sales-Bereich findet der Verkauf von Finanzprodukten an Unternehmen, andere institutionelle Investoren und vermögende Privatkunden statt. Corporate Finance bezeichnet die Beratung von Unternehmen in allen Finanzierungsfragen.

Dabei reicht die Palette von Börsengängen über die Bereitstellung von Krediten bis hin zur Absicherung von Währungsrisiken. Im Research-Bereich sitzen die Finanzanalysten.

Im ersten Halbjahr 2010 haben die führenden zehn Banken im Bereich Investment-Banking in Deutschland Gebühren von insgesamt mehr als 1,15 Milliarden Dollar eingenommen, so der Datenanbieter Thomson Reuters. Das hört sich nicht schlecht an, aber in den ersten Halbjahren 2006 und 2007 kamen noch jeweils über 2 Milliarden Dollar zusammen. Auf Platz eins der Rangliste stand die Deutsche Bank, die 110,4 Millionen von den 1,15 Milliarden Dollar erwirtschaftete, gefolgt von Morgan Stanley mit 69,5 Millionen Dollar.

Nach einer Flaute im Zuge der Finanzkrise belebt sich das Geschäft mit den Börsengängen seit Anfang 2010 wieder. Bis Mitte August platzierten die Banken weltweit Aktien im Wert von 139 Milliarden Dollar gegenüber 30 Milliarden im Vergleichszeitraum des Vorjahres.

Mergers & Acquisitions: Die Königsklasse der Banken

Fusionen und Übernahmen (Mergers & Acquisitions oder kurz: M & A) werden auch in Zukunft das Wirtschaftsgeschehen ganz entscheidend bestimmen. Dabei agieren meist nur die Vorstände der beteiligten Firmen in der Öffentlichkeit. Die eigentlichen Akteure – also die Investmentbanken und Investment-Banking-Bereiche der Großbanken und ihre Fachleute – bleiben dezent im Hintergrund.

Auf deren Know-how und Verbindungen können die Konzernchefs nicht verzichten, wenn sie Zukäufe oder Fusionen planen oder Konzernteile abstoßen wollen. Aufgrund ihrer weltweiten Verbindungen können die Experten geeignete Übernahmekandidaten oder Käufer finden und die Kontakte zwischen den Unternehmen herstellen. Die Investmentbanken führen dann die Vertragsverhandlungen, arbeiten entsprechende Verträge aus und sorgen schließlich auch für die Finanzierung.

Mit M & A lässt sich am besten Geld verdienen, weil es sich hier um besonders große Werte handelt, die bewegt werden. Logisch, denn genau danach richtet sich ja der Verdienst der Banken. Im ersten Halbjahr 2010 betrug das Volumen aller Fusionen und Übernahmen der zehn führenden Banken in Deutschland 42,1 Milliarden Dollar. An der Spitze steht die Investmentbank Goldman Sachs mit knapp 19,5 Milliarden Dollar, auf Platz drei die Deutsche Bank mit 11,0 Milliarden Dollar.

Fusionen und Zukäufe sind ein wichtiges Schmiermittel an der Börse, sie befeuern die Kurse. Sobald nämlich nur der Zipfel einer Spekulation die Runde macht, Konzern X wolle eventuell Unternehmen Y übernehmen, steigen Anleger ein, kaufen die Aktien des möglichen Übernahmekandidaten, um ihren Reibach zu machen. Und nach aller Erfahrung läuft es auch so ab. Erst großes Geschrei beim Vorstand von Unternehmen Y: »Kommt überhaupt nicht in Frage. Wir bleiben selbständig, brauchen keinen neuen Großaktionär. Lasst euch, Aktionäre, nicht ins Bockshorn jagen. Alles Verbrecher, geht bloß nicht auf das Angebot von X ein. Das wäre der Untergang eures und unseres Unternehmens.« So geschehen bei Mannesmann. Nach einem »weißen Ritter« wurde sogar gerufen, der an Stelle der »Bösen von Vodafone« Mannesmann als »Gutmensch« vor den Briten retten solle. Wochenlang tobte das Gemetzel – bis der Übernahmepreis stimmte. Nach einem in der deutschen Börsengeschichte bisher einmaligen Pokerspiel hatte das Düsseldorfer Management am Ende Kreide gefressen, pries die Übernahme in vollen Tönen. Alles verlogen also, das Gezeter am Anfang. Am Ende zählten nicht irgendwelche Unternehmensideale oder deutsche Interessen, die verlorengehen, sondern einzig und allein das schnöde Geld.

Soll mir keiner der ehemaligen Mannesmann-Aktionäre kommen, er habe keinen tollen Schnitt gemacht. Da sind viele sehr reich geworden, nicht nur ein Herr Esser (der damalige Mannesmann-Chef), auf dem damals alle herumhackten, weil er mit der 400-Millionen-D-Mark-Prämie so rigoros wie kein Manager zuvor abgesahnt hatte. Der Mann hat einen tollen Job gemacht: erst laut und öffentlichkeitswirksam aufgebrüllt, so den Preis der Aktien in die Höhe getrieben und, als der stimmte, das Buch schnell zugeklappt. Mannesmann, früher eine Perle der Industrie, Weltmarktführer bei Röhren für Gas- und Ölleitungen, war mit der Wende zu Dienstleistungen (Mobilfunk) in dem knallharten Telefonwettbewerb langfristig ohne Chancen. Das wussten alle Experten. Es musste also etwas passieren.

Wenn eine Übernahmeofferte für Unternehmen X kommt und die mögliche Fusion sinnvoll erscheint (von den Zahlen der beiden Firmen her, von der Branchenlage her und deren Zukunftschancen): diese Aktie entweder halten, wenn man sie schon hat, oder sofort kaufen – und warten. Die Statistik zeigt: Wer Geduld hat, sich nicht vom ersten Preisangebot überrumpeln lässt, hat am Ende die Nase vorn. Doch das kann dauern. Merke: An der Börse gibt es die Zeit des Säens und die des Erntens. Dazwischen herrscht oft eine lange Wartezeit. Und die erfordert Disziplin.

Wenn große Banken auf Brautschau gehen

Kennen Sie Rolf Breuer? Genau, das war mal der erste Mann der Deutschen Bank, Nachfolger von Hilmar Kopper (»Mister Peanuts«) und Vorgänger von Josef Ackermann. Breuer war auch gut für manch kernigen Satz, selbst auf die Gefahr hin, dass er sich – und die Bank – dabei um Kopf und Kragen redete. Legendär sein Ausrutscher, als er Medienmogul Leo Kirch die Kreditwürdigkeit absprach – vor laufender Kamera! Ein klarer Vertrauensbruch von Breuer und ein Verstoß gegen die ehernen Gesetze der Geldbranche: kein Wort in der Öffentlichkeit über Kunden und deren Zahlungsmoral. Nur im Hinterstübchen wird Tacheles geredet. Schon vorher kursierte Spöttisches in der Finanzhochburg Frankfurt. Frage: Was ist ein Breuer? Antwort: Die Entfernung von einem Fettnäpfchen zum nächsten. Breuer sagte auch einmal, dass er am liebsten eine Sparkasse kaufen würde. Das zu dem Zeitpunkt, als wieder über einen möglichen Großeinkauf der »Deutschen« in der internationalen Bankenlandschaft diskutiert wurde. Warum eine Sparkasse? Vielen ist nicht bekannt, dass die Großbanken mit ihren tollen Türmen in Frankfurt zwar Macht ausstrahlen, diese aber im Inlandsgeschäft nicht haben.

Im Vergleich zu den dominierenden Sparkassen und Volksbanken mit ihren Platzhirschen gerade auf dem Land sind die Marktanteile der »Farben«, wie man die Privatinstitute auch nennt, fast Peanuts. Weil man an das Massengeschäft der anderen einfach nicht heranreicht, klopften die Bankenbosse bei der Politik immer wieder an mit der Forderung, die öffentlich-rechtlichen Sparkassen endlich zu privatisieren, auf dass die Privaten groß einkaufen (Übernahmen!) und damit über den heißersehnten, lukrativen Marktanteil beim kleinen Mann verfügen könnten. Pustekuchen. Die Politik, vor allem Bürgermeister und Landräte, sperrten sich mit Erfolg: Sparkassen bleiben in unserer, also öffentlicher Hand. Basta.

Man stelle sich vor, es wäre wirklich so gekommen: Das Tor zur Übernahme von öffentlich-rechtlichen Instituten wäre aufgemacht worden, die Privatbanken hätten sich die Rosinen der Sparkassenlandschaft herausgepickt und wären damit auch im Inland mächtiger geworden. Die weltweit größte Finanzkrise seit achtzig Jahren hätte in diesem Land weitaus stärker aufgeschlagen und ähnlich tiefe Spuren wie in den USA oder Großbritannien hinterlassen. Da bin ich mir ganz sicher.

Sparkassen und Genossenschaftsbanken ist es durch Gesetz, Satzungen und auch sonst verwehrt, derart große Räder wie die (privaten) Investmenthäuser zu drehen, die die Weltkrise entscheidend mit ausgelöst haben. Das im Ausland oft als betulich und brav belächelte deutsche System mit Sparkassen, Volksbanken und Privatinstituten schön nebeneinander war in dieser Mammutkrise ein wahrer Segen. Klar: Auch bei uns hat der Staat (also wir, die Steuerzahler) das Desaster und die Skandale bei vielen Landesbanken (Mütter der Sparkassen), der Commerzbank und vor allem dem »Fass ohne Boden« HRE in München mit viel Geld und Garantien ausbaden müssen. Aber die Folgen halten sich (noch) in Grenzen.

Die Privatbanken bekamen im Inland im Massengeschäft kein Bein auf die Erde und wurden dann auch noch zum Gespött der

Finanzwelt, zumindest die Deutsche und die Dresdner Bank. Beide wollten zur absoluten Nummer eins zusammengehen. Alles war geschickt eingefädelt, Pressekonferenz mit großem Tamtam. Ein strahlender, fast den gesamten Raum (der Dresdner Bank) einnehmender Rolf Breuer neben einem fast unscheinbaren Dresdner-Chef Bernhard Walter. Die Rollen waren, das sah ein Blinder, klar verteilt, obwohl die Hochzeit als »Gleicher mit Gleichem« verkauft wurde. Im Nachhinein war es eine Gespensterveranstaltung, denn schon nach einigen Wochen kam der Knall: Kündigung der angeblich so tollen Vermählung bereits in den Flitterwochen. Man könne doch nicht miteinander, die »Kulturen« der beiden Häuser seien zu verschieden. Nebenbei: Zwei Drittel aller großen Fusionen in der Wirtschaft scheitern exakt aus diesem fast banalen Grund. Weil die Menschen nicht miteinander auskommen, die berühmte Chemie nicht stimmt! Irgendwie beruhigend, oder? Dass die Wirtschaft immer noch von Menschen für Menschen gemacht wird und von ihnen, ihren Fähigkeiten, Launen und ihrem Charakter abhängig ist.

Zurück zu unserer Bankenhochzeit: Das dilettantisch vorbereitete und im Super-GAU endende Spektakel hatte natürlich Folgen. Die Zeit der beiden Bosse, voran Breuer, war gezählt. Beide hatten sich blutige Nasen geholt. Die Deutsche Bank versuchte zwar mit der sogenannten Ausgründung der Bank 24 ein neues Tor zum Massengeschäft aufzustoßen. Wieder aber stapfte man tollpatschig in ein Fettnäpfchen, als öffentlich wurde, mit der neuen Bank würden nur die Kunden mit »nicht so hohem« Einkommen und Vermögen angesprochen. Die guten also ins Töpfchen (alte Deutsche Bank), die schlechten ins Kröpfchen (Bank 24). Große Empörung im Kundenkreis. Irgendwie verständlich.

Und die Dresdner? Der Abstieg ist bekannt. Übernahme durch Europas größten Versicherer, die Allianz, die sich damit ein Finanzangebot aus einer Hand versprach, von Versicherungen bis Geldanlage und Krediten. Ein letztes Aufbäumen der »Grünen« (Dresdner Bank) unter ihrem nächsten Walter-Boss, Herbert Walter, sinnigerweise gekommen von der Deutschen Bank. Die Verlustlöcher in der Bilanz aber waren so groß, dass die Münchener an ihrer Frankfurter Tochter schnell keinen Spaß mehr hatten, tief enttäuscht Käufer suchten und schließlich einen in der fast verstaatlichten und von der Finanzkrise schwer gebeutelten Commerzbank (die »Gelben«) fanden.

Zwei Schwache haben noch nie (oder höchst selten) einen Starken ergeben! Damit aber ist auch die lange Historie eines einst blühenden Bankhauses mit klingendem Namen endgültig beendet und begraben. Nur das Rauten-Logo der Dresdner Bank ist in dem neuen der Commerzbank noch drin – natürlich nicht mehr in Grün, sondern Gelb. Es will mir bis heute nicht in den Kopf, warum man einen weltweit so bekannten Markennamen wie Dresdner Bank sang- und klanglos in der Versenkung verschwinden lässt. Wo die Wirtschaft gierig nach solchen »Brands« als Wiedererkennung und Beleg für echte Markenware sucht. Ende, vorbei, aber Asche(-Kübel) auf viele Häupter!

3.4 Kleinvieh macht auch Mist: Die Wiederentdeckung des privaten Kunden

Wie gesagt, Mergers & Acquisitions sowie Börseneinführungen sind die Hauptertragsquelle der Banken. Einfach wegen der riesigen Summen, die bewegt werden. Aber auch das alltägliche Geschäft mit den Unternehmen, der internationale Zahlungsverkehr, der Verkauf von Finanzierungsinstrumenten aller Art und der Verkauf von Geldanlageprodukten – all das brachte stets gute Renditen. Der Privatkunde hingegen wurde über viele Jahre hinweg von den großen Banken immer häufiger als lästig und wenig gewinnbringend angesehen. Konsequenz: Der Service für Privatkunden wurde rigoros eingeschränkt, Geldautomaten und Kontoauszugdrucker ersetzten Mitarbeiter, die Beratung ging gegen null.

Inzwischen haben die Banken ihre Liebe zum Privatkunden neu entdeckt, weil sie feststellten, dass man mit ihm in der Masse nicht nur ein stabiles und dauerhaft profitables Geschäft machen, sondern ihm auch mehr verkaufen kann als ein Girokonto, ein Sparbuch und vielleicht einen Kleinkredit.

Der Privatkunde als Anleger

Privatkunde als Anleger, heißt seit einigen Jahren das neue Motto. Alle großen Banken haben deshalb das Privatkundengeschäft wieder ausgebaut. Und immer mehr Banken steigen ein in den Wettbewerb um die Vermögensverwaltung für gutbetuchte Privatkunden. Warum die Privatkunden als Anleger für die Banken interessant sind, ist schnell erklärt: Die Deutschen besitzen heute mehr frei verfügbares Vermögen als je zuvor. Zum Jahresende 2010 erreichte das Geldvermögen der privaten Haushalte den Rekordstand von 4,88 Billionen Euro, satte 450 Milliarden mehr als im Krisenjahr 2008. Im Schnitt hat also jeder knapp 60 000 Euro auf der hohen Kante. Ja, der Deutsche spart sich reich.

Knapp 1,8 Billionen Euro (oder 38 Prozent des gesamten Geldvermögens) der Deutschen lagen bei den Banken als Spar-, Sicht- und Termineinlagen beziehungsweise als Bargeld in den privaten Haushalten. Danach folgten Geldanlagen bei Versicherungen mit 1,3 Billionen Euro. Das zeigt: Den Privatkunden ist vor allem Sicherheit wichtig. Knapp 12 Prozent des Vermögens steckten in Investmentfonds, knapp 8 Prozent in festverzinslichen Wertpapieren und nur knapp 4 Prozent in Aktien.

Nicht nur die Filialbanken haben den vermögenden Privatkunden wiederentdeckt, auch die Volksbanken und Sparkassen mischen in diesem Geschäft kräftig mit. Die Geldinstitute versuchen, die Renditen aus dem Privatkundengeschäft zu steigern, indem sie unterschiedliche Finanzdienstleistungen in einem Paket anbieten. Dazu gehören dann neben Aktien und Fondsanteilen, natürlich am besten von hauseigenen Fonds, auch diverse Versicherungen.

»Keine versteckten Kosten«, »preisgekrönte Handelssoftware«, »dreimal nichts berechnen«, »sensationell günstige Konditionen«: Nein, das ist keine Werbung für eine Elektronik-Handelskette oder einen Brillenanbieter, sondern von Direkt- oder Discount-Brokern. Eine Zunft der Geldbranche, die sich neben den Filialbanken und Direktbanken eingenistet hat. Ihre Botschaft: Wir bringen dich, liebster Anleger, direkt an die Börse – online und rund um die Uhr. Du kannst mit unserer Hilfe direkt und schnell kaufen oder verkaufen, über Internet, Telefon oder Fax, und sparst jede Menge Gebühren. So weit, so gut.

Bestens geeignet für diejenigen, die null Beratung haben wollen, sich im Auf und Ab der Börse einigermaßen auskennen und regelmäßig an der Börse handeln möchten. Also mehr als nur fünfmal im Jahr oder so. Ein extra eingerichtetes Depotkonto sollte gut gefüllt sein für die Einsätze, die ab 1000 Euro bei Aktien beginnen, denn sonst lohnen sich auch bei den Discountern die Kosten nicht. Wer 5000 Euro einsetzt, zahlt von 4,95 Euro pro Order bis 17,45 Euro – je nach Anbieter und Häufigkeit der Einsätze. Ein zum Teil verwirrendes Orderpreis-System, das alles noch ohne Börsenplatzgebühren und Maklercourtage und ohne die Fixkosten, die als Depotgebühren anfallen. Was heute gilt, kann morgen schon anders sein. Der Kampf um die Kunden ist heftig.

Aber: Die bisher horrenden Kosten/Gebühren für den Handel an der Börse sind endlich nach unten offen. Der Kunde profitiert davon. Allerdings sollten Sie genau hinsehen: Werden Kontoführungsgebühren, Kosten für Dividendenauszahlungen und Teilausführungen im Aktienhandel extra berechnet? Denn auch hier gilt: Das Kleingedruckte, abseits der Werbeparolen, ist oft entscheidend. Und: Die Direkt-Broker leben von der Häufigkeit der Einsätze, also vom Umsatz, kurbeln ihn mit allerlei Offerten marktschreierisch an, etwa mit Mengenrabatten. Deshalb gilt auch bei den Billiganbietern der alte Börsengrundsatz: Hin und her macht Taschen leer.

Altersvorsorge und Kreditvergabe als wichtige Ertragsquelle

Den größten Reibach versprechen sich mehr als 70 Prozent der Entscheider in den Banken aus dem Altersvorsorge- und dem Wertpapiergeschäft, ergab eine Umfrage. Wegen des wachsenden Preisdrucks, vonseiten neuer Marktteilnehmer wie ausländischen Banken, Internetbanken sowie Banken von Auto- und Einzelhandelskonzernen, wollen die Institute das beratungsintensive Altersvorsorgegeschäft verstärken. Dabei geht es nicht nur um den Verkauf von Lebens- und Rentenversicherungen, sondern auch um Banksparpläne und Investmentfonds als Alternative.

Trotz der Subprime-Krise in den USA gehört für die deutschen Banken die Kreditvergabe ebenfalls mit zu den wichtigsten Ertragsquellen der Zukunft. Mehr als 60 Prozent der Institute rechnen bis 2011 mit höheren Erträgen bei Privat- und Firmenkrediten. Was die Banken am Kreditgeschäft verdienen, lässt sich an den Margen ablesen: Die Nettomargen der Banken in Deutschland, also das, was sie nach Abzug ihrer Finanzierungskosten verdienen, sind im November 2009 bei Firmenkundenkrediten von 1,52 auf 1,88 Prozentpunkte gestiegen, ergab eine Analyse der Beratungsgesellschaft Barkow Consulting. Dies ist der höchste Wert seit Beginn der Berechnungen im Jahr 2003!

Auch Banken leihen sich Kapital

Banken verleihen nicht nur Geld, sie brauchen auch immer wieder neues für ihre Geschäfte (Refinanzierung nennt sich das) und holen es sich unter anderem bei der Europäischen Zentralbank (EZB). Nur für kurze Zeit und zu einem Zins, der seit Mitte 2009 bei nur 1 Prozent liegt. Ein historisches Tief. Zum Vergleich: Im Juli 2008 hat der Leitzins noch 4,25 Prozent betragen. Er wurde sukzessive gesenkt mit der Absicht, die Wirtschaft anzukurbeln. Man hoffte, dass die Banken, weil sie so günstige Kredite bekommen, auch die Kreditzinsen für ihre Kunden senken. Pustekuchen.

Jawohl, in diesem Land herrscht die Freiheit der Preisfindung, ein zentrales Element der Marktwirtschaft. Unternehmen, auch Banken und Sparkassen, bestimmen Preise nach eigenem Ermessen und Gutdünken, in der Regel nach Angebot und Nachfrage. Wer als Kunde einen Preis nicht akzeptiert, kauft das Produkt nicht, geht woandershin. Oder er muss zähneknirschend einwilligen, weil die Alternativen fehlen oder der Wettbewerb so eingeschränkt ist, dass fast alle Anbieter die gleichen Preise verlangen. Motto: Friss, Vogel – oder stirb. So und nicht anders funktioniert es auch im Geldgewerbe. Ein Fabrikant von Standardschrauben muss gegen die Konkurrenz aus Asien oder Italien bestehen, meist übers Internet; die Welt ist eben doch ein Dorf. Die Preise des Unternehmens richten sich nur nach dem Weltmarktpreis für Schrauben, er ist die Richtschnur, »Benchmark« genannt. Wer mit seinen Kosten darüber liegt und höhere Preise verlangt, verliert Kunden und ist schnell weg vom Fenster. Das Geschäft machen andere, billigere.

Nicht so bei Produkten der Banken und deren Zinsen. Da tobt zwar zwischen Banken, Sparkassen, Volksbanken und anderen wie Direktbanken auch ein hübscher Wettbewerb, aber der ist Etikettenschwindel. Denn für Kunden ist es höchst schwierig, sich in Thailand, Belgien oder China einen Ratenkredit zu besorgen, weil er dort eventuell günstiger ist. Die Herrschaften in den Geldpalästen wissen das: An den Landesgrenzen hören für Otto Normalverbraucher in ihrer Branche die freie Marktwirtschaft und der Wettbewerb auf – leider. Deshalb können die Geldhäuser auch in der Preisgestaltung (sprich Zinsen) schalten und walten, wie sie wollen. Das Wort »Absprache« regt sie zwar furchtbar auf, aber was ist es denn, wenn sich die führenden Häuser bei der Zentralbank für läppische 1 Prozent Zins Geld pumpen, um dann durch die Bank weg den Kunden über 10 Prozent im Dispokredit (Überziehung des Gehaltskontos) in Rechnung zu stellen? Ausnahmen bestätigen die Regel.

Was für eine Diskrepanz: 1 Prozent gegen 13, 14 Prozent und sogar noch mehr. Gut, die Institute halten dagegen: Das Leihen bei der Notenbank sei für Banken nur eine von mehreren Geldquellen (Refinanzierung). Am Kapitalmarkt müsste man höhere Zinsen für Kredite zahlen. Außerdem müsse man die Überziehungskredite (in der Regel zwei bis drei Monatseinkommen des Kontoinhabers) vorhalten, auch wenn der Kunde sie nicht abrufe. Dennoch, Herrschaften: Deutlich mehr als 10 Prozent zu verlangen, während die Notenbanken euch das Geld für fast nichts in den Rachen werfen, das ist schlicht Wucher – laut Lexikon »die Ausbeutung der Notlage, des Leichtsinns und der Unerfahrenheit eines anderen«.

Wucherzins ist zwar laut Bürgerlichem Gesetzbuch verboten, aber es gibt im Text leider keine feste Größe. Der verlangte Zins darf nicht viel höher sein als der Marktzins. Ja toll: Wie hoch ist der denn, und welche der vielen Zinsarten dient denn als Richtschnur? Der einfache Ratenkredit, der für zehnjährige Hypotheken, der Kontokorrentzins oder was? Auch eine neue Regelung der Politik ab Juli 2010 bringt keine Klärung: Den Dispozins bitte an den Marktzins koppeln, heißt es. Und: Der »Referenzzins« sei wichtig. Was ist denn das für eine Posse, der Referenzzins?

Weil die Klarheit unklar ist, lachen sich die Geldhäuser ins Fäustchen und langen kräftig hin. Zum Nachteil von Otto Normalverbraucher. Warum muss der denn auch ständig das Konto überziehen? Selber schuld. Kontoüberziehung sei immer nur für ganz kurze Zeit gedacht. Ist doch nicht unser Bier, denkt sich die Geldbranche, dass jeder Sechste in den Dispo-Miesen steckt und dass über vierzehn Millionen Arbeitnehmer, Hausfrauen, Rentner im Soll sind. Deshalb der hohe Zins. Als Strafe gewissermaßen.

Große Firmen, Konzerne mit ihren internationalen Verbindungen sind in dieser Hinsicht fein raus. Sie wissen nämlich genau, wie sie mit Banken verhandeln, Druck ausüben und Institute gegeneinander ausspielen. Was aber tun als Privatkunde? Wichtig: Dispokredite, also das Überziehen des Girokontos, wirklich nur kurz in Anspruch nehmen. Wer längere Zeit mehr ausgibt, als er monatlich an Einnahmen aufs Konto kriegt, sollte einen normalen Kredit abschließen, zum Beispiel einen Ratenkredit, oder über Rahmenkredite verhandeln, auch Abrufkredite genannt – Geld, das wesentlich günstiger zu haben ist als der sündhaft teure Dispo.

Vor allem Direktbanken bieten so etwas an, zwischen 2500 und 5000 Euro, unabhängig davon, ob man bei der Bank ein Girokonto hat. Mehr als 630 Millionen Euro ließen sich so von den Deutschen pro Jahr sparen, haben kluge Leute ausgerechnet. Wichtig auch: Wenn eine Bank oder Sparkasse bei einer Überweisung im Rahmen des Dispokredits zusätzlich zu den Wucherzinsen auch noch eine Gebühr (meist 5 Euro) verlangt, ist das nicht zulässig, so das Oberlandesgericht Frankfurt in einem Urteil.

Drum merke: »Wer seine Augen nicht braucht um zu sehen, der wird sie brauchen um zu weinen«, bemerkte dereinst Schriftsteller Jean Paul. Bitte gebrauchen Sie sie, um zu sehen!

4

Geldvermehrung: Wie aus etwas Geld viel Geld werden kann

Wie die Lemminge strömen immer wieder Zeitgenossen denen nach, die mit hohen Gewinnversprechen locken: Wir mehren Ihr Geld – rasch und sicher. Hohe Renditen mit geringem Risiko – diese Rechnung ist in der Finanzwelt noch nie aufgegangen! Geht gar nicht, meinte auch Börsen-Altmeister André Kostolany: »Ich kann Ihnen nicht sagen, wie Sie schnell reich werden. Aber ich kann Ihnen sagen, wie Sie schnell arm werden. Indem Sie versuchen, schnell reich zu werden.« Volltreffer!

Dennoch haben Hochstapler wie Bernard Madoff oder hierzulande Jürgen Harksen zu oft leichtes Spiel. Harksen zog zwischen 1987 und 1992 mit aberwitzigen Gewinnversprechen der Hamburger Oberschicht jede Menge Geld aus der Tasche. Dreihundert Personen schoben mindestens 150 Millionen D-Mark über die Theke. Harksens Versprechen: den Einsatz zu verdreizehnfachen. Etwa mit dem Kauf einer Fluglinie, die er angeblich zum Fünffachen des Kaufpreises wieder abstoßen wollte, und mit anderen Geschäften. Bilanzen und Broschüren? Fehlanzeige, stattdessen nur Versprechungen. Wie konnte er sich solch blindes Vertrauen erschleichen? Unter anderem mit einem Steuerbescheid der Hamburger Finanzbehörde über 100 Millionen D-Mark – mit getürkten Umsatzzahlen. Dies, gekoppelt mit der Aussicht auf gigantische Renditen, ließ Harksens »Kunden« alle Bedenken vergessen.

Mal ehrlich: Dreht sich nicht fast alles um das liebe Geld? Es heißt nicht umsonst: Geld regiert die Welt. »Die einzige Ressource, mit der man richtig Geld verdienen kann, ist Geld«, so ein

Schweizer Bankier. Aber wie macht man aus etwas Geld viel Geld? Das ist doch die große Frage.

Werfen wir einen kurzen Blick auf die Zahlen: 2008 betrug der Umsatz an der New Yorker Börse NASDAQ 36 Billionen Dollar und an der New York Stock Exchange (NYSE) 32 Billionen Dollar. Auf Platz drei der größten Börsen der Welt steht die London Stock Exchange mit einem Jahresumsatz von 6,3 Billionen Dollar, und nach der Tokyo Stock Exchange folgt auf Platz fünf mit 4,7 Billionen Dollar die Frankfurter Deutsche Börse. Ganz zu schweigen vom Währungshandel, also dem Geschäft mit Devisen. Täglich flitzen 3 Billionen Dollar um den Globus, lechzen nach lukrativen Anlagen. Etwas für die ganz Großen. George Soros ist so einer, nennt sich jetzt »Wohltäter aus Langeweile«, spendet viel Geld für soziale Projekte, hat sich in den letzten zwanzig Jahren ein wenig vom Kapitalisten-Saulus zum Paulus gewandelt und geißelt in Büchern die Gier nach »immer mehr«. Er hat aber nach wie vor die Hand am Puls der Finanzmärkte und erkennt, behauptet er, jede neue Blase an den Börsen. Und er nutzt sie aus, spekuliert mit Milliardeneinsatz, zockt aber auch Milliarden mit seinem »Riecher« ab. Gegen solche Größen an den Märkten hat der Kleinanleger kaum Chancen. Aber er kann sich einiges von ihnen abschauen: informiert, immer auf dem neuesten Stand sein, mitdenken und einen eigenen Riecher für die Börsenwelt entwickeln. Und dazu gehört, sich über die eigene Strategie bei der Geldanlage klarzuwerden.

»Sage mir, mit wem du umgehest, so sage ich dir, wer du bist«, formulierte dereinst Goethe. Auf unser Thema bezogen: Sage mir, wie du dein Geld anlegst, und ich sage dir, wer du bist. Denn Anlagestrategien verraten viel über den Charakter. Wer sein Geld optimal anlegen will, sollte sich fragen: Welcher Typ bin ich? Der Konservative, der vorsichtig und besonnen disponiert, sich auf Rentenfonds, Staatsanleihen und Bundesschatzbriefe beschränkt, zwar bei Finanzvermittlern lange als langweilig und rückständig galt, mit seinen Sicherheitsanlagen aber klarer Gewinner der Finanzkrise war? Oder der Risikobewusste, der sein Risiko bewusst steuert und streut – und dabei auch Rohstoff-Engagements nicht scheut? Oder der Spekulative, der alle Sicherheiten ausblendet und voll auf Risiko geht?

Eine ganze Wissenschaft müht sich fast verzweifelt, die Oberstübchen der Anleger zu knacken, ihr Verhalten zu ergründen. Das nennt sich im Fachjargon »Behavioral Finance«. Diese Börsenpsychologen unterscheiden zum Beispiel in Bauchmensch, Kopfmensch und Herzmensch. Der Bauchmensch fackelt nicht lange, handelt schnell – eben aus dem Bauch heraus. Der Kopfmensch schaltet das Hirn ein, denkt rational, informiert sich gründlich und legt langfristig an. Den Herzmenschen lassen harte Fakten kalt: Er braucht den Austausch, wünscht sich intensive Beratung und spielt Verluste herunter.

Das ist doch der Traum eines jeden Verkäufers. Einen Kunden, wenn er zur Tür hereinkommt, sofort psychologisch einzuordnen und ihn mit einer gezielten Ansprache »einzufangen«. Also ohne mühsame, zeitraubende Eiertänze ganz schnell zum Kaufabschluss zu kommen. Die Hamburger Sparkasse hatte bekanntlich versucht, ihre Kunden in Typen einzuordnen (siehe Kapitel 2) und ihren Beratern Tipps zum Beratungsgespräch gegeben, die bei dem jeweiligen Typ den Kaufimpuls mit auslösen sollten. Einen Performer etwa, der Erfolg, Status und Macht sucht, müsse der Berater mit Kompetenz beeindrucken, im Gespräch Wörter wie »leistungsstark« und »exklusiv« bewusst einfließen lassen und ohne Umwege Investmentfonds mit hoher Rendite (also hohem Risiko) auf den Tisch legen. Ein Sturm der Entrüstung brach los, als das an die Öffentlichkeit kam – von Verbraucher- bis Datenschützern. »Ekelhaft«, »ins Gehirn reinschleimen«, die sonst so zurückhaltenden Hanseaten protestierten kernig und mit Erfolg: Die Sparkasse verteidigte die Aktion zwar (»Es ist doch nur im Interesse der Kunden«), zog den Psychokatalog aber rasch und kleinlaut zurück.

Machen wir es neutraler und sortieren die Anleger, die sich für Börse und das Geldverdienen dort interessieren, in folgende sechs Typen ein. Psychologen des Kölner Instituts für Markt- und Medienanalysen Rheingold haben sie nach tiefenpsychologischen Interviews eingestuft.

Kleine Typologie der Geldanleger: Welcher Anlegertyp sind Sie?

- *Der Börsenvoyeur:* Er findet das Börsengeschehen unglaublich spannend, aber er bleibt lieber Zuschauer und fiebert in der Phantasie mit. Kopfkino allein ist ihm Aufregung genug. Die Angst vor dem Börsensog ist einfach zu groß.
- *Der stille Teilhaber:* Das Geschehen beim großen Geld betrachtet er aus sicherer Distanz, nimmt aber im kleinen Rahmen teil. Die Verantwortung überträgt er aber doch einem Fondsmanager oder Bankberater. Sein Ziel: mittel- bis langfristige Erträge.
- *Der Kleinabsahner:* Dieser Typ will selbst aktiv werden, verlässt sich nicht nur auf Berater und Manager. Gewinnlust gepaart mit Sicherheitsdenken herrscht bei ihm vor. Er will Gewinne schnell mit- und Verluste nur in geringem Maße hinnehmen. Seine Favoriten: Standardwerte mit guten Dividenden.
- *Der Quartalsspekulant:* Er weiß genau, dass er gefährdet ist, dem Börsenspiel zu verfallen. Daher kommen nur begrenzte und sporadische Aktionen in Frage, so wie ein Kurzbesuch im Kasino. Kurzfristig investieren, schnell rein, schnell wieder raus. Bei Entscheidungen hört er eher auf sein Bauchgefühl.
- *Der Systemzocker:* Er sucht den Kick durch hohes Risiko und hohe Investitionen – wenn es sein muss eben auch über Kredite. Standardwerte mit kleiner Rendite? Langweilig. Optionsscheine, Zertifikate, risikoreiche Außenseiter (»Hot Stocks«) – das ist seine Welt.
- *Der Schicksalshasardeur:* Er gibt sich dem Rausch der Börse völlig hin, setzt sogar Haus und Hof aufs Spiel. Er riskiert alles – und ist schnell finanziell fix und alle.

Haben Sie sich in einem Anlegertyp wiedererkannt? Bei dieser Einordnung sollte man ehrlich mit sich sein und genau abklopfen: Wie ticke ich denn, wenn es um Geldanlagen geht? Es geht erst einmal um eine grobe Orientierung, denn bei jedem neuen Beratungsgespräch muss der Bankberater Sie nach Ihrer Risikobereitschaft fragen und danach schriftlich einstufen (Stichwort Beratungsprotokoll). Merke: Überlasse die Entscheidung nicht der Leidenschaft, sondern dem Verstande. Was bei Geldangelegenheiten schwierig genug ist. Wissen wir ja …

4.1 Sparen ist wieder angesagt: Klassische Geldanlage als sichere Basis

Geld spielt für jeden eine große Rolle – und sicher hätte niemand etwas dagegen, wenn sich sein Geld vermehrt. Nach dem Motto: Schwer drückt ein voller Beutel, viel schwerer aber ein leerer. Aber wie wird der Beutel voll bis zum Rand? Das geht wie gesagt nicht schnell – und auch nicht ganz ohne Risiko. Aber in Deutschland gibt es sehr viele Menschen, die lieber ganz auf der sicheren Seite bleiben wollen. Viele Bundesbürger setzen auf die vermeintliche Sicherheit bei Sparbuch & Co.

Die Deutschen sparen derzeit so viel, wie sie es seit mehr als fünfzehn Jahren nicht mehr getan haben. Im ersten Quartal 2010 haben die Verbraucher im Schnitt rund 15 Prozent ihres verfügbaren Einkommens auf die hohe Kante gelegt. Die Erfahrung zeigt, dass in Krisenzeiten immer mehr gespart wird. Nachvollziehbar, schließlich will sich jeder absichern – vor möglicher Arbeitslosigkeit zum Beispiel oder höheren Belastungen durch den Staat. Dafür muss der Konsum eben ein wenig eingeschränkt werden.

Deutschland, ein Volk von sicherheitsliebenden Sparern? Das war nicht immer so. In der Mitte und in der zweiten Hälfte des 19. Jahrhunderts war Deutschland durch den Gründerboom eine regelrechte Zockernation. Zwischen 1871 und 1873 wurden in

Deutschland 928 Aktiengesellschaften gegründet. Darunter unter anderem: Deutsche Bank, Commerzbank und Dresdner Bank. Man investierte damals in Eisenbahnen, Bergbau- und Hüttenbetriebe sowie in die Maschinenbauindustrie. Auf dem Höhepunkt der Gründungswelle wurden die Aktien dem Emittenten regelrecht aus den Händen gerissen, ohne dass es überhaupt einen Prospekt mit Informationen über die Gesellschaft gab!

Dann kam der Gründerkrach 1873. Durch Bankenpleiten in Österreich-Ungarn sanken die Wertpapierkurse dramatisch, die vorher durch die Überspekulation in die Höhe getrieben worden waren. Die Folge: Im Oktober 1873 hatte sich der Wert der meisten Aktien halbiert. Aber die Wirtschaft erholte sich wieder, und auch die Deutschen rappelten sich auf, fingen wieder an zu investieren und zu spekulieren. Das ging so weit, dass die Regierung sich gezwungen sah, das »Börsenspiel«, das verheerende Folgen für den Wohlstand des Landes hatte, 1896 durch ein Gesetz einzuschränken.

In den folgenden Jahrzehnten verlor die breite Masse das Interesse an Aktien. Die Inflation nach dem Ersten Weltkrieg, die Weltwirtschaftskrise, der Nationalsozialismus und der Zweite Weltkrieg – all diese Ereignisse hinterließen ihre Spuren. Nach der Neugründung der Bundesrepublik Deutschland sah sich die Regierung Adenauer gefangen von den Sachzwängen des Wiederaufbaus. Eines der ersten Gesetze der neugebildeten Bundesregierung: das Kapitalverkehrsgesetz von 1949. Von Anfang an wurde der Kapitalmarkt aus der freien Marktwirtschaft ausgekoppelt und von der Politik dirigiert. Denn man wollte den Wiederaufbau möglichst billig gestalten, und man wollte und musste bestimmte Wirtschaftszweige besonders fördern. Nämlich den Wohnungsbau und Investitionen in die Infrastruktur, also in Elektrizitäts- und Wasserwerke, in den Eisenbahn- und Straßenbau. Was sollte eigentlich mit den großen Aktiengesellschaften geschehen? Wusste keiner so genau, bis in die späten Fünfzigerjahre nicht. Erst dann wurde klar: Sie werden bestehen bleiben.

Die Gewerkschaften hielten recht wenig von Aktien. Kapital in Arbeiterhand: ja, bitte – aber dann in Form sozialistischer Staatsbetriebe. Kein Wunder, dass sie strikt dagegen waren, als die Regierung 1959 begann, für bundeseigene Unternehmen Volksaktien auszugeben: 1959 für die Preussag, 1961 die berühmten Volkswagen-Aktien und schließlich 1965 die Aktien der Veba. Einige weitere Staatsbetriebe folgten diesem Modell noch, allerdings mit wenig Erfolg.

In den Fünfzigerjahren taten Regierung und Geldinstitute ihr Bestes, um ganz Deutschland ans Sparen zu gewöhnen. Selbst der Aktienkauf wurde nicht unter dem Aspekt der Unternehmensteilhabe beworben, sondern nannte sich ganz verschämt »Aktiensparen«. Nicht Kursgewinne standen im Vordergrund, sondern Dividenden. In den Siebzigerjahren entdeckte dann die internationale Finanzwelt den reichen, aber völlig unterentwickelten Finanzplatz Deutschland. Zersplittert und in Konkurrenz zueinander, konnten die deutschen Börsen mit den großen in New York, London und Paris nicht mithalten. Ein großes Problem war in Deutschland die Monopolisierung des Börsenhandels durch die Kreditinstitute. Das bedeutete, sämtliche Aktiengeschäfte waren auf wenige große private Banken konzentriert. Die Folge: überhöhte Provisionssätze und ein beschränkter Marktzugang für bestimmte Kundengruppen. Deutsche Unternehmen durften lange Zeit auch nicht an die amerikanische Börse gehen, weil die Informationspflicht der Unternehmen noch nicht ausreichend reglementiert war. Es ist wohl hauptsächlich dem Druck der internationalen Finanzmärkte und den großen deutschen Unternehmen zu verdanken, dass viele der formalen Mängel inzwischen beseitigt worden sind.

Doch schließlich und endlich kam es zur Wende. Die großen deutschen Banken wollten raus aus den riskanten Kreditgeschäften und lieber am Aktienmarkt Geld verdienen. Sie hatten kein Interesse mehr daran, eine boomende Wirtschaft durch risikoreiche Darlehen zu finanzieren, sondern wollten dieses Risiko gern an den Kapitalanleger weiterreichen – und trotzdem Geschäfte machen.

Früher wurde Geld auf ein Sparbuch eingezahlt, um für Notsituationen gewappnet zu sein, heute will man damit auch noch Geld verdienen. Das geht aber kaum. Keine Geldanlage ist risikolos, auch das Sparen nicht. Das Risiko: die Inflationsrate, die einen Teil des gesparten Geldes förmlich auffrisst. Beim Sparbuch liegen die Zinsen zurzeit niedriger als die Inflationsrate. Das bedeutet: Das Sparbuch kostet Geld! Dennoch parken die Deutschen ihr Geld am liebsten auf dem Sparbuch. Bausparverträge waren eine Zeitlang aus der Mode gekommen, weil sie nur sehr geringe Renditen abwerfen. Doch sie sind eine relativ sichere Geldanlage, und daher haben seit der Finanzkrise viele das Bausparen wiederentdeckt. Geringverdiener erhalten zusätzlich eine staatliche Wohnungsbauprämie.

Bei vielen Instituten soll mittlerweile das Tagesgeld das klassische Sparbuch ersetzen. Der Vorteil: Privatanleger können täglich so viel Geld abheben, wie sie möchten. Allerdings muss mit täglich wechselnden Zinssätzen gerechnet werden – je nachdem, was gerade am Markt üblich ist. Tagesgeldkonten heißen bei den Banken unterschiedlich: Abrufkonto, Pluskonto oder Geldmarktkonto. Nicht zu verwechseln mit Geldmarktfonds: Das sind Fonds, die hauptsächlich in liquide Papiere mit kurzer Laufzeit investieren, gegen geringe Gebühr. Kurzfristig Geld parken geht hier also auch. Die Zinsen sind oft höher als beim Festgeld oder beim Sparbuch; die Risiken sind gering, aber vorhanden. Geldmarktfonds werden zum Beispiel von der Deutschen Bank statt Tagesgeldkonten angeboten. Viele Geldinstitute bieten zudem Kombinationsprodukte an: Sparen und Investieren, wobei ein Teil auf eine Art klassisches Sparbuch fließt, während der andere Teil des eingelegten Geldes in Fonds landet.

Garantiefonds bieten aus Sicht der Kunden eine ähnliche Sicherheit wie zum Beispiel Tages- und Festgeldkonten, aber es locken höhere Renditen. Was die Kunden oft übersehen: Diese Sicherheit kostet Geld. Die Anleger profitieren nämlich nicht zu 100 Prozent von einer positiven Kursentwicklung, sondern meist nur zwischen 50 und 65 Prozent. Das heißt, wenn die zugrunde gelegten Aktien um 10 Euro steigen, erhält der Anleger davon maximal 6,50 Euro. Das liegt daran, dass der Großteil des Anlagebetrages für sichere Rentenpapiere verwendet wird, um zu gewährleisten, dass am Ende zumindest noch der Einsatz des Kunden übrigbleibt.

Alles, was mit regelmäßigem Sparen zu tun hat, halte ich grundsätzlich für höchst sinnvoll. Man weiß nie, wann man mal schnell Geld braucht. Die Waschmaschine gibt den Geist auf, das Auto muss in die Werkstatt, weil größere Reparaturen anstehen, man plant eine ausgedehnte Reise im nächsten Jahr, was auch immer. Sparen ist klug. Faustregel: Etwa drei Monatsgehälter auf der hohen Kante zu haben hilft schon immens bei kurzfristig nötigen Anschaffungen und unerwarteten Ausgaben.

Liquidität, Rendite, Sicherheit – zwischen diesen drei Aspekten pendeln Sie bei der Geldanlage. Worauf soll der Fokus liegen? Fragen Sie immer vor der Entscheidung für eine Geldanlage, wann Sie wieder über das Geld verfügen können. Fallen in nächster Zeit größere Anschaffungen an, ist es sinnvoller, das Geld schnell griffbereit zu haben. Über den Dispokredit auf dem Girokonto wird es schließlich nur teuer.

Das Girokonto als Drehscheibe

Die Drehscheibe für Zahlungsein- und -ausgänge und das Portal in die Welt der Finanzdienstleistungen ist das Girokonto. Im Jahr 2010 kamen in Deutschland auf 82,5 Millionen Einwohner, einschließlich Kleinkindern und Hochbetagten, immerhin rund 93 Millionen Girokonten, davon rund ein Drittel Online-Konten. Rein statistisch betrachtet hat also jeder Erwachsene und Jugendliche in Deutschland mindestens ein Girokonto. Ohne Girokonto kann ein Mensch doch heute kaum am gesellschaftlichen Leben teilnehmen. Der bargeldlose Zahlungsverkehr hat absoluten Vorrang, egal ob man Lohn oder Gehalt bezieht, staatliche Hilfen, Kindergeld oder Rente bekommt. Man braucht ein Konto, auf dem diese Einnahmen entgegengenommen werden können. Und genauso braucht man ein Konto, um seine Miete, Strom und Telefon bezahlen zu können. Ohne Girokonto ist man in unserer Gesellschaft kein vollwertiger Mensch.

Dennoch kommt es vor, dass Antragstellern die Eröffnung eines Girokontos verweigert wird, weil sie zu arm sind oder in der Vergangenheit ernsthafte finanzielle Probleme hatten. Ursprünglich sollten speziell die Sparkassen finanziell schwachen Bevölkerungskreisen die Möglichkeit geben, kleinere Geldbeträge sicher und verzinslich anzulegen, oder minderbemittelten Privatpersonen kleine Darlehen gewähren. Deshalb ist es auch heute noch so, dass finanziell Schwache bei Sparkassen eher eine Chance haben, ein Girokonto eröffnen zu können. Was nicht heißt, dass Sparkassen nun die reinen Wohltäter sind, denn auch sie müssen Geld verdienen.

Vorsicht, unzulässige Gebühren!

Selbst wenn die Banken alle Gebühren in ihrem Preisverzeichnis nennen, bedeutet das nicht, dass diese automatisch auch zulässig sind.

- *Freistellung:* Gebühren für die Verwaltung und Änderung von Freistellungsaufträgen sind nicht erlaubt.
- *Kontoauflösung:* Wer seine Giro- oder Sparkonten auflöst, braucht dafür keine zusätzlichen Gebühren zu bezahlen.
- *Kontoauszüge:* Der Kunde muss die Möglichkeit haben, kostenlos an seine Kontoauszüge zu kommen. Wer seine Kontoauszüge selbst am Auszugdrucker erstellt oder sie sich am Schalter abholt, darf dafür nicht zur Kasse gebeten werden. Lässt man sich die Auszüge allerdings zuschicken, ist das eine Sonderleistung – und dafür können Gebühren erhoben werden.
- *Kontopfändung:* Für die Bearbeitung und Überwachung von Pfändungs- und Überweisungsbeschlüssen darf die

Bank keine Gebühren verlangen, da sie nur einer gesetzlichen Verpflichtung nachkommt.

- *Nachforschung:* Eine Gebühr für Nachforschungsaufträge ist nicht zulässig.
- *Reklamation:* Es ist den Geldinstituten nicht gestattet, bei Reklamationen Gebühren zu verlangen, falls sich die beanstandete Buchung doch als richtig erweist.
- *Rücklastgebühr:* Häufig versuchen Geldinstitute, für die Rückgabe einer Lastschrift (einer Überweisung, eines Schecks oder Dauerauftrags) Gebühren zu kassieren. Der Bundesgerichtshof hat diese Rücklastgebühr gestrichen. Banken handeln im Eigeninteresse, wenn sie eine Lastschrift nicht ausführen, weil zum Beispiel das Konto nicht gedeckt ist. Das ist also keine Dienstleistung für den Kunden. Manche verlangen sogar Geld für eine Nachricht über die nicht ausgeführte Lastschrift. Einige Banken nennen die Rücklastgebühr einfach anders, nämlich »pauschaler Schadensersatzanspruch« oder »Benachrichtigungsgebühr«. Bleibt dennoch unzulässig.
- *Todesfall:* In einem Todesfall ist weder die Auskunft an das Finanzamt gebührenpflichtig noch das Umschreiben des Kontos auf die Erben.

Wichtig: Immer die Kontoauszüge genau prüfen. Fallen Ihnen Gebühren auf, die Sie für nicht zulässig halten, reklamieren Sie rechtzeitig bei Ihrer Bank. Verbraucherschutzzentralen können eine erste Anlaufstelle sein, falls Sie Unterstützung brauchen.

Was Sie beim Girokonto beachten sollten

Viele Deutsche sind Schnäppchenjäger. Preise vergleichen ist das Motto. Wenn es irgendwo was zu sparen gibt – da sind wir meist mittendrin statt nur dabei! Komisch nur, dass das für die

Konditionen von Banken nicht zu gelten scheint. Comdirect hat in einer Studie diesbezüglich einmal nachgefragt. Die Graphik spricht für sich …

So viele Deutsche vergleichen regelmäßig Preise und Konditionen
Angaben in Prozent

Benzinpreise und Telefontarife vergleichen die Deutschen – aber kaum die Konditionen bei Banken (Quelle: Comdirect, 2010)

Mehr als die Hälfte der Bundesbürger mit einem Monatseinkommen von mehr als 5000 Euro verfügt über drei und mehr Bankverbindungen. Bei denen, die zwischen 1500 und 2000 Euro verdienen, hat nur gut jeder Zehnte Geschäftskontakte zu mehreren Banken. Aber gerade hier würde es sich auszahlen, sich auf die jeweils günstigsten Angebote zu konzentrieren.

Vergleichen lohnt sich bei allen Geldgeschäften, aber auch bei der Eröffnung eines Girokontos. Laut Verbraucherschützern bewegen sich die jährlichen Kosten für ein Girokonto pro Jahr zwischen 0 Euro und über 180 Euro – und das bei identischen Leistungen! Wer nach einem möglichst günstigen Girokonto sucht, sollte folgende Kriterien prüfen:

Kommen Sie bei Ihrer Wunschbank überhaupt als Kunde in Frage? Die Frage kommt nicht von ungefähr. Die günstigen PSD-Banken standen zum Beispiel bis 2004 ausschließlich den Mitarbeitern von Post und Telekom offen. Das hat sich inzwischen geändert. Aber manche Banken nehmen nach wie vor nur Kunden aus einer Region oder bestimmten Berufsgruppen an. Auch wichtig: Viele Banken tragen zwar den gleichen Namen, sind aber regional organisiert. Das bedeutet zum Teil unterschiedliche Leistungen beziehungsweise Kostenstrukturen.

Gibt es eine Mindestanforderung bei Geldeingang oder Guthaben? Das Spektrum ist recht groß: Der einen Bank reicht zum Beispiel ein monatlicher Geldeingang von mindestens 650 Euro, andere erwarten einen Geldeingang von mindestens 1250 Euro. Wieder andere fordern ein kontinuierliches Guthaben in Höhe von mindestens 2500 Euro, das allerdings nicht allein auf dem Girokonto liegen muss, sondern auch bei der Bank anders angelegt sein kann. Andere, wie zum Beispiel die Sparda-Banken, verlangen, dass Kontoinhaber bei der Kontoeröffnung einen Genossenschaftsanteil erwerben, der allerdings bei Kündigung des Kontos verzinst zurückerstattet wird.

Werden Bedingungen an eine kostenlose Kontoführung gekoppelt? In der Regel wird vom Kunden erwartet, dass er sein Konto per PC führt. Aber auch wer das nicht möchte, kann noch zu verhältnismäßig günstigen Bedingungen sein Konto führen, zumindest wenn er in einer Großstadt wohnt, in der die Bank seiner Wünsche eine Filiale hat. Wer mit Online-Banking bei einer Filialbank liebäugelt, sollte nachfragen, ob er mit höheren Kosten zu rechnen hat, wenn er doch einmal eine Überweisung schriftlich tätigen möchte. Weitere wichtige Kriterien, die gecheckt werden sollten: Bareinzahlungen auf das eigene Konto oder Auszahlungen vom eigenen Konto sollten nicht mit Gebühren belastet sein. Mindestens fünf Buchungsposten im Monat müssen kostenfrei sein.

Wie leicht kann man als Kunde an Bargeld kommen? Natürlich gibt es Geldautomaten wie Sand am Meer, aber das heißt noch längst nicht, dass jeder überall auch kostenlos Geld von seinem Konto abheben darf. Am besten sind die Kunden der Sparkassen, der Volks- und Raiffeisenbanken und der PSD-Bank dran: Ihnen stehen in Deutschland zwischen 18 000 und 21 000 Geldautomaten kostenlos zur Verfügung. Bisher wusste man nie genau, wie viel Gebühren fällig wurden, wenn man Geld an Automaten »fremder« Banken abhob. Meist wurden die saftigen Kosten erst viel später auf dem Kontoauszug deutlich. Jetzt werden Fremdkunden direkt am Automaten über die Gebühren informiert. Die sind zum Teil immer noch heftig, aber jetzt weiß man das wenigstens.

Was kostet das Geldabheben im Ausland? In der Regel wird 1 Prozent der abgehobenen Summe als Gebühr fällig, mindestens aber 4 Euro. Dennoch: Es besteht weiterhin ein Gebührenwirrwarr. Die EU-Kommission will das Durcheinander beenden und eine einheitliche Gebühr fordern. Gut so.

Wie sieht es mit den Zinsen aus? Auf Geldeinlagen auf Girokonten werden je nach Kreditinstitut unterschiedlich hohe Zinsen gezahlt; bei so mancher Bank bekommt man gar keine Zinsen. Einen ganz besonders prüfenden Blick sollte man auf die Dispositionszinsen werfen. Die Banken räumen gern großzügig Dispositionskredite ein, wenn sie mit einem regelmäßigen Geldeingang rechnen können. Aber Dispokredite sind in der Regel nur eins: teuer. Die jährlichen Zinsen können bis zu 17 Prozent betragen oder auch nur 8 Prozent, ergab eine Untersuchung der Grünen-Bundestagsfraktion im September 2010. Für geduldete Überziehungen über den Disporahmen hinaus werden bis zu 10,25 Prozent verlangt. Wer also weiß, dass er kurzfristig häufiger über mehr Geld verfügen möchte, als er gerade flüssig hat, sollte sich diese Konditionen genau anschauen.

Was ist mit EC-Karte und Co.? Die EC-Karte ist bei allen Kreditinstituten, die eine kostenlose Kontoführung anbieten, zumindest für den Kontoinhaber inklusive, aber nicht unbedingt für seinen Partner. Auch bei Kreditkarten, wie zum Beispiel Visa oder Mastercard, werden sehr unterschiedliche Gebühren verlangt. Mal bekommt man die eine Karte kostenlos, mal ist man gezwungen, die andere mit Zusatzfunktionen zu akzeptieren, was dann pro Jahr 100 Euro kostet. Durchschnittlich pendeln die Kosten für Kreditkarten pro Jahr um die 20 Euro.

Cash trotz Kontopfändung

Inzwischen kommt es in Deutschland jeden Monat circa 350 000 Mal zu einer Kontopfändung. Dabei wird dem Schuldner der direkte Zugriff auf sein Konto entzogen. Das bedeutet, Zahlungen gehen ganz normal weiterhin auf dem Konto ein, aber der Kontoinhaber kann weder Geld überweisen noch abheben – bekommt also auch kein Bargeld. Er ist komplett von seinem Konto ausgesperrt. Will er an sein Geld ran, geht das nur per Gerichtsbeschluss. Seit Juli 2010 gelten allerdings die neuen Vorschriften des Gesetzes zur Reform des Kontopfändungsschutzes. Danach hat jeder das Recht, bei seiner Hausbank sein Girokonto in ein Pfändungsschutzkonto umzuwandeln. Dieses sogenannte P-Konto schützt das Kontoguthaben automatisch bis zum gesetzlich festgelegten Grundfreibetrag von derzeit ungefähr 1000 Euro, der sich aus Sozialleistungen wie Hartz IV und Kindergeld errechnet. Eine solche Umwandlung darf maximal drei Geschäftstage dauern. Da die Banken ihren Aufwand für Kontopfändungen nicht dem Kontoinhaber in Rechnung stellen dürfen, gehen die Verbraucherzentralen davon aus, dass die Banken auch keine Gebühren bei der Umwandlung erheben dürfen.

Also P-Konto einrichten, und man ist alle Sorgen los? Pustekuchen. Zunächst heißt es bei den meisten Banken: Her mit der Kreditkarte! Außerdem besteht das Recht auf Umwandlung eines Girokontos in ein P-Konto nur für bereits bestehende Konten und nicht etwa für Konten, die während einer laufenden Pfändung neu eröffnet werden. Die Umwandlung wird übrigens auch der Schufa gemeldet. Das heißt: Als Vorsorgemaßnahme vom Girokonto aufs P-Konto umzusatteln ist nicht sinnvoll, Stichwort Kreditwürdigkeit.

Online-Finanzdienstleistungen werden heute von allen Banken und Sparkassen angeboten. Allerdings gibt es durchaus Unterschiede bei der Bedienung dieser Angebote und natürlich auch bei den Konditionen und Gebühren. Wer lange arbeitet oder viel auf Reisen ist, möchte seine Bankgeschäfte sicher gern flexibel erledigen. Und wer ohnehin über einen leistungsfähigen Computer verfügt und sich darüber hinaus selbst über Finanzthemen in den Medien informiert, kann auf die Ratschläge seines Bankberaters wahrscheinlich eher verzichten. Wem es allerdings wichtig ist, in Geldfragen immer denselben Ansprechpartner zu haben, wird auch mit Telefonbanking nicht zufrieden sein, sondern eher den persönlichen Kontakt beim Beratungstermin in der Filiale vorziehen – sofern er hier einen kompetenten Berater hat. Im Moment möchten die meisten Deutschen bei ihren Bankgeschäften noch nicht gänzlich auf Beratungsgespräche in der Filiale verzichten und alles online selbst erledigen. Aber immerhin benutzen schon 26 Millionen Bürger in Deutschland das Internet für Finanztransaktionen.

Bei Spareinlagen und Tagesgeldkonten bieten meist Direktbanken für online geführte Konten die besten Zinsen. Aber auch Autobanken oder Töchter ausländischer Banken bieten Zinssätze, die deutlich über denen anderer Institute liegen. Direktbanken sind übrigens ausschließlich über das Internet oder ein Callcenter zu erreichen. Sie sind meist Tochterunternehmen der großen Universalbanken, haben aber in der Regel günstigere Tarife, weil sie keine Filialen unterhalten müssen. Im Prinzip ist der Begriff »Direktbank« irreführend, denn abgesehen von dem Geschäft mit den Finanzberatern ist jeder Kontakt zwischen Kunde und Bank ein direkter.

Bei Spareinlagen und Tagesgeld kann man wenig falsch machen. Die Konditionen sind einfach zu verstehen, und eine ausführliche Beratung ist daher kaum notwendig. Es geht schließlich nur um die Relation von Kosten und Leistungen. Bei Investmentfonds zum Beispiel wird es schon schwieriger: Hier kann eine gute Beratung durchaus nützlich sein. Wer aber durch eigene Recherche darauf verzichtet, erhält Fondsanteile über Direktbanken oder Discountbroker häufig mit einem saftigen Rabatt auf den Ausgabeaufschlag – und zu deutlich niedrigeren Depotgebühren. Für Ratenkredite und Baufinanzierungen gilt, dass Sie zunächst einmal eine mittlere bis gute Bonität haben müssen. Dann ist es für Sie unproblematisch, die attraktiven Angebote von Spezialinstituten zu nutzen.

Achtung, Online-Betrüger!

Wohl jeder, der eine E-Mail-Adresse hat, wird inzwischen schon einmal Post erhalten haben, worin er – angeblich von seiner Bank – aufgefordert wird, über einen Link zu einer Webseite vertrauliche Daten zu seinem Konto anzugeben. Phishing nennt man das. Die Betrüger wollen so an die Kontoinformationen und Passwörter kommen, um dann die Konten argloser Bankkunden zu plündern. Im Jahr 2009 wurden bundesweit fast dreitausend Phishing-Attacken gemeldet. Gesamtschadenssumme: fast 12 Millionen Euro. Wenn Sie eine solche E-Mail erhalten: Niemals dem Link folgen und die E-Mail umgehend löschen.

Trojaner sind ebenfalls beliebt bei Internet-Gaunereien. Das sind Schadprogramme, die sich unbemerkt auf dem Computer installieren, ihn sozusagen infizieren. Rufen die Bankkunden dann ihr Bankportal im Browser auf, wird zwar die richtige Internetadresse angezeigt, aber die Inhalte des Programms selbst sind manipuliert. So meldet das Programm zum Beispiel eine falsch eingegebene TAN, die aber durchaus gültig war. Diese TAN wird dann an Betrüger weitergeleitet, die sich damit auf dem Konto bedienen können.

Durch die Einführung des iTAN-Verfahrens, bei dem man aus einer zugeschickten Liste eine von der Bank vorgegebene Nummer für jede Transaktion (indizierte TAN) einsetzen muss, war die Internetkriminalität im Bereich Banking in den Jahren zuvor etwas eingedämmt worden. Aber wer will schon ständig seine

TAN-Liste mit sich herumschleppen? TAN-Listen auf Papier sind auch nicht mehr unbedingt notwendig. Beim Online-Banking kann man sich heutzutage im mTAN-Verfahren eine mobile TAN speziell für den aktuellen Vorgang per SMS schicken lassen.

Was Sie beim Online-Banking auf jeden Fall beachten sollten

- Geben Sie die Internetadresse Ihrer Bank nur über die Tastatur ein und nicht über einen Link.
- Benutzen Sie beim Online-Banking keine fremden oder öffentlichen Computer, zum Beispiel in Internetcafés.
- Achten Sie darauf, dass die Adresse Ihrer Bank stets mit http:// oder https:// beginnt.
- Speichern Sie auf Ihrer Festplatte weder Kennwörter noch Zugangsdaten wie PIN oder TAN.
- Seien Sie sorgfältig bei der Eingabe der TAN und überprüfen Sie die eingegebene Ziffernfolge. Kommt dennoch eine Fehlermeldung, sollten die Alarmglocken läuten. Lieber einmal mehr bei der Bank nachgefragt als am Ende mit geplündertem Konto dastehen.
- Achten Sie darauf, dass beim Online-Banking die Verbindung verschlüsselt erfolgt. Es erscheint dann rechts unten im Browser ein kleines Schloss-Symbol.
- Wählen Sie ein sicheres Passwort, das möglichst aus einer Buchstaben-Zahlen-Kombination besteht.
- Schützen Sie Ihren Rechner durch Virenprogramme und Firewalls.

Gibt es eine App dafür? Mobile Banking als neuester Trend

Unterwegs bequem Bankgeschäfte wie Überweisungen, Kontostandabfragen oder Geldanlagen über internetfähige Handys abwickeln – die »Filiale in der Hosentasche« macht es möglich.

Mit speziellen Finanzapplikationen kann man so überall, wo es einen mobilen Internetzugang gibt, auch auf die Webseiten seiner Bank zugreifen. Noch ist das allerdings nicht bei allen Banken und Sparkassen möglich, doch mehr als 40 Prozent der Finanzinstitute haben schon einen mobilen Vertriebskanal oder planen zumindest, ihn einzurichten. Noch einfacher geht das mobile Banking mittlerweile über Finanz-Apps, also Miniprogramme, die direkt auf Smartphones oder Tablet-Computern installiert werden. Entweder nutzt man dabei das von der eigenen Bank zur Verfügung gestellte Programm oder Apps von Fremdanbietern, mit denen man dann auch Konten unterschiedlicher Institute verwalten kann. 11 Prozent der Smartphone-Besitzer nutzen diesen mobilen Bankservice bereits, und bei den iPhone-Besitzern sind es schon doppelt so viele.

Grob fahrlässig!

Um möglichst unbelastet von Papierkram mit der eigenen Bank kommunizieren zu können, kommen manche Internet-Handynutzer auf die »geniale« Idee, ihre TAN-Listen auf dem Handy zu speichern oder sie zu fotografieren. Geht das Handy verloren oder wird gestohlen, hat ein Fremder uneingeschränkten Zugriff. Und dann ist das Gejammer groß. Also: Nicht sonderlich clever und nicht nur deshalb von den Banken per AGB verboten.

4.2 Langfristigkeit zahlt sich aus: Die wundersame Welt der Fonds

Nach dem 3. Oktober 2008 war aber was los. Vielleicht können Sie sich noch daran erinnern, als am Sonntagabend in der *Tagesschau* Bundeskanzlerin Angela Merkel, begleitet von Bundesfinanzminister Peer Steinbrück, ans Mikrofon trat und mit ernster Miene verkündete: »Wir sagen den Sparerinnen und Sparern, dass ihre Einlagen sicher sind. Auch dafür steht die Bundesregierung ein.« Manch Zeitgenosse meinte zwar scherzhaft: Was hat denn die Merkel mit meinen Schuhen zu tun? Für die Einlagen ist doch mein Orthopäde zuständig. Millionen andere aber wurden blass und bestürmten am Montag ihre Bankberater. Nichts wie raus aus Aktien, Investmentfonds und Zertifikaten, denn Frau Merkel hat gesagt: Die Staatsgarantie gilt für Sparbücher, Sparkonten, Festgeld- und Girokonten.

Eine mittlere Panikwelle schwappte in den kommenden Tagen und Wochen übers Land. Alles, was nach Risiko roch und nicht unter den Garantieschirm des Staates fiel, wurde hastig abgestoßen und in »sichere« Anlagen wie Sparbuch oder Tagesgeld umgetauscht. Oder Konten wurden komplett geräumt und das Bargeld in Schließfächer gestopft. Ein Filialleiter einer Sparkasse berichtete mir verwundert: »Ein Boom bei Schließfächern, unglaublich. Wir sind ausgebucht. Die Leute kommen jeden Tag vorbei, schließen auf und sagen: Gott sei Dank, mein Geld ist ja noch da. Irre, sag' ich Ihnen!«

Ja, da war ordentlich was los in der Folge der Lehman-Pleite und der »Merkel-Garantie«. Diese Aussage hat schlichtweg Angst ausgelöst. Nach dem Motto: Was? Ich wusste ja gar nicht, dass meine Anlagegelder bisher nicht sicher waren! Dabei haben viele Anleger seit Jahren wieder einmal ihr Wertpapierdepot eingesehen und sich gewundert: Hoppla, von diesem Fonds und jenem Zertifikat habe ich bisher gar nichts gewusst. Und die Finanzbranche? Reagierte merkwürdig gebremst, vor allem die mächtige Branche der Investmentfonds, die massiv unter dem Liebesentzug der Anleger zu leiden hatte. Dabei hätte sie doch gerade jetzt mit Pauken und Trompeten verkünden müssen: Keine Angst, liebe Leute. Eure Gelder sind bei uns geschützt. Investmentfonds-Anlagen sind Sondervermögen, das von einer Depotbank treuhänderisch verwaltet wird. Sollten Fondsgesellschaft (Kapitalanlagegesellschaften) und/oder Depotbank pleitegehen, braucht niemand um sein Geld zu fürchten. Die Anteile an einem Investmentfonds werden voll ausgezahlt. Aber nein, die Reaktion nach dem Merkel'schen Schock war zahm. Eine kleine Notiz auf den Wirtschaftsseiten der Gazetten, das war alles.

Inzwischen hat sich die Branche zwar wieder erholt, die Verluste (Abflüsse) nach der Lehman-Pleite sind fast wieder wettgemacht. Außerdem startete der Verband eine Imagekampagne mit dem Titel »Investmentfonds. Nur für alle«, listete dabei stolz auf, dass jeder zweite Haushalt Investmentfonds besitzt, damit mehr Geld angelegt hat als auf dem Sparbuch oder in Aktien. Tatsächlich: Im Jahr 2009 besaßen 6,6 Millionen Privatanleger in Deutschland Fondsanteile, und ihr in Fonds angesammeltes Vermögen belief sich auf stolze 651,6 Milliarden Euro. Warum kaufen so viele Deutsche Fonds? Weil sie beides wollen: langfristige Sicherheit fürs eigene Kapital und ordentliche Renditen. Mit Fonds glauben sie diesen Spagat auf einfache Weise zu meistern.

Dennoch räumen die Fondsprofis ein, dass es nach wie vor Berührungsängste mit ihren Produkten gibt und dass man nun objektiv und glaubwürdig informieren wolle. Sorry: 60 Jahre ist der älteste deutsche Investmentfonds alt – und die Branche hat es nicht geschafft, ein im Kern solides und sicheres Produkt im Kopf der Anleger positiv zu verankern. Sondern sie muss gestehen: Fonds werden einfach noch nicht verstanden. Ein Armutszeugnis! Auch verwechseln viele die Investmentfonds noch immer mit Investment-Banking, also etwas in der Öffentlichkeit negativ Besetztem.

Hinzu kommt: Die Welt der Fonds wird immer vielfältiger und damit auch unübersichtlicher. In Deutschland kann der Privatanleger heute zwischen 6500 verschiedenen Publikumsfonds wählen. Zum Vergleich: Vor zwanzig Jahren standen erst 320 Publikumsfonds zur Auswahl und vor zehn Jahren rund 1900. Außer den Publikumsfonds, die jeder erwerben kann, gibt es noch 3900 Spezialfonds für institutionelle Anleger, also Versicherungsgesellschaften, Pensionskassen et cetera. Der Anleger hat die Qual der Wahl. Was soll es sein, ein Geldmarkt-, Renten-, Aktien-, Misch-, Index-, offener Immobilien-, Dach- und Altersvorsorge-Fonds? Oder vielleicht ein Branchenfonds wie beispielsweise ein Medien-, Telekommunikations- oder Internet- und Neuer-Markt-Fonds?

Kein Wunder, dass man den Durchblick verliert. Was soll denn diese Fonds-Flutwelle? In keinem Land gibt's so viele. Ein intimer Kenner der Szene, selbst mal Aktienchef einer der drei großen deutschen Fondsgesellschaften, ist ausgestiegen, hat gewechselt – auch wegen der »Auflegungsmaschine« der Branche, die von Marketingabteilungen dominiert werde. Kommt ein Trend, wird ein dazu passendes Produkt aufgelegt – und dann wird Geld eingesammelt. Aber: Man will sich ja bessern, »mentale Hürden einreißen« und Vertrauen in Fonds »aufbauen«. Sechzig Jahre nach Gründung des ersten Investmentfonds. Das ging ja mal fix. Auch soll jetzt Qualität vor Quantität gelten. Und: Man will endlich für mehr Transparenz und Klarheit bei den Kosten und Gebühren sorgen. Bravo.

Wie findet man die besten Fonds?

Eine gute Methode, um sich einen Überblick über Fonds zu verschaffen, ist der Blick in die Ranglisten der verschiedenen Rating-Agenturen – und zwar auf die Top 5. Welcher Fonds taucht unter diesen fünf Besten immer wieder auf? Das ist immer ein erstes gutes Zeichen. Das Ranking über die »Performance« erleichtert dem Anleger die Übersicht und setzt die Investmentgesellschaften massiv unter Erfolgsdruck. Besonders die Zunft der Fondsmanager. Das ist auch gut so. Zumindest für den Anleger. Fondsmanager müssen Ergebnisse zeigen und eine gute Wertentwicklung ihres Fonds ausweisen, dafür werden sie auch sehr gut bezahlt – oder sonst gefeuert. Denn ihr Erfolg lässt sich ganz klar und deutlich messen: an der Performance ihres verwalteten Fonds.

Die Fondsrating-Gesellschaft Morningstar ist einer der Marktführer auf dem Gebiet der Fondsanalyse und -bewertung. Auch die berühmte Rating-Agentur Standard & Poor's befasst sich mit Investmentfonds, ebenso wie das Unternehmen Lipper oder die Feri EuroRating Services AG. Jede dieser Gesellschaften arbeitet mit einem eigenen Bewertungssystem.

Die Analysegesellschaft Feri Trust hat zum Beispiel eine Fondsbewertung entwickelt, die auch dem weniger versierten Anleger systematische, nachvollziehbare und verständliche Entscheidungsgrundlagen bietet. Dazu gehört, dass das Rating sowohl die Ziele als auch die Zwänge des Fondsmanagements berücksichtigt (die gibt es nämlich auch). Wichtig ist Feri Trust, dass herausragende Fähigkeiten von Fondsmanagern erkennbar werden. Jeder Mensch ist schließlich anders, und die wenigsten Anleger werden sich persönlich ein Bild von den Leuten machen können, denen sie ihr Geld anvertrauen. Außerdem berücksichtigt die Analysegesellschaft, ob der Managementstil und die Investmentziele im Einklang stehen, ob Fehlinvestitionen in weniger gute Fonds vermieden werden und ob durch die Selektion von Top-Anlagetiteln deutlicher Mehrwert geschaffen wird. In der Praxis heißt das, dass neben den quantitativen Aspekten wie Performance und Risikokennzahlen qualitative Aspekte eine besondere Bedeutung bekommen. Interviews mit den Fondsmanagern dienen der Überprüfung der methodischen Konzepte und der Analyse des Managementstils. Das Feri Trust Fonds Rating setzt sich deshalb aus drei Indikatoren zusammen: Performance, Risiko und Management.

Wichtig: Fonds sind nur für eine langfristige Geldanlage geeignet. Deshalb darf man auch den Zeitraum für eine Performance-Betrachtung nicht zu kurz wählen. Das Feri-Trust-Rating bezieht sich deshalb auf fünf Jahre. Der Bundesverband Investment und Asset Management (BVI) weist in seiner jüngsten Statistik zum Juni 2010 darauf hin, dass zum Beispiel Aktienfonds mit Anlageschwerpunkt Deutschland in einem Dreißigjahreszeitraum durchschnittlich pro Jahr 8,3 Prozent gewonnen haben und im Fünfjahreszeitraum nur 3,6 Prozent, bei internationalen Aktienfonds waren es 7,8 Prozent innerhalb von dreißig Jahren und 0,3 Prozent in fünf.

Die Rating-Agentur Feri EuroRating hat jedoch ermittelt, dass die meisten deutschen Fondsgesellschaften hinter ihren internationalen Wettbewerbern zurückfallen, wenn es um die Anlageregion »Europa« geht. 1000 Aktien- und Rentenfonds von mehr als 80 Gesellschaften wurden nach einem Expertise-Ranking bewertet. Bei den Aktienfonds erreichten vor allem angelsächsische Anbieter und sogenannte Fondsboutiquen die besten 15 Plätze. Nur eine deutsche Gesellschaft war dabei, auf Platz 12. Immerhin: Beim Gesamtranking über alle Assetklassen waren vier deutsche Anbieter unter den Top 15. Dennoch: Keine überragende Leistung, vor allem wenn man die ständigen und mit viel Selbstbeweihräucherung bestückten Glanzanzeigen und Broschüren der deutschen Investmentgesellschaften in den Gazetten verfolgt.

Fondsanteile kaufen oder verkaufen

Wenn es Investmentfonds nicht gäbe, müsste man sie erfinden. Warum? Weil sie Menschen zusammenbringen, die ihr Geld erfolgreich anlegen wollen. Der Fonds investiert die Beiträge in eine Vielzahl von Wertpapieren, Aktien, Zinspapieren oder eine Mischung aus allem. Allen Fonds ist gemein, dass sie gesetzliche Auflagen beachten müssen, um das Anlegergeld breit zu streuen und so die Anlagerisiken zu minimieren. Diese »Alleskönner« erfordern vom Anleger aber auch Mut und Standvermögen, denn sie spielen ihre Vorteile wie gesagt nur auf der langen Zeitachse aus. Es ist statistisch belegt, dass Geldanlagen mit Fonds ihre wahre Stärke, im Fachjargon Performance, erst nach zwanzig oder dreißig Jahren zeigen.

Welche Argumente sprechen denn für den Kauf von Investmentfonds? Erstens, durch die Verteilung des Geldes auf viele unterschiedliche Anlagen vermindert sich das Gesamtrisiko. Zweitens, nur Fonds bieten die Möglichkeit, mit einem kleinen Einsatz gleichzeitig in unterschiedliche Anlagen zu investieren. Drittens heißt es immer, Fondsanteile sind etwas für Anleger, die keine Zeit oder Lust haben, ständig den Markt, die Konjunkturentwicklung und die Unternehmen zu beobachten. Das machen ja dann der Fondsmanager und die Analysten. Oder auch nicht, Stichwort Indexfonds. Stimmt alles – aber eben nur bedingt. Der Teufel steckt wie immer im Detail. Vorsicht vor den großen Pauschalierern!

Wo kauft man denn nun Fondsanteile? Entweder bei einer Bank oder direkt bei einer Kapitalanlagegesellschaft. Wer seine Fondsanteile bei einer Filialbank erwirbt, muss einen einmaligen Ausgabeaufschlag von bis zu 6 Prozent zahlen. Den Ausgabeaufschlag verwenden die Fondsgesellschaften für das Fondsmanagement. Er erscheint normalerweise nicht in den Kontoauszügen, sondern wird fondsintern verrechnet. Billiger wird es bei Direktbanken oder in einem Fondsshop, einer Art Fachgeschäft für Investmentfonds im Internet. Die Fondsshops arbeiten als Vermittler mit verschiedenen Depotbanken zusammen.

Je nach Art des Fonds wird der Gewinn zum Jahresende ausgeschüttet oder gleich wieder angelegt (thesauriert), was den Wert der Fondsanteile kontinuierlich steigert. Der Besitzer von Fondsanteilen muss die Dividenden, die anfallen, versteuern. Wenn er seine Anteile verkauft, fällt auf die realisierten Veräußerungsgewinne Abgeltungssteuer an.

Zinseszins ist keine Hexerei

Apropos wieder anlegen oder thesaurieren: Albert Einstein sprach vom achten Weltwunder oder der »größten mathematischen Entdeckung aller Zeiten«. Gemeint ist die Zinseszinsrechnung. Das heißt: Die Zinszahlung für ein Anlagekapital wird nicht ausgezahlt, sondern wieder angelegt, auf das Kapital also draufgesattelt. Und das zehn, zwanzig oder gar dreißig Jahre lang. So entsteht der Zinseszinseffekt mit verblüffenden Ergebnissen.

Ein Beispiel: Aus einem Kapital von 10 000 Euro werden bei einem Zinssatz von 4 Prozent nach dreißig Jahren etwa 32 434 Euro. Also mehr als das Dreifache. Oder: Wer monatlich 10 Euro anlegt, kommt nach dreißig Jahren (wieder mit einem Zins von 4 Prozent) auf 6800 Euro. Eingezahlt wurden aber nur 3600 Euro. Keine Hexerei, sondern Zinsen auf Zinsen …

Es heißt zwar: Geld ist etwas wert, wenn man es bewegt. Oder: Geld ist wie Dünger; nur wenn man es ausbreitet, entfaltet es seine Wirkung. Aber man kann es eben auch einfach liegen lassen, macht gar nichts. Ohne etwas zu tun, vermehrt es sich. Zugegeben: Die lange Liegezeit ist entscheidend für diesen Effekt, der auch ein Genie wie Einstein zum Schwärmen brachte. Und der Mann verstand ja was von Rechnen. Also nachmachen, wenn Sie Geld haben, das Sie einfach liegen lassen können.

Gibt der Anleger seine Fondsanteile an die Investmentgesellschaft zurück, wird vom Wert des Anteils ein Betrag in Höhe des Ausgabeaufschlages abgezogen. Der Verkaufspreis, den er erzielen kann, liegt also entsprechend unter dem Ankaufspreis. Dazu kommen laufende Kosten, die der Anleger zusätzlich tragen muss: jährliche Management- oder Verwaltungsvergütungen in Höhe von 0,5 bis 1,5 Prozent des angelegten Geldes für die Fondsgesellschaften und die Depotgebühren für die Bank. Diese sind von Institut zu Institut unterschiedlich hoch und werden immer fällig, auch wenn der Wert des Fonds ins Minus rutscht. In den vergangenen Jahren haben sich die Fondsgesellschaften einige neue Einnahmequellen einfallen lassen. Zum Beispiel verlangen die Deka-Bank und Union Investment von den Fondsbesitzern zusätzlich eine erfolgsabhängige Performancegebühr.

Mit der Einführung der Gesamtkostenquote oder »Total Expense Ratio« (TER) wollte die Fondsbranche mehr Transparenz für die Besitzer von Fondsanteilen schaffen, indem sie die laufenden Gebühren eines Geschäftsjahres zusammenfasst. Die Gesamtkostenquote ist in Deutschland aber immer noch viel zu hoch.

Noch immer ist ein Kauf von Investmentfonds in Deutschland zu teuer, auch wenn es zunehmend Fondsshops im Internet und andere Anbieter gibt, die mit Rabatten und sonstigen Nachlässen werben. Vom klassischen Ausgabeaufschlag beim Kauf, in der Regel 5 Prozent der Investmentsumme, Verwässerungsgebühren beim Kauf, Einrichtungsgebühr für Sparpläne, Rücknahmegebühr beim Verkauf, Switch-Gebühr beim Tausch in einen anderen Fonds der Gesellschaft, Verwaltungsvergütungen und Managementgebühren bis zu Erfolgsbeteiligung, Depotbankvergütung, Veröffentlichungskosten oder Prüfungskosten. Ja, die Branche ist bei den Kosten höchst kreativ, die der Anleger natürlich direkt oder verdeckt tragen muss. Wundert man sich da über ein gewachsenes Misstrauen?

Welche Fonds es gibt und wie sie funktionieren

Offene Publikumsfonds sammeln das Geld vieler Investoren und legen es in Immobilien, Aktien, Anleihen oder anderen Anlageformen an. Es gibt keine Grenzen hinsichtlich der Anlagesumme und der Anteile. Es können ständig neue Anteile gekauft oder alte an die Investmentgesellschaft zurückgegeben werden. Offene Fonds werden von Kapitalanlagegesellschaften verwaltet, auch Investmentgesellschaften genannt. Diese brauchen spezielle Konzessionen für ihre Tätigkeit und werden von der Bundesanstalt für Finanzdienstleistungsaufsicht überwacht.

Das Fondsvermögen oder Sondervermögen, das also den Anlegern gehört, muss bei einer Depotbank hinterlegt werden. Damit soll unter anderem sichergestellt werden, dass das Sondervermögen vom Vermögen der Kapitalanlagegesellschaft getrennt ist. Falls die Investmentbank pleitegeht, sind die Sondervermögen vor Insolvenz geschützt. Die Depotbank wickelt auch die Kauf- und Verkaufsaufträge des Fondsmanagements ab und berechnet am Ende eines jeden Börsentages den Wert des Sondervermögens. Steigt der Wert der im Fonds enthaltenen Papiere, erhöht sich das Fondsvermögen und damit der Wert der einzelnen Anteilsscheine – und umgekehrt.

Zu den offenen Investmentfonds gehören offene Immobilienfonds und offene Wertpapierfonds. Letztere unterscheidet man grob in Aktienfonds, Rentenfonds sowie Mischfonds aus Aktien und Rentenpapieren. Darüber hinaus gibt es wertgesicherte Fonds, Geldmarktfonds sowie Spezialfonds aus Optionsscheinen, Futures oder sogenannte Dachfonds, die ausschließlich in andere Investmentfonds investieren. Rund 38 Prozent aller in Deutschland angebotenen Publikumfonds sind Aktienfonds, 21 Prozent Rentenfonds und 31 Prozent Mischfonds.

Die Aktienfonds sind höchst unterschiedlich strukturiert. Der Name eines Fonds kann einen ersten Anhaltspunkt dafür geben, wohin die Anlagestrategie zielt. Jedoch muss der Anleger sich schon sehr genau mit der Beschreibung der einzelnen Fonds befassen, um zu verstehen, was mit seinem Geld gekauft wird. Manche Fonds investieren ausschließlich in Standardwerte, andere Aktienfonds legen mehr Wert auf Top-Dividenden. Länderfonds kaufen nur Aktien aus bestimmten Ländern. Regionenfonds kaufen Aktien aus bestimmten Regionen, zum Beispiel gibt es Europa-, Japan- und Nordamerikafonds oder Fonds, die sich auf die Schwellenländer spezialisieren. Branchen- oder Themenfonds kaufen nur Aktien bestimmter Industriezweige oder Themenbereiche, zum Beispiel Energie, Umwelt, Chemie oder Pharma.

Rentenfonds investieren in festverzinsliche Anleihen mit unterschiedlichen Laufzeiten. Hohe Sicherheit bei minimalem Risiko war bislang das Gütezeichen. Die Eurokrise kratzt heftig daran. Daher prüfen: Wie viel Risiko, etwa in Form von Griechenland- oder Portugal-Anleihen, steckt in einem Fonds? Das gilt auch für Geldmarktfonds, die auf Festverzinsliches mit kurzer Laufzeit setzen. Durch Beimischung mit Anleihen aus Südeuropa hat es hier erstmals Verluste gegeben. Für Sicherheitsfanatiker was Neues. Mischfonds investieren in Aktien und festverzinsliche Wertpapiere und sind wegen dieser Risikomischung beliebt.

Immobilienfonds kaufen mit dem Geld der Anleger Grundstücke und Gebäude, wobei es auch hier wieder Differenzierungen gibt nach Fonds, die sich nur auf Europa konzentrieren, auf einzelne Länder, Regionen oder die ganze Welt. Immobilienfonds gelten gemeinhin als eine langfristig sichere Anlage und sind als Beimischung im Depot durchaus geeignet. Reich werden die Anleger damit aber nicht.

Bei geschlossenen Fonds wird nur eine bestimmte Zahl von Anteilen ausgegeben. Die Fondssumme ist also begrenzt. Sobald sie erreicht ist, wird der Fonds geschlossen. Außerdem ist die Investmentgesellschaft nicht verpflichtet, während der Laufzeit Anteile zurückzunehmen. Bei geschlossenen Fonds erwirbt man zudem in der Regel keine Wertpapiere, sondern beteiligt sich an einem Unternehmen. Hier spielen neben Gewinnzuweisungen auch steuerliche Vorteile eine Rolle. Geschlossene Fonds gibt es vor allem bei gewerblichen Immobilien, Schiffen und Flugzeugen sowie im Bereich erneuerbare Energien.

Offene Immoblienfonds in der Krise

Die Finanzkrise hat viele Väter (und Mütter), aber auch unterschiedliche Opfer. Wer hätte gedacht, dass es bei einer biederen und stocksoliden Anlageklasse, bei der es jahrzehntelang kaum Affären und Krisen gab, plötzlich so kracht. Die offenen Immobilienfonds, bei denen sich auch kleine Geldbeutel indirekt ein Stück an einem Einkaufszentrum in Singapur, einem Büro-Wolkenkratzer in New York, Mailand, London, Madrid oder Frankfurt leisten konnten. Funktioniert so: Der Fonds kauft mit dem Geld der Anleger Gewerbeimmobilien, entweder nur in Deutschland oder in Europa, in den USA oder überall auf der Welt. Man ernährt sich von den Mieteinnahmen in diesen Objekten (meist langfristige Verträge) und von den Wertsteigerungen der Immobilien – oder auch nicht. Der Investor beteiligt sich, kann aber jederzeit seine Anteile zurückgeben, also sein Geld abrufen. Daher der Begriff offener Fonds, verglichen mit geschlossenen, bei denen der Anleger vor Ende einer festgelegten Laufzeit nicht an sein Geld herankommt.

Schon vor Jahren wurde auf einer Pressekonferenz des zuständigen Investmentverbandes gefragt: »Die Leerstände bei Gewerbeimmobilien steigen. In allen großen Städten Europas. Macht Ihnen das keine Sorgen?« Der Verbandsvertreter wiegelte ab. »Unsere Fonds sind breit aufgestellt. Die Mischung macht's. Kein

Problem.« Und noch im November 2010 beschwichtigte der Verband in seinem Monatsbericht: »Anleger, die schon mit geringen Sparbeträgen in eine risikogestreute Immobilienanlage investieren möchten, sind mit offenen Immobilienfonds gut gefahren.« Aus monatlich 100 Euro seien in zwanzig Jahren 33 700 Euro geworden, also 3,3 Prozent Rendite im Jahr, in dreißig Jahren sogar 4,2 Prozent. Ja, stimmt. Für die Vergangenheit.

Diese Geldanlage war so staubtrocken und gleichzeitig so erfolgreich, dass viele Anleger einen Großteil ihrer Altersversorgung darin investierten, obwohl auch hier der Grundsatz gilt: nur als Beimischung bitte, also maximal 15 Prozent des Depotvermögens. »Man hat doch«, sagte mir eine verbitterte Anlegerin, »für sein Geld nichts mehr an Zins bekommen. Tagesgeld, Festgeld konnten Sie vergessen. Diese Fonds haben jahrzehntelang anständig Rendite abgeworfen. Also habe ich kräftig investiert. Für mein späteres Alter. Habe doch an nichts Böses gedacht.« Das Unheil kam mit der Finanzkrise, als große Investoren zuhauf an ihr Geld wollten, die Fondsgesellschaften aber nicht so viel in der Kasse hatten und auch nicht über Nacht aus Immobilien Bargeld machen konnten. Die Folge: Offene Immobiliengesellschaften mussten geschlossen werden – ein Widerspruch in sich. Maximal für zwei Jahre, sagt das Gesetz, dann muss entschieden werden: aufmachen und allen das Geld auszahlen, das sie wollen, oder endgültig zumachen, weil nicht genug in der Kasse ist. So geschehen bei einigen Fonds mit sehr langer Tradition. Ein Jammer.

Eine grundsolide Geldanlage, die aber einen entscheidenden Konstruktionsfehler hat, der in der Zeit ständig steigender Immobilienpreise nicht auffiel – wohl aber dann, als viele abrupt ihr Geld aus den Fonds abziehen wollten und die Büro-Immobilienpreise drastisch absackten, vor allem in Metropolen wie New York, London oder auch Madrid. Da rächte sich, dass die Erfinder gegen die Goldene Bankregel, die sogenannte Fristenkongruenz, verstoßen haben: kurzfristig aufgenommenes Geld (zum Beispiel Spareinlagen) darf auch nur kurzfristig ausgeliehen werden, während nur langfristig aufgenommenes Kapital (zum Beispiel Festgelder und Sparbriefe) auch langfristig vergeben werden kann. Aus kurz darf nie lang werden. Die Goldene Bankregel von 1854 ist zwar in Teilen heute überholt, aber bei den offenen Fonds traf sie voll ins Schwarze. Anleger wollten kurzfristig an Geld bei Immobilien mit bekanntlich langen Fristen. Das passt nicht.

Und noch etwas brachte die Geldanlage ins Wanken: Zum langfristig anlegenden Sparer kam plötzlich eine Horde kurzfristig operierender Großinvestoren wie Versicherungen und Pensionsfonds, die die offenen Immobilienfonds in der Zeit der Niedrigzinsen als lukrative Parkmöglichkeit entdeckt hatten und mit ihren Millionen und Milliarden zupackten. Wie im Parkhaus: kurz rein, schnell wieder raus. Die Fondsgesellschaften konnten gar nicht so schnell Immobilien an Land ziehen, wie sie mit Geld zugeschüttet wurden. Das war nicht gesund und widersprach der alten Fondsidee.

Man hat daraus gelernt: Der Gesetzgeber hat Mindesthaltezeiten eingeführt zum Schutz der Anleger. Sinnvoll. Ob damit aber die Idee der offenen Immobilienfonds gerettet werden kann, ist fraglich. Zu groß sind das Misstrauen und Erwachen gerade der Kleinanleger.

Was kann der tun, der noch drin ist und dessen Fonds nicht geschlossen ist? Rückgabe der Anteile oder Abwarten, denn auch die Immobilienmärkte sind starken konjunkturellen Schwankungen unterworfen. Wessen Fonds geschlossen wurde: auf das Angebot der Fondsverwaltung eingehen, die einen Teil der Gelder in mehreren Etappen zurückzahlt. Oder: eigene Anteile an der Hamburger Börse verkaufen, wo sich ein Zweitmarkt für diese Fonds gebildet hat. Allerdings sind die Abschläge gegenüber den ursprünglichen Preisen erheblich. Ich weiß, es ist nur ein kleiner Trost für die Betroffenen. Aus Fehlern lernt man mehr als aus Erfolgen.

Aktive oder passive Fonds?

Neben den aktiv von einem Fondsmanager verwalteten Aktien- und Rentenfonds gibt es noch passive Indexfonds oder indexnahe

Fonds. Sie bilden bestimmte Aktienindices oder einen Index festverzinslicher Wertpapiere in ihrem Portfolio ab. Der Wert entwickelt sich also zum Beispiel parallel zur Entwicklung des DAX. Das Fondsvermögen wird nur dann neu strukturiert, wenn sich die Zusammensetzung des Index ändert. Indexfonds, auch »Exchange Traded Funds« (ETF) genannt, werden wie Aktien direkt an der Börse fortlaufend gehandelt. Während der Anteilspreis eines Aktienfonds nur einmal täglich berechnet wird, erfolgt bei Indexfonds die Orderausführung und damit die Preisfindung sofort nach Eingang der Order.

Schon seit einigen Jahren boomt der Markt für Indexfonds, und auch 2010 haben sie Marktanteile gegenüber aktiv gemanagten Fonds gewonnen. Bis Juli 2010 zogen Anleger weltweit rund 221 Milliarden Dollar aus aktiv gemanagten Fonds ab und investierten gleichzeitig 81,6 Milliarden Dollar in Indexfonds.

Aber was ist denn nun besser: aktive oder passive Fonds? Das lässt sich pauschal nicht beantworten. Wenn man sich die Statistiken ansieht, kann man erkennen, dass in den vergangenen Jahren passive Fonds besser gelaufen sind als aktiv gemanagte. Doch das hat sich inzwischen geändert. Indexfonds sind auf jeden Fall billiger zu erwerben und zu halten als normale Investmentfonds. Die Verwaltungsgebühr beträgt bei Aktienindexfonds in der Regel nur zwischen 0,35 und 0,5 Prozent und bei Rentenindexfonds zwischen 0,15 und 0,25 Prozent pro Jahr. Auch die Transaktionskosten und die Differenz zwischen An- und Verkaufskurs sind geringer. Allerdings haben passive Aktien- oder Rentenfonds den Nachteil, dass sie immer zu 100 Prozent in ganz bestimmten Aktien beziehungsweise Rentenpapieren angelegt sein müssen. In Krisenzeiten, das heißt zum Beispiel bei kontinuierlich sinkenden Aktienkursen, kann ein aktiver Manager aus seinem Portfolio Aktien abstoßen und Geld in bar oder in anderen Wertpapieren anlegen, was in einem passiven Aktienfonds nicht möglich ist, weil dieser dann nicht mehr den Index genau abbilden würde.

Bei starken Schwankungen sollten Sie aktive Fonds wählen und in relativ ruhigen Zeiten passive Fonds. Aktiv verwaltete Fonds sollten Sie nur dann kaufen, wenn Sie dem verantwortlichen Fondsmanager zutrauen, mit seiner Auswahl besser als der entsprechende Index abzuschneiden. Da Sie wohl kaum die Möglichkeit haben, den Fondsmanager persönlich kennenzulernen, bleibt Ihnen nur, sich über das Rating des Fonds zu informieren.

Streuen Sie das Risiko! Erstens ist es heute bei den hochspezialisierten Fonds keineswegs so, dass das Risiko breit gestreut wird. Wer sein Geld zum Beispiel in den so beliebten Branchenfonds anlegt, kann viel verlieren. Wenn es nämlich mit der ganzen Branche abwärts geht, wie wir es zum Beispiel in 2000 mit der Telekommunikationsbranche und 2010 mit der Solarbranche erlebt haben. Bei Fonds gilt die gleiche Regel wie bei Aktien: Nicht das ganze Geld in einen einzigen Fonds stecken, sondern auch hier eine Streuung des Risikos vornehmen.

Strategischer Tipp für Fortgeschrittene: Beobachten Sie die Performance der Fondsmanager! Wie viel Rendite ein Fonds erwirtschaftet, hängt eben nicht nur von der Art des Fonds und von der allgemeinen Wirtschaftsentwicklung ab, sondern auch ganz wesentlich von der Qualität des Managements. Deshalb lautet die Investmentphilosophie des Sauren Fonds-Service in Köln, einem Anbieter von konservativ ausgerichteten Dachfonds, auch: »Wir investieren nicht in Fonds – wir investieren in Fondsmanager.« Die Firma beobachtet genau die Tätigkeit des Fondsmanagers, und wenn dieser von einer Fondsgesellschaft zur anderen wechselt, geht sie mit.

4.3 Spekulieren oder investieren: Aktien ohne Hype

»Wer Geld hat, kann spekulieren, und wer kein Geld hat, muss spekulieren.« Diese Börsenweisheit von André Kostolany stimmt auch heute noch. Wer allerdings Geld hat, kann sich entscheiden, ob er nur als Investor kleine Risiken oder als Spekulant große eingehen will.

Wer an der Börse spekulieren will, muss sich darüber im Klaren sein, dass die Gewinne des einen der Verzicht eines anderen sind. Ein Spekulant kann nur das gewinnen, worauf ein anderer verzichtet. Niemand verkauft eine steigende Aktie, wenn er erwartet, dass ihr Kurs noch erheblich weiter steigen wird, und niemand verkauft eine fallende Aktie, wenn er annimmt, dass sie sich bald wieder fängt. Wer also mit Aktien spekulieren will, erklärt gewissermaßen öffentlich, dass er Dumme sucht, auf deren Kosten er sich selbst mühelos bereichern kann. Doch da sich an der Börse fast jeder für besonders schlau hält, finden sich immer genügend Verlierer.

»Je größer die Gier, desto kleiner das Hirn.« Diesen Spruch schieben viele den Spekulanten zu, die als böse Macht die Geldwelt beherrschen und diese in den letzten Jahren mit aus den Angeln gehoben haben – von George Soros angefangen, für viele der Inbegriff des bösen Spekulanten, bis zu John Paulson, der mit seinen Geldattacken gegen den Euro Milliarden abgezockt hat. Schimpf und Schande über die Ausbeuter und Zerstörer des Kapitalismus? Nein, schön langsam!

»Speculari« (lateinisch) heißt: voraussehen, spähen in die Zukunft. Sind wir nicht auch alle irgendwie Spekulanten? Zum Beispiel jener, der sich Optionsscheine an der Börse kauft und darauf wettet (sprich spekuliert), dass er dafür 100 Euro als Gewinn erhält, wenn Mainz 05 oder Bayer Leverkusen zum Beispiel deutscher Fußballmeister wird; dabei hat er diesen Optionsschein nur für wenige Euro gekauft. Ein völlig normales, legales und auch beliebtes Spielchen an der Börse, eine Spekulation eben.

Sie ist an sich nichts Schlechtes, an den Finanzmärkten sogar heißbegehrt, denn nur mit Geld läuft das Börsengeschäft. Ein guter Börsenspekulant wägt aber immer sorgfältig ab, späht immer in die Zukunft, schichtet bei neuen Informationen in ein anderes Produkt um, wenn er ein günstigeres Verhältnis zwischen Chance und Risiko sieht – und ist dabei höchst diszipliniert. Nichts anderes haben die getan, die als Erste die riesigen Finanzprobleme in Griechenland und anderen EU-Südstaaten erkannt hatten – und ganz schnell ihr Geld aus dem Euro abzogen, es umschichteten, in den Schweizer Franken etwa, den brasilianischen Real oder auch den US-Dollar. Was für ein Gezeter: Die bösen Spekulanten würden den Euro ruinieren, seinen Tod einläuten. Sie kennen die Schlagzeilen.

Nein, Spekulanten sind nur die Überbringer schlechter Nachrichten, legen mit ihren Geldgeschäften (raus aus dem Euro, rein in den Dollar) den Finger in vorhandene Wunden, die die Politik bis dahin nicht gesehen hat oder nicht sehen wollte. Es war lange bekannt, dass die Griechen bei ihren Pflichtmeldungen nach Brüssel, also wichtigen Zahlen über Wirtschaftswachstum, Arbeitsmarkt, Haushaltslage oder Schulden, entscheidende Rubriken nicht ausfüllten, so dass die Brüsseler Bürokraten kleine Sternchen dranmalten. Im Kleingedruckten hieß das: Aktuelle Zahlen werden von Athen nicht gemeldet. Das hätte die EU-Politik stutzig machen müssen. Doch nichts passierte, bis die Finanzspekulation zuschlug, der Euro ins Wanken geriet und Europa endlich die Augen öffnete.

Nein, Spekulation ist nichts Unanständiges oder Anrüchiges. Sogar die berüchtigten Leerverkäufe an der Börse nicht. Der Fall liegt vor, wenn ein Anleger fallende Kurse bei einer Aktie vermutet, diese Papiere aber nicht in seinem Depot hat. Dann leiht er sie sich bei einer Bank oder Versicherung gegen eine Gebühr aus und spekuliert damit. Das heißt, er verkauft die Aktien und kauft sie, wenn seine Rechnung aufgeht, nach einigen Wochen preiswerter wieder ein, gibt sie der Bank oder Versicherung wieder zurück und steckt die Differenz zwischen Verkaufspreis und Wiederbeschaffungskurs als Gewinn ein. Lauter Protest, als solche Fälle bei VW/Porsche oder beim Euro Schlagzeilen machten. Die Börsianer sehen das anders: Jede Form von Pessimismus sei wichtig, sagen sie, müsse in den Kursen eingepreist sein. Nur so könne die Börse ein relativ realistisches Bild der Lage widerspiegeln.

Nur wenn die normale Spekulation in Fieber, die Disziplin des Spekulanten und sein Abwägen in blanke Gier umschlagen, nur wenn der Botschafter der schlechten Nachricht nur noch Glücksritter ist und mit seinem Geld auf Vernichtung eines Unternehmens oder eines Staates aus ist, dann wird aus gutem Geld etwas Schlechtes. Auch das ist passiert, etwa Anfang der Neunzigerjahre, als George Soros mit seinen Milliarden die britische Währung in die Knie zwang und den Austritt Londons aus dem damaligen europäischen Wechselkursverbund erreichte. Ein einzelner Mann mit seinem dicken Haufen Geld riss einen ganzen Staat in die Krise. Unglaublich, aber wahr.

Was den Zocker vom Spekulanten unterscheidet

André Kostolany unterschied bei Spekulanten zwischen Zocker und echtem Spekulanten. Ein Spekulant ist nach seiner Definition bereit, ein Risiko einzugehen, aber er hat auch belegbare Erwartungen für eine Gewinnentwicklung in einem überschaubaren Zeitraum. Ein Zocker dagegen möchte nur schnellen Gewinn machen, innerhalb eines Tages oder maximal in einigen Wochen. Er vernachlässigt entweder das mit seinem Handeln verbundene Risiko, oder er leitet sogar allein daraus die Gewinnerwartung ab. Zocker denken und handeln kurzfristig, ohne alle möglichen Entwicklungen ins Kalkül zu ziehen. Ein Zocker handle also nur emotional, ein Spekulant dagegen eher intellektuell, so der Börsen-Altmeister. Ein Zocker lässt sich von Stimmungen der Masse mitreißen und tut das, was die anderen auch tun. Dagegen hat ein Spekulant eigene Vorstellungen, die er mit Argumenten untermauern kann und nach denen er vorgeht.

Ein typischer Anfängerfehler von Investoren ist es, mit einem geringen Einsatz ins Aktiengeschäft einzusteigen, aber gleichzeitig hohe Gewinne zu erwarten. Also sucht sich der Anfänger gern riskante Aktien aus, wird bei einem Kursrückgang nervös und verkauft schnell wieder – meist mit Verlust. Dann redet er sich ein: »Eine Anlage in Aktien – ach, das ist doch nichts für mich«, und hält sich in Zukunft von der Börse fern. Völlig falsch. Wer schwimmen lernen will, stürzt sich schließlich auch nicht kopfüber von einer Klippe in die raue See, sondern fängt im Nichtschwimmerbecken an. Wer zum ersten Mal in Aktien investiert, muss Unternehmen mit einem geringen Risiko wählen. Riskantere Anlagen sind was für Leute mit mehr Börsenerfahrung.

Grundsätzlich gilt: Das Entscheidende für die Verzinsung des eingesetzten Kapitals ist die Dividende, nicht der Kursgewinn. Gute Unternehmen achten auf eine Dividendenkontinuität. Zu viele Anleger unterschätzen die Rolle der Dividende einer Aktie – aber beim Tagesgeld fragen sie immer zuerst nach dem Zinssatz. Um das Risiko zu streuen, sollte man seinen Anlagebetrag auf verschiedene Aktien verteilen. Und um sich vor konjunkturellen Risiken zu schützen, ist es gut, wenn diese Aktien auch aus unterschiedlichen Branchen stammen.

In der Anlagetheorie unterscheidet man zwischen dem Value- und dem Growth-Ansatz. »Value« steht für werthaltige Unternehmen, die gegenwärtig unterbewertet sind. Bei »Growth« steht eher die Wachstumsdynamik einer Branche im Blickpunkt. In der Praxis ist es allerdings schwierig, bestimmte Aktien dauerhaft einer dieser beiden Kategorien zuzuordnen, denn die Einordnung beruht immer auf den aktuellen Zukunftserwartungen. Wer also eine dieser Strategien konsequent verfolgen will, wird sein Depot immer wieder umschichten müssen.

Gut sind sogenannte defensive Werte, die langfristig eigentlich nur steigen. Dahinter stehen Unternehmen mit Produkten, die immer gebraucht werden, unabhängig von der Konjunkturlage, zum Beispiel Lebensmittel- oder Pharmaaktien, oder Versorgeraktien (Strom, Wasser, Gas). Auch nach Ländern sollten Sie Ihr Aktiendepot diversifizieren, um das Risiko zu minimieren. Vor allem in den USA gibt es die erfolgreichsten Konzerne der Welt.

Überlegen Sie sich genau, ob Sie zyklische Aktien kaufen wollen, die immer im Kurs schwanken. Das sind Aktien von Unternehmen, die stark von der Konjunkturentwicklung abhängig sind. Das Paradebeispiel dafür sind Technologie- und Automobilaktien. In schlechteren Konjunkturphasen kaufen weniger Leute neue Autos, und die schlechtere Verkaufssituation der Unternehmen wirkt sich sofort auf den Aktienkurs aus. Neben der Automobilindustrie gehören die Baubranche, der Stahlsektor und der Maschinenbau zu den zyklischen Branchen. Zyklische Aktien als Investition sind entweder etwas für Daueranleger, die sich ihr Leben lang nicht von ihren Aktien trennen wollen, oder für Aktionäre, die auf eine Trendwende auch mehrere Jahre warten können. Bei größeren Kursausschlägen nach unten darf man dann nicht unüberlegt seine Aktien verkaufen. Mitunter ein Geduldsspiel.

Wer in einem Konjunkturtief nach starken Kursverlusten zyklische Aktien spekulativ kauft, kann durchaus gute Gewinne machen, wenn er rechtzeitig bei einem Konjunkturhoch wieder aussteigt. Voraussetzung für den Einstieg bei zyklischen Aktien ist allerdings, dass man sich für erstklassige Unternehmen, am besten für die Branchenführer, entscheidet. Denn nur dann kann man relativ sicher sein, dass die Kurse nach einem Abschwung auch wieder steigen.

Ebenso sollte man nicht nur auf Nebenwerte setzen. Der Hauptunterschied zwischen Nebenwerten und Standardwerten besteht im täglichen Börsenumsatz. Und wenn kaum oder wenig von einer Nebenwertaktie umgesetzt wird, können Kauf- oder Verkaufaufträge den Kurs sofort bewegen. Bei Standardwerten dagegen kann man Aufträge bis zu 50 000 Euro problemlos an jedem Börsentag abwickeln, ohne den Kurs der Aktie damit zu beeinflussen. Nur bei Standardaktien ist gewährleistet, dass man selbst durch seine Käufe und Verkäufe nicht den Kurs nach oben oder unten beeinflussen kann. Dennoch: Tolle Geschäftsmodelle, tolle Ideen und damit Riesenchancen für die Entwicklung stecken in den Unternehmen, die als Nebenwerte gelten und zum Beispiel im MDAX gelistet sind. Die Börsenkurse schwanken möglicherweise stark, aber Nebenwerte sind definitiv gefragt. Der Mittelstand steht hoch im Kurs. Also, nicht nur auf die erste Liga der Unternehmen starren – entdecken Sie auch die Hidden Champions für sich.

Viele Kleinaktionäre tendieren dazu, einheimische Aktien zu kaufen, weil sie das Risiko dort als geringer einschätzen und sich sicherer fühlen. Das muss nicht sein. Es gibt eine ganze Reihe ausländischer Blue Chips, auf die Sie unbedenklich setzen können. Es sind die Marktführer in ihren Segmenten. Wer nur auf zu Hause setzt, kriegt weniger Rendite.

Wertentwicklung verschiedener Fondsgruppen
Angaben in Prozent pro Jahr

Aktienfonds	1 Jahr	3 Jahre	5 Jahre	10 Jahre
Deutschland	16,6	–8,2	3,1	–1,5
Europa	13,5	–11,4	–0,9	–4,2
International	14,4	–8,1	–0,3	–3,9
Osteuropa	37,4	–8,6	6,6	10,6
Emerging Markets	25,2	–4,8	10,4	4,0

Wer nur auf einheimische Werte setzt, hat vielleicht das Nachsehen (Quelle: BVI, 2010)

Nur für Börsenzocker geeignet

Börsenzocker setzen gern auf Turnaround-Aktien. Das sind Aktien von Unternehmen, die eigentlich kurz vor der Pleite stehen. Der Reiz: Die Aktien kann man spottbillig einkaufen, und wenn das Unternehmen dann doch den Turnaround schafft, sich also doch wieder erholt, sind die Gewinnchancen entsprechend hoch. Wenn nicht: Totalverlust des eingesetzten Geldes. Deshalb, Finger weg von Turnaround-Kandidaten, wenn man nicht bereit oder in der Lage ist, den Totalverlust zu ertragen. Bei Turnaround-Aktien droht außerdem ein Kapitalschnitt. Das bedeutet, das Unternehmen meldet einen teilweisen Verlust des Grundkapitals. Die Folge für den Aktionär: Er verliert einen Teil seiner Aktien. So wurden zum Beispiel 1993 aus hundert Gildemeister-Aktien vierzig oder 1995 aus hundert KHD-Aktien fünfzig. Meist verliert man bei einem Kapitalschnitt nicht nur einen Teil der Aktien, zu allem Überfluss dümpelt der Rest dann auf niedrigem Kursniveau vor sich hin. Das ist wirklich nur was für sehr risikofreudige Zocker. Otto Kleinanleger sollte besser einen Bogen um diese Aktien machen.

Auch von Pseudo-Wachstumswerten sollten Sie die Finger lassen. Hinter dem Begriff »Wachstumswert« verbergen sich nämlich meist junge Aktien. Die Bezeichnung soll den Anleger beruhigen – hat nichts mit den klassischen Wachstumswerten zu tun. In Wirklichkeit müsste es tatsächlich heißen: Risikowert. Aber wie viele Kleinanleger würden dann diese Aktien kaufen? Sie stammen meist von Unternehmen, die erst noch groß werden wollen, bei denen aber keineswegs sicher ist, dass sich das erwartete Wachstum auch tatsächlich einstellt. Diese Unternehmen sind vornehmlich an die Börse gegangen, um Geld für weiteres Wachstum zu erhalten. Viele davon schreiben noch nicht einmal schwarze Zahlen, und oft genug haben sich die Wachstumsprognosen als unerreichbar herausgestellt.

Penny-Stocks sind auch nur etwas für Börsenzocker. Die meisten Penny-Stocks gibt es in Kanada und Australien, und da in erster Linie in der Rohstoff-, Öl- und Goldbranche. Sie heißen Pfennig-Aktien, weil sie häufig nicht mehr als einen Dollar kosten. Auch die im amerikanischen Freiverkehr gehandelten Aktien werden als Penny-Stocks bezeichnet. Dabei handelt es sich meist um Minibetriebe mit wenigen Mitarbeitern oder teilweise nur um Briefkastenfirmen. Das Risiko bei den Mini-Aktiengesellschaften ist groß. Nur sehr, sehr wenigen Unternehmen gelingt der Durchbruch. Ein Musterbeispiel: Apple. Das Unternehmen schaffte den Aufstieg vom Freiverkehrsmarkt zum Weltkonzern.

Geld verdienen mit Penny-Stocks ist meist nur für Börsenmakler realistisch, die Freiverkehrsaktien, die sie vorher billig eingekauft haben, mit viel Werbeaufwand gutgläubigen Privatanlegern andrehen. In Folge dieser Verkäufe steigt der Kurs natürlich an, doch dann folgt in der Regel kurz darauf ein tiefer Absturz, weil das Unternehmen die Erwartungen nicht erfüllen konnte und immer mehr Anleger wieder verkaufen.

Was beeinflusst die Aktienkurse?

»Kaufen Sie Aktien, nehmen Sie Schlaftabletten und schauen Sie die Papiere nicht mehr an. Nach vielen Jahren werden Sie sehen: Sie sind reich.« Dieser Tipp von André Kostolany hätte in den vergangenen zehn Jahren keinen Erfolg gebracht. Denn wir haben erstmals in einem Jahrzehnt zwei Finanzkrisen gehabt, und da kann man nicht seelenruhig schlafen, sondern muss reagieren.

Grundsätzlich wird der Aktienkurs – genau wie auf jedem anderen Markt – durch Angebot und Nachfrage geregelt, doch es gibt noch eine Vielzahl weiterer Bestimmungsfaktoren. Die Börsenkurse sind immer ein Abbild der zukünftigen Erwartungen. Es geht nicht darum, ob es einem Unternehmen aktuell gutgeht, sondern um die Erwartung, dass es ihm in Zukunft noch besser gehen wird. Aus allen verfügbaren wirtschaftlichen Nachrichten, Stimmungen und Gerüchten werden Schlüsse auf die zukünftigen Unternehmensentwicklungen gezogen – und daraus resultieren Aktienverkäufe oder -käufe.

Auf der Hauptversammlung eines bekannten DAX-Konzerns verkündete der Vorstand ein rigoroses Sparprogramm. Zehn Punkte, darunter auch eine Personalanpassung. Klartext: in Zukunft deutlich weniger Beschäftigte. Und das bei einem Konzern, der in seiner langen Tradition immer auf den Familiencharakter Wert legte (»Wir sind eine Familie«). Ich fragte eine Aktionärin mittleren Alters, was sie denn davon halte. Das sei ja doch ein radikaler Bruch mit der bisherigen Tradition. Ein Personalabbau in diesem Ausmaß sei ja einmalig. »Mir doch egal«, erwiderte die

Brünette ganz kühl: »Hauptsache, der Kurs steigt, Herr Lehmann, und ich bekomme für meine Aktien deutlich mehr Geld.«

Die Zinsentwicklung ist einer der wichtigsten Einflussfaktoren auf die Aktienkurse. Sinken die Zinsen, steigen die Kurse. Steigen die Zinsen, fallen die Kurse. Warum? Bei sinkenden Zinsen werden Kredite für die Unternehmen billiger. Die Firma kann wegen der verbesserten Konditionen investieren, modernisieren und erweitern. Das wiederum könnte sich in Zukunft positiv auf die Gewinne des Unternehmens auswirken. Also werden mehr Aktien gekauft, die Kurse steigen. Bei steigenden Zinsen dagegen tendieren die Anleger dazu, ihre Aktien zu verkaufen und stattdessen festverzinsliche Anleihen zu erwerben, die im Vergleich attraktiver erscheinen. Diese Verkäufe drücken dann die Aktienkurse.

Wenn der Dollarkurs steigt (der Euro also schwächer wird), werden deutsche Waren außerhalb der Euro-Zone günstiger. Ein Käufer in den USA etwa muss dann weniger Dollar für ein deutsches Produkt hinblättern. So wird der Export über den schwachen Euro angekurbelt. In der Regel steigen damit auch die Gewinne der Unternehmen. Das wiederum schmiert deren Aktienkurse. So geschehen 2009 und 2010. Der DAX, die erste Bundesliga der Aktien, in Feierlaune.

Keine Volkswirtschaft hat seit Jahren auf die Weltwirtschaft einen so großen Einfluss wie die der USA. Doch das kann sich in Zukunft auch ändern. Wie heißt es noch immer so schön: Wenn der Chef der US-Notenbank hüstelt, bekommt die Welt einen Schnupfen. Und wenn ein großer amerikanischer Computerhersteller seine Gewinnprognose nach unten revidiert, zieht er nicht nur die Börsen in den USA, sondern weltweit nach unten. Da das ganze Börsengeschehen inzwischen im 24-Stunden-Rhythmus abläuft und New York der Taktgeber ist, bekommen wir nach Tokio immer genau einen Tag später die Rechnung für das präsentiert, was dort passiert ist – ohne selbst auf die Ereignisse Einfluss nehmen zu können. Agieren wird durch Reagieren ersetzt.

Aber außer den vielfältigen Einflüssen der großen internationalen Finanzmärkte sind die Börsen auch vielen anderen individuellen Einflüssen ausgesetzt: Marktführer bestimmen die

Preise ganzer Börsensegmente. Wenn ein großer Pharmakonzern positive Neuigkeiten meldet, steigt nicht nur der Kurs der eigenen Aktie, sondern auch der der Gesellschaften der gesamten Branche. Meist läuft es nach dem Motto: kleine Ursache, große Wirkung.

Was passiert, wenn …?

Was passiert, wenn eine Aktiengesellschaft einen Zukauf meldet? In der Regel ist ein Zukauf eine gute Sache, die das Unternehmen voranbringt, und meist wirkt sich eine solche Meldung auch sofort positiv auf den Aktienkurs aus. Ausnahme: Wenn die Börsianer meinen, dass der Kaufpreis zu hoch ist und der Käufer womöglich sogar Probleme mit der Finanzierung hat, wird sich eine solche Mitteilung eher negativ auswirken.

Was passiert, wenn eine Aktiengesellschaft ein Übernahmeangebot erhalten hat? Kann man nicht pauschal beantworten. Es kommt darauf an, wie die Börsianer das bewerten. Wenn das Unternehmen einen starken Partner gefunden hat, der zur Weiterentwicklung des Unternehmens beiträgt, wirkt sich ein Übernahmeangebot positiv aus. Wenn die Öffentlichkeit der Ansicht ist, dass das Unternehmen zerschlagen und »ausgeschlachtet« werden soll: negativ.

Was passiert, wenn eine Aktiengesellschaft Großaufträge meldet? Großaufträge sind eigentlich eine gute Sache. Die Nachricht wird in der Regel auch positiv auf den Aktienkurs wirken. Doch Vorsicht! Manchmal haben Unternehmen auch Aufträge gemeldet, die noch gar nicht in trockenen Tüchern waren. Da folgte auf den beabsichtigten Kursanstieg schnell ein größerer Kursverlust.

Was passiert, wenn eine Aktiengesellschaft Verluste macht? Entscheidend sind nicht die aktuellen Verluste, sondern die Erwartungen, ob das Unternehmen sich wieder fangen kann oder nicht. Ist das Management dazu in der Lage, das Unternehmen wieder auf Erfolgskurs zu bringen? Wurden erfolgversprechende Maßnahmen eingeleitet, um die Verluste in naher Zukunft zu eliminieren? Will man sich eventuell von verlustbringenden Teilen trennen? Versuchen Sie selbst einzuschätzen, ob dies nur ein einmaliger Ausrutscher ist oder der Anfang vom Ende.

Was passiert, wenn eine Aktiengesellschaft die Dividende erhöht? Man beteiligt die Aktionäre an gestiegenen Gewinnen. Gut so!

Was passiert, wenn eine Aktiengesellschaft die Dividende senkt? Kein börsennotiertes Unternehmen wird freiwillig die Dividende senken. Das macht immer einen schlechten Eindruck. Versuchen Sie herauszufinden, warum diese Dividendensenkung erfolgt. Werden weniger Gewinne ausgeschüttet, weil das Geld für größere Investitionen gebraucht wird (eher gut), oder fehlen die Gewinne (eher schlecht)?

Was passiert, wenn eine Aktiengesellschaft eine Kapitalerhöhung ankündigt? Bisherige Aktionäre können über Bezugsrechte die neuen Aktien günstig kaufen. Allerdings erhöht sich die Gesamtzahl der Aktien. Man spricht von einer »Verwässerung« des Kurses.

Was passiert, wenn eine Aktiengesellschaft einen Kapitalschnitt durchführen muss? Eine Kapitalherabsetzung muss sein, wenn ein Unternehmen den Großeil seines Eigenkapitals verloren hat und die Insolvenz zu vermeiden sucht. Die Aktionäre verlieren einen Teil ihrer Aktien, je nach dem Verhältnis des Kapitalschnitts. So bleiben dem Aktionär von vorher hundert Aktien vielleicht nur noch vierzig oder fünfzig.

Welche Informationen sind wirklich wichtig?

Die Börsen reagieren mit heftigen Ausschlägen auch auf kleinste Gerüchte. Das liegt unter anderem daran, dass immer mehr Informationen immer mehr Menschen zur Verfügung stehen und diese sich veranlasst sehen, immer schneller darauf zu reagieren. Die Zeiten, als Kostolany noch während des Frühstücks die Tageszeitungen studieren konnte, um anhand der dort abgedruckten Meldungen seine Investitionsentscheidungen für den Tag zu treffen, sind lange vorbei. Zeitungen haben für denjenigen, der sich aktiv an der Börse betätigt, eigentlich nur noch Unterhaltungswert. Selbst das Internet ist noch lahm gegenüber den Börsentickern der großen Wirtschaftsnachrichtenagenturen. Die kann und will sich ein Privatmann nicht leisten. Für die Profis in den Banken sind sie eine notwendige Selbstverständlichkeit. Und so kommt es, dass die wirklich wichtigen Informationen den Profis immer noch einen Vorsprung bringen. Dieser liegt zwar manchmal nicht einmal mehr im Minutenbereich, aber wenn man fix ist, reichen auch Sekunden, um Verluste zu vermeiden – und Gewinne zu realisieren.

Aber es geht bei Informationen nicht nur darum, sie zum richtigen Zeitpunkt zu erhalten. Informationen gibt es wie Sand am Meer. Die Frage ist, welche Informationen sind die wirklich wichtigen? Es gibt inzwischen eine große Anzahl von Zeitschriften, Newslettern und Internetplattformen, die angeblich börsenrelevante Informationen anbieten. Doch tatsächlich ist es so, dass viele Informationsdienste, ob in gedruckter Form, als E-Mail oder im Internet, nur einem einzigen Zweck dienen: am Privatanleger Geld zu verdienen. Manchmal durch gesalzene Abonnementpreise, manchmal durch konkrete Finanzdienstleistungen, die der Informationsgeber anbietet. Die Masche ist dann immer dieselbe: Man versucht den interessierten Kleinaktionär an sich zu binden, ihn durch ständige, vermeintlich heiße Tipps zum Kauf und Verkauf zu animieren. Der Effekt: Der gutgläubige Anleger, der diesen Tipps folgt, erzielt in den wenigsten Fällen die in Aussicht gestellten Renditen, garantiert ist aber eine hohe Gebührenrechnung wegen des häufigen Kaufs und Verkaufs der Wertpapiere.

Wenn jemand behauptet, er habe Insiderinformationen und -tipps für Sie, können Sie gleich weghören. Entweder lügt der Tippgeber, oder er macht sich strafbar, wenn er tatsächlich Insider ist. Die Ad-hoc-Regelung im Zweiten Finanzmarktförderungsgesetz von 1995 besagt, dass börsennotierte Unternehmen wichtige Nachrichten, die den Börsenkurs erheblich beeinflussen könnten, unverzüglich veröffentlichen müssen, und zwar in einem Börsenpflichtblatt oder über elektronische Informationssysteme. Diese Bestimmung soll ausschließen, dass kursrelevante Nachrichten nur Insidern bekannt sind, die diese zu ihrem Vorteil nutzen könnten.

Informieren Sie sich selbst über das Unternehmen, dessen Aktie Sie kaufen wollen. Besorgen Sie sich Geschäftsberichte und andere Unternehmensveröffentlichungen und lesen Sie Artikel in seriösen Wirtschaftszeitungen und Magazinen. Sammeln Sie Informationen und bilden Sie sich darauf aufbauend eine fundierte Meinung: Wie schätzen Sie die zukünftige Entwicklung dieses Unternehmens oder der Branche ein? Hier ein paar Fragen, die Sie bei der Lektüre im Hinterkopf behalten sollten.

Unternehmensstrategie: Wie positioniert sich das Unternehmen strategisch? Ist eine einheitliche Linie festzustellen oder wurden die Strategien in der Vergangenheit geändert? Wurden die bisher veröffentlichten Planzahlen eingehalten oder dienten sie nur dazu, zum Aktienkauf anzuregen? Ist die Geschäftsstrategie langfristig angelegt oder versucht man mit kurzfristigen Erfolgen den Börsenkurs nach oben zu bringen? Welche Wachstumsstrategien verfolgt das Unternehmen? Wurde Wachstum durch Akquisitionen realisiert oder sind Akquisitionen geplant? Denken Sie daran: Nicht jede Akquisition ist automatisch positiv zu bewerten, und Wachstum durch Akquisitionen allein ist nicht gesund.

Marktpotential: In welchem Markt ist das Unternehmen tätig? Welche Marktposition hat es? Welches sind die Wettbewerber und wie sind diese positioniert? Wie wird sich der Markt weiterentwickeln? Stimmen die vom Unternehmen vorgelegten Zahlen zur Marktentwicklung? Ist das vom Unternehmen genannte Wachstumspotential realistisch?

Basistechnologien und Innovationen: Besitzt das Unternehmen Basistechnologien in Form von Patenten? Hat das Unternehmen echte Innovationen auf den Markt gebracht? Sind viele Produkte älter als fünf Jahre? Werden die Produkte ständig verbessert?

Markenwert: Besitzt das Unternehmen starke Marken? Wird die Marke so gepflegt und kommuniziert, dass ihr Wert erhalten bleibt oder steigt?

Glaubwürdigkeit: Wie stellt sich das Unternehmen in der Öffentlichkeit dar? Kommuniziert es offen und glaubwürdig oder werden nur verschönte Jubelmeldungen herausgegeben? Werden Fehler zugegeben oder eher vertuscht?

Wie Sie mit Fehlern richtig umgehen

Grundsätzlich neigen die meisten Aktionäre dazu, Gewinne sich selbst und ihrem eigenen Können zuzuschreiben, bei Verlusten aber andere Schuldige zu suchen. Der falsche Impuls ist es, wenn man einen alten Fehler durch einen neuen korrigieren will. Manche Fehler korrigieren sich übrigens am Markt sogar von selbst. Überlegen Sie also, worauf der Missgriff beruht, den Sie erkannt zu haben glauben.

Ein großes Manko ist mangelnde Geduld, das heißt, Gewinnbringer werden zu früh verkauft. Auf der anderen Seite bleiben Verlustträger viel zu lange im Depot. Dies belegen verschiedene Untersuchungen. Wieso verhält sich der Aktionär so? Zunächst halten viele Menschen grundsätzlich an getroffenen Entscheidungen fest – selbst wenn sich schon längst herausgestellt hat, dass sie totaler Unfug waren. Dann kommt einem noch der hohe Anschaffungspreis in den Sinn: Man müsste schließlich einen Verlust hinnehmen, würde man die Aktie tatsächlich abstoßen. Oder man hofft inständig, dass die Aktie doch noch eine Chance haben könnte. Irgendwann wird sie ganz sicher wieder im Wert steigen. Ganz sicher, versucht man sich einzureden.

Das ist der falsche Weg. Wenn sich eine Aktie als Fehlkauf erwiesen hat, muss man auch den Mut haben, sich davon zu trennen. Arbeiten Sie mit Stop-Loss-Orders (Verlust-Stopper): Hier wird von vornherein festgelegt, bei welchem Kurs die Aktie automatisch wieder abgestoßen werden soll. Das schützt vor unerwarteten Verlusten. Ihr Preis liegt 5 bis 10 Prozent unter dem aktuellen Kurs.

Viele Roulette-Spieler handeln nach der Regel: Wenn man einen Verlust bei einer einfachen Chance erlitten hat, muss man in der nächsten Runde die Einsätze verdoppeln. Wenn man diese Strategie verfolgt und ausreichend Geld hat, kann es durchaus vorkommen, dass man die Verluste durch Gewinne kompensieren kann. Das hängt aber sehr vom Glück ab. So denken auch manche Aktionäre: Einsatz verdoppeln, wird schon gutgehen. Funktioniert an der Börse aber leider nicht. Überlegen Sie, welchen Fehler Sie gemacht haben und wie es zu dem Verlust gekommen ist. Versuchen Sie daraus zu lernen. Eine Möglichkeit, das Risiko für Verluste zu minimieren: Strukturieren Sie Ihr Depot so, dass sie einen Mix aus riskanten und weniger riskanten Aktien haben. So ist es bis zu einem gewissen Grad möglich, die Verluste bei einer Aktie durch Gewinne bei anderen Aktien zu kompensieren. Bei ausschließlich riskanten Aktien im Portfolio ist das kaum möglich.

Zehn goldene Regeln für Anleger

Während der aktuellen Finanzmarktkrise in den Jahren von 2008 bis 2010 haben sich die Privatanleger am Aktienmarkt ziemlich vernünftig verhalten. Im Gegensatz zu den institutionellen Anlegern sind die Privatanleger antizyklisch vorgegangen: Sie haben fallende Börsenkurse zu Aktienkäufen genutzt und bei Kurssteigerungen Aktien verkauft, ergab eine bisher einzigartige Studie der Deutschen WertpapierService Bank AG. Die Transaktionsbank hat zwischen August 2008 und April 2010 mehr als 3,5 Millionen Aktiengeschäfte von Privatanlegern ausgewertet. Die Orders kamen sowohl über Sparkassen, Volks- und Raiffeisenbanken als auch über Privatbanken und betrafen alle wichtigen Börsenindizes.

Die deutschen Privatanleger sind also nicht der beliebten Börsenweisheit gefolgt »The trend is your friend«, sondern verhielten sich konträr zur jeweiligen Entwicklung des DAX. Offensichtlich informieren sich inzwischen viele Privatanleger über die Entwicklungen an der deutschen Börse intensiv und zeitnah, so ein weiteres Ergebnis dieser Studie.

Erfolg am Aktienmarkt ist sicher nicht das Ergebnis von wilder Spekulationslust oder dem Befolgen oder Ignorieren irgendwelcher Börsenweisheiten. Ich möchte Ihnen deshalb ein paar goldene Regeln fürs Spekulieren und Investieren ans Herz legen.

Aktien sind kein Sparbuch. Als Instrument der Kapitalanlage eignen sich Aktien grundsätzlich nur für Leute mit einem möglichst sechsstelligen Geldvermögen. Wer nur wenig Geld besitzt und dennoch Aktien kauft, läuft Gefahr, dass er genau dann Bargeld braucht, wenn die Kurse im Keller sind. Bei den heutigen Verhältnissen auf dem Arbeitsmarkt ist eine größere Liquiditätsreserve als früher erforderlich, um die Risiken – etwa eines Verdienstausfalles – abzudecken. Und die sollte man nicht mit Aktien aufs Spiel setzen.

Wer konsumieren will, sollte auf Aktien verzichten. Auf Aktien verzichten sollten Sparer, die ihr Geld in naher Zukunft für größere Anschaffungen benötigen, oder Arbeitnehmer, die kurz vor der Rente stehen und von ihrem angesparten Vermögen leben wollen.

Nicht alle Eier in einen Korb legen. Keinesfalls sollte man sich bei Aktienkäufen auf eine Branche oder einen Bereich fixieren. Das Klumpenrisiko ist zu hoch. Immer schön mischen! Ein gut gemischtes Depot kommt mit zehn bis zwölf Einzelwerten aus, bei mehr Aktien verliert man leicht den Überblick.

Kontrolliert kaufen und verkaufen. Kauf- und Verkaufsaufträge für Aktien sollte man nie ohne Limit erteilen. Das kostet unter Umständen ein paar Euro Spesen, lohnt sich aber in jedem Fall, weil die Bank den Auftrag zum festgesetzten Kurs ausführen muss. Beim Kauf sollte das Limit etwa 10 Prozent unter, beim Verkauf über dem aktuellen Tageskurs liegen. Bei Aktien, die besonders starken Kursschwankungen unterliegen, kann die Differenz sogar noch größer sein. Wegen der Kauf- und Verkaufsspesen lohnen sich für Kunden von Geschäftsbanken Einzelaufträge erst ab einem Volumen von etwa 25 000 Euro, für Kunden von Direktbanken und Discountbrokern ab etwa 10 000 Euro.

Den richtigen Zeitpunkt finden. Aktien kauft man, wenn sie billig sind, und verkauft man, wenn sie teuer sind. Leichter gesagt als getan, denn einen absoluten Maßstab für die Preiswürdigkeit einer Aktie gibt es nicht. Anhaltspunkte liefern die langfristige Preisentwicklung und das Kurs-Gewinn-Verhältnis (KGV). Freilich ist ein optisch niedriges KGV auch nicht immer gleichbedeutend mit einem günstigen Kurs, denn die Börse bewertet die einzelnen Wirtschaftsbranchen höchst unterschiedlich. So kann ein Maschinenbauunternehmen mit einem KGV von 9 zu 1 schon recht teuer sein, während eine Pharmafirma mit 20 zu 1 noch günstig bewertet erscheint.

Drei wichtige Buchstaben: KGV

Wann ist eine Aktie preiswert, wann nicht? Ist ein Kurs von 98 Euro »mehr wert« als 6,50 Euro? Was soll die Frage, werden Sie sagen, die Sache ist doch glasklar: 98 ist höher als 6,50. Höher ja, aber ob der Preis auch den »inneren Wert« eines Unternehmens widerspiegelt, ist eine völlig andere Geschichte. Jetzt sind wir bei beim Thema Bewertungen von Firmen und Kennzahlen, die ein Aktionär kennen sollte, wenn er sich fragt: kaufen, verkaufen oder halten?

Eine der wichtigsten Kennzahlen nennt sich Kurs-Gewinn-Verhältnis, kurz KGV. Dahinter verbirgt sich folgende Fragestellung: Wie viele Jahresgewinne des Unternehmens X stecken in dem Kurs der Aktie? Dazu dividiert man den aktuellen Kurs durch den Jahresgewinn je Aktie, entweder den heutigen, meist aber den erwarteten. Je höher das KGV, umso höher bewertet die Börse Unternehmen X – und umgekehrt.

Ab welchem KGV eine Aktie teuer oder günstig ist, ist schwer zu sagen. Es gibt zwar die Faustregel: KGV-Werte zwischen 10 und 12 signalisieren, dass die Firma nicht zu teuer, aber auch nicht zu günstig bewertet wird. Aber das KGV sollte immer mit einer Vergleichsgruppe innerhalb einer Branche (zum Beispiel Finanzwerte, Autotitel) und dem historischen Durchschnitt verglichen werden. Liegt das KGV unter dem von vergleichbaren Unternehmen, gilt das Papier als unterbewertet. Ein niedriges KGV könnte aber bedeuten: Hoppla, da wird der zu erwartende Gewinn zu hoch eingeschätzt. Aus welchen Gründen auch immer.

Deshalb: Das KGV ist eine von vielen Bewertungsmesslatten. Auch die Dividendenrendite, das heißt die Verzinsung des eingesetzten Kapitals, informiert den Anleger, ob er mehr oder weniger im Vergleich zu den am Kapitalmarkt erzielbaren Zinsen erhält. Also: Wer mit Verstand investieren will, muss auch das Unternehmen hinter der Aktie kennen, sich mit der Lektüre der Geschäftszahlen beschäftigen. Das macht echt Arbeit. Aber auch ein Bauer erntet ja nicht sofort. Er sät, dann hegt und pflegt er seinen Acker mehr oder weniger lange und intensiv mit der Hoffnung, irgendwann einen schönen Ertrag zu ernten. Genauso mühsam ist Geldanlage. Wenn sie erfolgreich sein soll.

Herdentrieb meiden. Zwar heißt es oft: »The trend is your friend.« Aber es lohnt sich durchaus, auch mal gegen den Strom zu schwimmen. Börsenprofis wie Kostolany und Buffett machen es vor: Sie arbeiten antizyklisch – und haben sich damit eine goldene Nase verdient. Wenn alle kaufen, ist es oft schon zu spät. Dann sind die Aktien bereits so teuer, dass die Gefahr eines Rückschlags besteht. Auf keinen Fall aber sollte man sich von seiner Bank zum Kauf drängen lassen, denn die will vielleicht nur Spesen schinden und Ladenhüter loswerden.

Die Flut hebt alle Schiffe. Die Auswahl der richtigen Titel ist für den Anlageerfolg weniger wichtig, als uns das die Börsenblätter weismachen wollen. Wenn die Börse boomt, dann steigen nahezu alle Titel im Wert, und wenn bestimmte Branchen Konjunktur haben, dann profitieren davon fast alle Werte dieses Genres.

Finger weg von Außenseitern! Auf keinen Fall marktenge Werte kaufen, von denen täglich nur wenige Einheiten gehandelt werden, und auch keine exotischen Titel, über die man außer den Sprüchen der Verkäufer wenig weiß. Verbieten sollte man sich auch

Aktien von Loser-Firmen. Das sind all jene Unternehmen, die stets schlechter abschneiden als der Durchschnitt ihrer Branche.

Hin und her macht Taschen leer. Wer sein Depot ständig umschichtet, macht die Bank reich und sich selbst arm. Wer aber zu lange auf seinen Aktien sitzen bleibt, verschenkt unter Umständen bereits erzielte Gewinne. Zum Verkaufen ist die Zeit dann gekommen, wenn alle anderen wild nach Aktien schreien. Je lauter das Geschrei ertönt, desto näher ist dann für gewöhnlich der Absturz.

Wetten verboten! Wer kein Zocker, sondern Anleger ist, sollte nur reale Werte erwerben und keine Wetten abschließen. Auf seiner Verbotsliste stehen: alle Arten von Termingeschäften, Optionen, Optionsscheinen, Futures et cetera sowie sämtliche übrigen Finanzderivate. Widerstehen sollte man auch der Versuchung, Wertpapiere auf Kredit zu kaufen, denn oft heißt es dann auch hier: Die Bank gewinnt! Verzichten Sie also lieber auf Kasino-Feeling.

4.4 Obligatorisch? Staats- und Unternehmensanleihen

Das hat es meines Wissens so noch nicht gegeben: eine so ausufernde Staatsverschuldung, dass den Menschen schwindelig wird und sie Milliarden nicht mehr von Billionen unterscheiden können, auf der anderen Seite Finanzminister, die eigentlich ihren Hut nehmen müssten, weil sie mit ihren Finanzen so tief in den Miesen stecken, aber dennoch frohlocken können in ihrem Schuldendebakel. Warum? Noch nie hat ein Bundesfinanzminister so wenig Zinsen zahlen müssen, wenn er frisches Geld braucht und neue Staatsanleihen anbietet. Die Anleger reißen sich förmlich um sie mit der Folge, dass der Preis (der Zins) extrem niedrig bleibt. Warum 3 Prozent für eine zehnjährige Bundesanleihe bieten, wenn der Anleger sogar mit knapp 1 Prozent glücklich und zufrieden ist? Den Schuldenmachern kann es ja nur recht sein.

Immer schneller dreht sich das Spekulationskarussell: Wird

ein Land oder mehrere diese Anleihen bald nicht mehr bedienen können, also zahlungsunfähig sein, und werden als Folge die Anleger auf 40 Prozent oder mehr ihrer Gelder verzichten müssen? Diese Angst sitzt tief und hat dazu geführt, dass der uralte Anlagegrundsatz nicht mehr gültig ist: Wer Anleihen kauft, kann ruhig schlafen. Im Gegensatz zu Aktien oder anderen Wertpapieren mit Risiko.

Wer Aktien hält, ist ja im Prinzip Unternehmer. Er profitiert von den Erträgen (Dividende) und von den Erfolgen eines Unternehmens (Kursgewinne), die aber keinesfalls garantiert sind. Wer eine Anleihe kauft, wird dagegen zum Geldverleiher, also zum Gläubiger. Die Anleihe verbrieft das Recht auf Rückzahlung der Geldforderung zuzüglich einer Verzinsung. Anleihen werden auch Renten, festverzinsliche Wertpapiere, Bonds, Schuldverschreibungen oder Obligationen genannt. Sie werden von Kreditinstituten, der öffentlichen Hand und von Unternehmen begeben. Ihr Zweck: langfristige Kreditfinanzierung.

Anleihen sind dabei eine vergleichsweise risikoarme Geldanlage. Der Inhaber kann sein Forderungsrecht auf Rückzahlung geltend machen – auch im Falle eines Konkurses des Schuldners. Ein totaler Verlust ist bei Schuldnern mit guter Bonität unwahrscheinlich. Aber es gibt auch andere. Anleihen lassen sich dabei ziemlich exakt auf die eigenen Wünsche zuschneiden und besser kalkulieren als zum Beispiel Aktien. Denn man weiß im Voraus, wann man sein Geld zurückbekommt und welche Zinsen anfallen. Anleihen bringen in der Regel eine höhere Rendite als Spareinlagen, Sparverträge, Festgeld, Sparbriefe, aber in den meisten Fällen eine geringere als Aktien.

Sogenannte Wandelanleihen verbinden die Eigenschaften von Aktien und Anleihen. Es sind Anleihen, bei denen der Anleger am Ende der Laufzeit ein Wahlrecht hat, sich die Anleihe zum Nennwert in bar auszahlen zu lassen oder in Form von Aktien des Unternehmens. Das heißt, wenn der Kurs der Aktie während der Laufzeit der Wandelanleihe gestiegen ist, wird er sein Wandelrecht ausüben und die Auszahlung in Aktien wählen, die dann einen höheren Gegenwert haben als der Nominalwert der Anleihe.

Spezielle Wirtschaftsprüfungsgesellschaften oder Ratingagenturen prüfen im Auftrag der Institutionen oder Unternehmen, die am Anleihemarkt Anleihen auflegen wollen, deren Bonität. Das heißt, ob diese in der Lage sind, ihren Zahlungsverpflichtungen vereinbarungsgemäß nachzukommen oder ob in dieser Hinsicht ein Risiko besteht. Entsprechend klassifizieren sie die Anleihen dann. Denn den Investor treibt vor allem ein Thema um: dass der Schuldner Pleite macht und die Anleihen nicht mehr zurückzahlen kann. Der Anleger bangt um sein Geld. Er befürchtet, seine Einlagen könnten am Ende stark geschrumpft oder sogar futsch sein. Das ist bei Bundesanleihen trotz hoher Verschuldung (80 Prozent der Wirtschaftsleistung) nicht der Fall und wird von der Finanzfachwelt kategorisch ausgeschlossen. Ja, Deutschland ist – nach der Schweiz, aber vor Schweden, Südkorea und China – das Land, in dem Geld am sichersten ist, so Analysen der Schweizer Gesellschaft Independent Credit View (ICV). Mehr als vierzig Einzelfaktoren wie zum Beispiel Konjunktur, Zustand der Banken, Entschuldungsstrategien, Demographie et cetera wurden bei dem Rating berücksichtigt. Ergebnis: Bestnote AAA. Die deutschen Stärken: Exportstärke, breit aufgestellte Wirtschaft, steigende Produktivität und erhöhte Wettbewerbsfähigkeit bei langsam steigenden Lohnkosten. Schwächen: Hohe Steuer- und Staatsquote, stark steigende Staatsschulden und ein angeschlagener Bankensektor.

Im unteren Teil der Ratingskala der untersuchten Länder tummeln sich Spanien, Portugal und Schlusslicht Griechenland. Unter anderem wegen der dramatischen Staatsschulden bei gleichzeitig geringer Konkurrenzfähigkeit der Wirtschaft. Alles bekannt. Ihre Finanzminister haben daher nichts zu lachen. Denn im Gegensatz zum deutschen Kollegen müssen diese Staaten wesentlich höhere Zinsen bieten, damit ein Anleger überhaupt ihre Staatsanleihen kauft und über eine Laufzeit von fünf oder zehn Jahren behält – in der Hoffnung, dass er jedes Jahr die versprochenen Zinsen und sein Geld am Schluss zu 100 Prozent erhält. Zehn Jahre sind angesichts all der dramatischen Entwicklungen und dem hektischen Hin und Her in der Weltwirtschaft eine verdammt lange Zeit.

Bei Anleihen gilt die Faustregel: Je höher die Bonität, desto geringer die Rendite, je niedriger die Bonität, desto höher die versprochene Rendite, denn sonst würde niemand die risikoreichen Papiere kaufen. An der Spitze der hochspekulativen Anleihen stehen Junkbonds. Sie werden von Unternehmen ausgegeben, die aufgrund ihrer bereits bestehenden hohen Verschuldung keine weiteren Bankdarlehen aufnehmen können beziehungsweise denen keine Emission von normalen Anleihen mehr möglich ist. Wer diese Junkbonds kauft, geht ein Totalrisiko ein. Vorsicht ist immer angesagt, wenn Ihnen jemand als »Geheimtipp« Anleihen mit Superzinsen anbietet.

Wenn man sich auf Schuldner mit guter Bonität beschränkt, das sind vor allem die öffentliche Hand, Banken und solide Unternehmen, dann sind Anleihen gut für Leute, die Risiken vermeiden wollen. Dennoch: Dass auch Staatsanleihen nicht ohne Risiko sind, wissen wir spätestens seit der Pleite Griechenlands in 2010.

Wie sicher sind Staatsanleihen?

Also Staatsanleihen mit Risiko? Jahrzehntelang war das ein Widerspruch in sich. Immer galten sie als Inbegriff von Sicherheit und waren in jedem Depot eine dicke, solide Bank. Das hat sich aber schon mit der Staatspleite von Argentinien 2001/2002 geändert. Damals hieß es noch: Südamerika! Ein Schwellenland! Liegt noch weit zurück! Hat keine große internationale Bedeutung, abgesehen von Rindern und Steaks! Diese Pleite berührte uns kaum. Und das, obwohl viele deutsche Anleger Argentinien-Anleihen im Depot hatten und immer noch haben. Heute aber stehen unsere direkten Nachbarn im Kreuzfeuer, Industrieländer also. Nur viel Geld – sprich hohe Zinsen – bringt Investoren dazu, Wertpapiere dieser Länder zu kaufen. Große Vorsicht ist bei solchen Anleihen geboten. Das ist nur etwas für risikofreudige Anleger, da die Kurse bei diesen Staatsanleihen sehr schwankend sind, im Fachjargon »volatil«, und somit mit dem Risiko eines Totalverlusts behaftet. Wird ein Land dann Thema der internationalen Gerüchteküche, ist es schwer, das verlorene Vertrauen zurückzugewinnen. Darüber hinaus greift oft die Sippenhaft: Es gibt Gerede um Portugal? Schnell kann es auf Spanien überspringen und weitere Kreise ziehen.

Deutsche Staatsanleihen genießen hohes Vertrauen, gelten als absolut sicher. Doch diese Sicherheit hat ihren Preis, und der heißt Verzicht auf hohe Rendite. Aber auch hier Obacht: Anleihen sind zwar wegen der regelmäßigen Zinszahlungen besser zu kalkulieren als Aktien und aus einem breitgestreuten Depot nicht wegzudenken, aber die Staatsverschuldungsorgie hat die Angst vor einer »Bond-Blase« erhöht, vor allem wenn die Inflation ins Traben kommt. Da kann es unter Umständen ein böses Anleihen-Erwachen geben. Professor Max Otte, Bestsellerautor und einer der wenigen, die die Finanzkrise kommen sahen, formuliert es drastisch: »Wer zocken will, kauft Anleihen.«

Viele Investoren steigen wegen ihrer Inflationssorgen verstärkt in inflationsgesicherte Bundesanleihen ein, bei denen die allgemeine Preissteigerungsrate (Inflation) auf den normalen Zins draufgepackt wird. Der Anleger ist also vor Inflation geschützt. Gegen einen möglichen Kursverfall der Anleihen hilft das im Ernstfall allerdings auch nicht. Also: Große Unsicherheit bei den lange so bombensicheren Papieren, die der Staat anbietet.

Solche Bedenken gab es früher nur bei Unternehmensanleihen. Wenn eine Firma Pleite macht, ist automatisch das Geld der Anleger einer Firmenanleihe futsch. Allerdings haben sich Unternehmensanleihen in den letzten Jahren gemausert, sind wegen ihrer deutlich höheren Zinsen im Vergleich zu Staatsanleihen ein Renner, vor allem Bonds von prominenten Unternehmen mit starken Marken und soliden Bilanzen. Das gilt auch jetzt noch. Die Zahl der Unternehmen, die den oft nervigen Weg über Bankkredite vermeiden wollen und sich das nötige Geld lieber direkt bei den Anlegern holen, steigt. Und nicht nur die ganz großen, bekannten Namen buhlen um Anleger. Nein, auch gestandene Mittelständler sind auf dem Markt vertreten. Mittlerweile liegt der Anteil der Unternehmensbonds im Anleiheportfolio großer Vermögensverwalter bei sage und schreibe 60 Prozent. Und weltfremd sind diese Finanzprofis ja nicht gerade, oder?

Aber auch bei Unternehmensanleihen gilt: Risiken genau abchecken, sich detailliert nach der Bonität der Firma erkundigen und mittlere Laufzeiten von drei bis vier Jahren bevorzugen. Je höher das Risiko, desto höher ist die Verzinsung. Große Vorsicht bei sogenannten nachrangigen Unternehmensanleihen. Die Verzinsung ist oft verlockend, höher als bei normalen Firmenanleihen und wesentlich höher als bei einer Bundesanleihe. Aber im Fall einer Firmenpleite wird diese Anleihe erst nach den vorrangigen Forderungen bedient. Der Kleinanleger muss sich also hinten anstellen. Daher die Bezeichnung »nachrangig«.

Fazit: Anleihen einfach ungesehen kaufen, liegen lassen und ruhig schlafen – das geht längst nicht mehr. Wachsam sein lautet die Devise, alle wichtigen Dinge wie Kurse und Laufzeiten im Auge behalten und zwischen den »Festverzinslichen« stärker als bislang differenzieren.

4.5 Im Rausch der Börse: Spekulieren mit Finanzderivaten

Wer sich als renditeorientierter Anleger bereits mit Aktien, Anleihen & Co. ausgetobt hat, tummelt sich gerne mal auf dem Spielfeld der Derivate. Das ist an sich eine tolle Sache, denn man kann damit auch etwas verdienen, wenn die Kurse am Aktienmarkt in den Keller rutschen oder auf der Stelle treten. Allerdings drohen herbe Einbußen bis hin zum Totalverlust des Einsatzes. Also eher etwas für Risikofreudige.

Als Derivate werden Finanzinstrumente bezeichnet, die sich auf andere Produkte beziehen, wie etwa Aktien, Anleihen, Währungen oder Rohstoffe – Basiswerte genannt. Von deren Kursentwicklung leitet sich auch die des Derivates ab. Sind die Finanzderivate Wertpapiere, spricht man meist von Scheinen oder Zertifikaten, sind es Verträge zwischen zwei Parteien, dann heißen sie im Fachjargon Kontrakte. Ursprünglich dienten Derivate nur zur Kursabsicherung der entsprechenden Basiswerte. Wie bei Sportwetten oder beim Roulette setzt ein Käufer von Derivaten auf Entwicklungen und Ereignisse, die er selbst nicht beeinflussen kann – zumindest nicht legal. Und hat dabei die Chance, mit relativ geringem Einsatz sehr hohe Gewinne zu erzielen. Je weniger wahrscheinlich es ist, dass das Vorhergesagte eintritt, desto höher sind die Gewinnquoten.

Lange Zeit war das nur ein Thema für absolute Profis: Neben den Zockern sicherten sich vor allem institutionelle Anleger, aber auch die Banken selbst an den Terminmärkten mittels Optionen und Futures gegen von ihnen eingegangene Kursrisiken ab. Auch Firmen versuchen dadurch vorzubeugen, wenn die Kurse am Devisenmarkt wieder einmal verrückt spielen oder die Energiepreise stark schwanken. Inzwischen setzen jedoch immer mehr Privatanleger auf steigende oder fallende Kurse. Für die neue Zielgruppe haben die Banken einen wahren Dschungel an derivativen Produkten geschaffen, allen voran eine Fülle von Zertifikaten.

Die vielfältige Welt der Zertifikate

Doch was sind Zertifikate eigentlich? Zertifikate sind in erster Linie Renditeversprechen. Wenn bestimmte Bedingungen erfüllt werden, können Anleger mit einem Gewinn rechnen. Werden die Bedingungen nicht erfüllt, drohen je nach Ausstattung des Papiers Verluste oder die Rückzahlung des Emissionspreises. Zertifikate werden von Banken ausgegeben und sind an der Börse handelbar. In Deutschland ist der größte Börsenplatz für derivative Produkte die Stuttgarter Börse Euwax, gefolgt von der Frankfurter Scoach. Es gibt aber auch den außerbörslichen Handel mit Zertifikaten, der zum Beispiel über Online-Broker abgewickelt wird.

Rein rechtlich gesehen sind Zertifikate Inhaberschuldverschreibungen, also im Prinzip Anleihen. Lassen Sie sich von dieser Definition aber bloß nicht in die Irre leiten! Denn anders als Anleihen bieten Zertifikate nämlich keine feste Verzinsung. Stattdessen spekuliert der Anleger auf das Eintreten eines ganz bestimmten Marktszenarios. Sind Sie also zum Beispiel der festen Überzeugung, dass der DAX bis Ende des Monats bei einer ganz bestimmten Punktzahl stehen oder der Ölpreis um x Prozent sinken wird, nur zu: wetten Sie darauf. Der Emittent wird Ihnen das Ganze in einem Produkt verpacken und spezielle Rückzahlungsmodalitäten festlegen, die wiederum abhängig von der Kursentwicklung des gewählten Basiswertes sind.

Doch Vorsicht! Der Fall Lehman Brothers hat es gezeigt: Geht die emittierende Bank pleite, droht der Totalverlust Ihres Geldes. Warum? Ganz einfach: Zertifikate fallen nicht unter die gesetzliche Einlagensicherung der Banken. Da sie Inhaberschuldverschreibungen sind, steht und fällt ihre Rückzahlung mit der Bonität des ausgebenden Kreditinstituts. Behalten Sie dieses Emittentenrisiko bei der Auswahl also immer im Hinterkopf. Etwas verwirrend sind in diesem Zusammenhang einige Produktnamen: Garantiezertifikate, Kapitalschutz-Zertifikate oder Aktienanleihen, die unter anderem festlegen, dass der Käufer mindestens das eingesetzte Kapital am Ende der Laufzeit zurückerhält – und dafür eben eine geringere Rendite bringen. Doch auch hier gilt: Ist der Emittent pleite, schauen Sie als Anleger in die Röhre.

Zu unterscheiden sind die Gruppen der spekulativen Hebelprodukte, zu denen Optionsscheine und Knock-out-Produkte zählen, und Anlagezertifikate. Letztere werden meist zum langfristigeren Vermögensaufbau eingesetzt.

Als mit dem Untergang von Lehman Brothers erstmals ein Emittent pleiteging und Tausende Anleger ihr Geld verloren, prophezeiten viele: Alles klar, das ist das Ende des Zertifikatemarkts. Doch Totgesagte leben bekanntlich länger. So scheint es zumindest, wenn man sich mal – rund zwei Jahre später – die schiere Anzahl an Produkten auf dem deutschen Markt vor Augen hält. Erstmals in der Geschichte des Marktes sind an den deutschen Börsen mehr als 500 000 Produkte (!) gelistet. Na Wahnsinn, der Boom geht weiter. Aber denkste: der Großteil davon sind eben klassische Totgeburten, in die nie ein Anleger investiert hat. Doch für die Banken ist es billig, immer neue Produkte auf den Markt zu schmeißen, was sie angesichts des Wettbewerbes untereinander auch täglich tun. Kreativ sind Banker ja immer dann, wenn sie etwas verkaufen wollen. Also wundert es nicht, dass sie für ihre immer neuen Produkte neue Namen erfinden. Und jede Bank nennt ihr Baby dann auch noch anders, was eine Vergleichbarkeit nahezu unmöglich macht. Der deutsche Derivateverband (DDV) bemüht sich, den Dschungel ein wenig zu lichten und einheitliche Kategorien von Produkten durchzusetzen, wie beispielsweise Discountzertifikate, Expresszertifikate, Bonuszertifikate und Aktienanleihen et cetera.

Doch was will Otto Kleinanleger nach der Lehman-Pleite vor allem? Richtig, so wenig Risiko wie möglich. Der Blick in die Umsatzstatistiken 2010 zeigt, dass Discountzertifikate, Bonuszertifikate und Aktienanleihen sehr gefragt sind. Im Vergleich zu anderen Gattungen sind sie einfach zu verstehen und werden von nahezu allen Emittenten angeboten. Zudem winkt dabei eine vergleichsweise hohe Rendite, wenn die Finanzmärkte nur leicht steigen oder fallen – was im Börsenjargon als Seitwärtsentwicklung bezeichnet wird. Einige Bonus- und Discountpapiere bieten sogar einen Teilschutz des Kapitals.

Was Sie beim Kauf von Zertifikaten & Co. beachten sollten

Kaufen Sie kein Wertpapier, das Sie nicht verstehen. Besorgen Sie sich alle wichtigen Informationen: Im Wertpapierprospekt und im Term Sheet, das alle wesentlichen Bedingungen zusammenfasst, finden Sie erste Anhaltspunkte. Sprechen Sie im Zweifel mit einem Experten Ihres Vertrauens und lassen Sie sich beraten.

Wichtig ist, dass Sie eine klare Anlageidee haben und sich über die Risiken bewusst sind. Die Emittenten bieten meist auf ihren Internetseiten und in Printform eine Fülle an Informationsmaterial an. Mehrfach ausgezeichnet wurden unter anderem die Internetseiten von Goldman Sachs oder der Deutschen Bank. Auf der Website des Deutschen Derivateverbandes finden Sie zum Beispiel aktuelle Marktstatistiken sowie eine Checkliste für Anleger, die in Zertifikate investieren wollen. Ein paar Punkte daraus:

- Wer ist der Emittent des Wertpapiers? Wie steht es um seine Bonität?
- Entspricht das Zertifikat Ihren Vorstellungen hinsichtlich Laufzeit, Verfügbarkeit, Risikoneigung – also Ihrem Anlegertyp?
- Bezieht sich das Zertifikat auf einen Basiswert, den Sie kennen oder den Sie einschätzen können?
- Wird das derivative Wertpapier börslich oder außerbörslich gehandelt? Zu welchen Zeiten und Konditionen wird gehandelt?
- Welche Gebühren fallen insgesamt an?
- Sind Ihnen die Chancen und Risiken des Wertpapiers klar?
- Welche Entwicklungen würden zu einem Gewinn, welche zu einem Verlust führen? Wissen Sie, welche Bedingungen zu welchem Zeitpunkt vorliegen müssen, damit Ihr derivatives Wertpapier eine positive Rendite erzielen kann?

Vertrackte Kontrakte: Futures und Optionen

Futures und Optionen sind immer ein Vertrag zwischen zwei Parteien: dem Verkäufer und dem Käufer. Die Börse dient nur als Clearing-Stelle, die den reibungslosen und sicheren Ablauf des Geschäfts sicherstellt. Sogenannte Market-Maker an den Terminbörsen haben die Aufgabe, dafür zu sorgen, dass ein kontinuierlicher Handel möglich ist. Diese Banken oder Wertpapierhäuser haben sich verpflichtet, zu fairen Kursen jederzeit als Verkäufer oder Käufer am Markt zu erscheinen, wenn ein Anleger etwas kaufen oder verkaufen will. Optionsscheine sind verbriefte Optionen, also Wertpapiere. Futures können Warenterminkontrakte oder Financial Futures sein. Optionen und Financial Futures werden an Terminbörsen gehandelt, zum Beispiel an der Eurex in Frankfurt, Warenterminkontrakte an speziellen Warenterminbörsen. Der Kauf oder Verkauf von Derivaten kann nur über Finanzdienstleister erfolgen, die zum Handel an einer Terminbörse zugelassen sind.

Der Hauptunterschied zwischen Futures und Optionen: Bei Futures hat der Käufer die Verpflichtung, etwas zu einem bestimmten Zeitpunkt zu erwerben. Bei Optionen hat er das Recht, etwas zu erwerben beziehungsweise zu verkaufen – er kann es aber auch bleiben lassen.

Bei Futures-Geschäften vereinbaren Käufer und Verkäufer verbindlich, eine bestimmte Anzahl des Basiswertes zu einem bestimmten Termin zu einem festgelegten Preis zu liefern beziehungsweise abzunehmen. Futures haben ihren Ursprung in Warentermingeschäften: Farmer oder Bauern sicherten sich damit gegen Preisschwankungen ihrer Produkte ab. Mit einem Future-Kontrakt konnten sie so zum Beispiel schon den Weizen des nächsten Jahres zu einem festen Preis verkaufen. Futures können vor Ablauf des vereinbarten Termins an der Börse verkauft und gekauft werden.

Eine Option gibt dem Käufer das Recht, einen Basiswert zu einem bestimmten Zeitpunkt (europäische Version) oder innerhalb eines bestimmten Zeitraums (amerikanische Version) und für einen bestimmten Betrag zu kaufen oder zu verkaufen. Der Preis, den man für dieses Recht zahlen muss, ist die Optionsprämie. Wenn der Anleger innerhalb des vereinbarten Zeitraumes beziehungsweise zum vereinbarten Zeitpunkt keinen Gebrauch von seinem Optionsrecht macht, verfällt dieses Recht, und der Schein ist nichts mehr wert, also Totalverlust.

Funktioniert in der Praxis folgendermaßen: Wer mit steigenden Kursen rechnet, erwirbt eine Kaufoption. Steigt der Kurs des Basiswertes, zum Beispiel der Aktie, bis zum Ende der Laufzeit über die Summe aus Basispreis plus Optionsprämie, dann wird der Anleger sein Optionsrecht ausüben und die Aktie für den Basispreis kaufen – und sie sofort an der Börse zum höheren aktuellen Kurs verkaufen. Der Gewinn ist also die Differenz zwischen Börsenkurs des Basiswerts und dem Basispreis, abzüglich der bereits gezahlten Optionsprämie. Wenn der Aktienkurs noch innerhalb der Laufzeit entsprechend steigt, kann der Besitzer einer Kaufoption auch diese zu einem höheren Preis verkaufen, anstatt sie einzulösen. Wenn der Börsenkurs bis zum Ende der Laufzeit unter dem Basispreis liegt, so ist diese Option am Ende nichts mehr wert. Der Verlust des Käufers der Kaufoption ist die gezahlte Optionsprämie.

Eine Verkaufsoption dient im Prinzip zur Absicherung gegen Kursverluste. Man erwirbt damit das Recht, seine Aktien zu einem bestimmten Zeitpunkt zu einem bestimmten Preis zu verkaufen. Fällt der Kurs der Aktie unter den vereinbarten Basispreis, wird der Besitzer der Verkaufsoption sein Optionsrecht einlösen und damit die Aktie zu einem höheren Preis verkaufen, als er an der Börse erzielen würde. Sein Gewinn ergibt sich aus der Differenz zwischen dem Basiskurs, zu dem er verkauft hat, und dem aktuellen Börsenkurs, abzüglich der gezahlten Optionsprämie. Wenn er die Option bis zum Ende der Laufzeit nicht ausübt, entsprechen auch hier seine Verluste der Höhe der Optionsprämie.

Das Interessante an Optionen und Optionsscheinen: die Hebelwirkung. Damit bezeichnet man die im Verhältnis zum Kaufpreis außerordentlich hohe Rendite, die möglich wird, wenn sich der Kurs stark in die vorgegebene Richtung entwickelt. Der Wert der Option oder des Optionsscheins verändert sich nämlich nicht parallel zum Wert der Aktie, auf den er sich bezieht, sondern wächst progressiv, wenn die Wahrscheinlichkeit steigt, dass das Optionsrecht tatsächlich ausgeübt wird. Das ist dann der Fall, wenn die Differenz zwischen dem vereinbarten Preis und dem Aktienkurs zunimmt. Die Einflussfaktoren und Mechanismen, die auf den Wert von Optionsscheinen einwirken, bis sie eingelöst werden dürfen, sind meist noch komplexer als bei der Aktie selbst und in der Regel nicht vorherzusagen. Kein einfaches Terrain für Otto Normalanleger also.

4.6 Kaufe jetzt und zahle später: Wie Kredite zur Falle werden

Eine Form der kurzfristigen »Geldvermehrung« sind Kredite. Gut, so richtig vermehrt wird das Geld ja nicht, ist schließlich nur geliehen. Und grundsätzlich gilt auch: Kredite kosten Geld und sollten daher möglichst vermieden werden. Das ist nicht immer möglich, vor allem wenn man beispielsweise eine Immobilie kaufen oder bauen will. Aber auch Konsumentenkredite sind bei uns sehr beliebt. Dazu gehören Ratenkredite, Dispositionskredite und andere Nichtratenkredite.

Die Vergabe von Krediten an Privatpersonen ist für die Banken und Sparkassen sowohl vor, während als auch nach der Finanzkrise immer ein gutes Geschäft gewesen. Dass diese Einnahmequelle auch in Zukunft kräftig sprudeln wird, ist in erster Linie darauf zurückzuführen, dass die Geldinstitute selbst entscheiden dürfen, wem sie Geld leihen und wem nicht, und dass sie recht einseitig die Bedingungen, Konditionen und Regeln der Geldvergabe festlegen können. Otto Normalverbraucher hat also weder einen Rechtsanspruch auf einen Kredit, noch kann er die Konditionen (mit-)bestimmen.

Von den 1500 Milliarden Euro Konsumentenkrediten in Deutschland entfallen zwei Drittel, also 1000 Milliarden Euro, auf Immobilienkredite. Ihre Rückzahlung macht in Deutschland auch nach der Finanzkrise wenig Probleme – im Gegensatz zu den USA. Das liegt daran, dass hier Immobilienfinanzierungen meist langfristig mit festen Zinssätzen erfolgen und keine exorbitanten Immobilienpreissteigerungen spekulativ mit ins Kalkül gezogen wurden. Seit einigen Jahren stagniert der Anteil der Immobilienkredite am Gesamtvolumen der Konsumentenkredite, das heißt, es werden ebenso viele alte Kredite getilgt wie neue aufgenommen. Anders sieht es bei den sogenannten Ratenkrediten aus. Hierbei handelt es sich meist um Kredite für Konsumgüter, also das neue Auto, die neue Waschmaschine et cetera. Das Volumen der vergebenen Ratenkredite lag im Jahr 2001 mit 110 Milliarden Euro praktisch auf gleicher Höhe wie die Immobilienkredite. Bis zum Jahr 2009 hat sich das Verhältnis deutlich verschoben. Das Volumen der vergebenen Ratenkredite lag mit 137 Milliarden Euro im Vergleich zu 89 Milliarden Euro für Immobilienkredite deutlich höher.

Das gesamte Volumen des Marktes für Konsumentenkredite dürfte Ende 2010 in Deutschland über 225 Milliarden Euro betragen haben und in den folgenden fünf Jahren um knapp 3 Prozent steigen, schätzt der BBE Branchenreport Konsumentenkredite 2010. Ratenkredite werden bis 2015 um mehr als 12 Prozent auf 160 Milliarden Euro steigen. Der Wettbewerb im Markt für Konsumentenkredite wird sich also deutlich verschärfen: Neue Anbieter, vor allem ausländische Banken, werden mit günstigen Konditionen versuchen, Kunden und Marktanteile zu gewinnen. Eine immer wichtigere Rolle werden dabei die Autobanken und der Einzelhandel mit der subventionierten Absatzfinanzierung spielen, so der BBE Branchenreport. Die höchsten Wachstumsraten werden in den kommenden Jahren die Spezial- beziehungsweise Absatzfinanzierungsbanken haben.

Etwas auf Pump zu kaufen wird uns ja kinderleicht gemacht – nicht nur von Banken und Sparkassen, sondern auch von den Herstellern. Autohändler, Möbelhäuser, Elektronik-Fachmärkte und Reiseveranstalter versuchen, die Kunden durch Werbung zum sofortigen Kauf – mit günstigem Kredit – zu verführen. Die Kauflust soll gefördert werden, der Kunde soll jetzt kaufen und nicht erst ein halbes Jahr dafür sparen. Die Banken und Sparkassen haben sicher nichts dagegen. Die meisten Autohersteller, Versandhändler und Handelsketten bieten dem Kunden an, über die eigene oder eine kooperierende Bank die Käufe zu finanzieren. Und bei den meisten Kreditangeboten wird dem potentiellen Kunden suggeriert, dass er das nötige Geld zu besonders günstigen Konditionen erhalten kann. Doch wie sieht es in der Wirklichkeit aus?

Der Verbraucherkreditrichtlinie sei Dank dürfen nur noch solche Kreditkonditionen beworben werden, die ein Kreditgeber mindestens zwei Dritteln seiner Kunden gewähren würde. Aber wie will man nachrechnen, ob nun gerade diese zwei Drittel um einen Kredit bitten oder ob nicht die Mehrzahl der Kunden dann doch aus jenem Drittel stammt, das die günstigen Konditionen nicht in Anspruch nehmen kann? Nehmen wir zum Beispiel eine Anzeige einer Bank, die in der August-Ausgabe 2010 der *ADAC Motorwelt* geschaltet worden war: Alle Vorschriften der Verbraucherkreditrichtlinie sind darin beachtet worden, allerdings steht am unteren Ende der Anzeige ganz klein: Stand 4. Juni 2010. Das heißt: Es wäre theoretisch möglich, dass diese Konditionen schon seit fast zwei Monaten überholt sind. Denn es steht der Bank frei, ihre Konditionen nach Belieben zu verändern.

Ratenkredite kosten meist richtig Geld

Die Ikano Bank wirbt mit dem Slogan »Wünsch Dir was. Borg Dir was.« Wenn man sich etwas borgt, muss man normalerweise nichts dafür bezahlen. Ich borge mir vielleicht von meinem Nachbarn den Rasenmäher, weil meiner am Samstagmorgen kaputtgegangen ist. Und wenn ich fertig bin, erhält mein Nachbar seinen Rasenmäher mit einem Dankeschön zurück. Er käme gar nicht auf die Idee, von mir eine Leihgebühr zu verlangen. Auch eine Hausfrau borgt sich vielleicht bei der Nachbarin ein paar Eier zum Kuchenbacken, weil sie diese beim Einkauf vergessen hat, und gibt am nächsten Tag die gleiche Anzahl Eier wieder zurück.

Wenn man sich aber bei der Ikano Bank etwas borgt, muss man dafür Zinsen zahlen und eine einmalige Kontoführungsgebühr von 39 Euro (Stand November 2010). Die Bank wirbt zwar damit, dass man bei ihr kostenlos vorzeitig den Kredit zurückzahlen kann, aber die Kontoführungsgebühr ist dann trotzdem weg. Das ist bei allen Kreditinstituten so: Wer einen Kredit braucht, muss bei allen Banken eine Bearbeitungsgebühr zahlen. Diese kann ein fester Betrag sein oder aber auch zwischen 1,0 und 3,5 Prozent der Darlehenssumme betragen. Man muss also diese Kosten mitberücksichtigen, wenn man einen Kredit aufnehmen will, und erst recht, wenn man vorhat, ihn vielleicht vorzeitig zurückzuzahlen, um Zinsen zu sparen.

Wenn das Geld billig ist, die Zinsen also niedrig, kommt immer wieder die Frage: Soll ich umschulden? Also höhere Zinsen, die man vor Jahren etwa in einem Hypothekenvertrag mit fester Zinslaufzeit (gleichbleibender Zins für zehn oder fünfzehn Jahre) vereinbart hat, ablösen durch einen neuen Vertrag mit weniger Zinsbelastung? Ja, aber der Wechsel muss sich für den Kunden rechnen. Denn wer einen Hypothekarkredit vor Ablauf der eigentlichen Laufzeit kündigt, muss in der Regel eine Vorfälligkeitsentschädigung zahlen. Dem Geldinstitut entgeht ja der höhere Zins aus dem Vertrag, also auch ein Gewinn – und das lässt es sich bezahlen (siehe Kapitel 2). Noch etwas: Hypothekenkredite haben noch eine Kündigungsfrist, nicht aber die Ratenkredite. Sie sind seit Juni 2010 jederzeit kündbar, müssen dann aber sofort getilgt werden. Und die Vorfälligkeitsentschädigung fällt auch an, was viele nicht wissen!

Je schlechter die Bonität, desto teurer der Kredit

Viele Banken werben mit dem Angebot »Kreditentscheidung sofort«. Doch »sofort« ist ein dehnbarer Begriff. Schließlich will jede Bank erst einmal wissen, und das gilt besonders für Internetangebote, mit wem sie es eigentlich zu tun hat. Also muss man beim Kreditantrag eine ganze Reihe von Auskünften über sich selbst geben, für die Bonitätsbeurteilung seitens der Bank.

Ratenkredite werden nämlich nicht mehr wie früher zu einheitlichen Konditionen vergeben, sondern für jeden Kunden maßgeschneidert. Das bedeutet: Je schlechter es um die Finanzen eines Kunden bestellt ist, desto teurer wird für ihn der Kredit. Darauf weisen in den Kreditangeboten immer die mit einem kleinen Sternchen versehenen Fußnoten hin, in denen es zum jährlichen Soll-/Effektivzins heißt »abhängig von Bonität und Laufzeit«. Also muss man der Bank sagen, welchen Beruf man ausübt, wie das Anstellungsverhältnis ist, wie hoch das Einkommen und die laufenden Ausgaben sind, wie alt man ist, wo man wohnt, welchen Familienstand man hat, über welche finanziellen Sicherheiten man verfügt und welche Verpflichtungen man bereits eingegangen ist. Außerdem holt die Bank noch eine Schufa-Auskunft ein.

Die Schufa bewertet nach einem Punktbewertungsverfahren (Scoring) die Wahrscheinlichkeit, mit der ein Schuldner seinen Kredit zurückzahlt – oder eben nicht. Dabei bewertet sie Zahl und Höhe der Kredite, die Zahl der Konten und eine ganze Reihe weiterer Informationen, die ihr von Vertragspartnern gemeldet werden. Da kann es durchaus eine Rolle spielen, ob man sich einmal geweigert hat, bei einem Telekommunikationsunternehmen eine falsche Telefonrechnung zu bezahlen, oder ob man im Einzelfall viele Kreditkarten und Konten hat oder nur wenige. Auch wenn ein Kunde bei mehreren Banken einen Kreditantrag gestellt hat, ohne dass es dann zu einem Abschluss gekommen ist, einfach nur, weil er mehrere Angebote einholen wollte, kann das zu seinem Nachteil ausgelegt werden. Immerhin haben 15 Prozent der 30- bis 34-Jährigen mindestens ein Negativmerkmal bei der Schufa eingetragen. Nach welcher Formel die Schufa ihr Scoring berechnet, bleibt ihr Geheimnis. Und natürlich legen auch die Banken nicht offen, aus welchen Gründen sie einen Kunden besser oder schlechter einstufen.

Wird nun einem Kunden, nachdem er einen Kreditantrag gestellt hat, ein Angebot gemacht, das zwei- bis dreimal so teuer ist wie das aus der Werbung, das ihn letzten Endes zur Antragstellung verleitet hat, trauen sich viele Leute nicht mehr, nein zu sagen und auf den Kredit zu verzichten. Das hat einerseits psychologische Gründe. Sie haben sich darauf festgelegt, den Kredit haben zu wollen und genau dieses Auto, diese Schrankwand oder diese Küche kaufen zu wollen. Oder aber sie fürchten, woanders ebenfalls durch das Raster zu fallen. Aber so ist es nun mal im Leben. Wer einen Kredit braucht, hat meist kein Geld. Und wer Geld hat, braucht keinen Kredit. Das wissen auch die Banken. Also verdienen sie unterm Strich mit den Kunden, die eine schlechte Bonität haben, noch mehr als mit denen, die auf den Kredit eigentlich verzichten könnten.

Wer finanziell ohnehin schon schlecht dasteht, wird meist aufgefordert, eine Restschuldversicherung abzuschließen. Die Kosten dieser Versicherung müssen eigentlich in den Effektivzins eingerechnet werden, es sei denn, die Bank händigt dem Kunden ein Formblatt aus, auf dem sie ihm bescheinigt, dass diese Kreditversicherung keine zwingende Voraussetzung für die Kreditvergabe darstellt. Aber was heißt schon zwingend? Jedem Berater werden genug Argumente einfallen, warum eine solche Restschuldversicherung zweckmäßig ist. Erstens gibt es dafür für ihn eventuell eine Verkaufsprämie, und zweitens verdient die Bank dadurch zusätzlich Geld. Denn selbst wenn man seinen Kredit vorzeitig zurückzahlt, muss man einen bestimmten Teil der Versicherungsprämie dennoch berappen.

Eine andere große Falle, in die man besonders häufig bei langfristigen Krediten tappen kann, sind die nicht vorhersehbaren zukünftigen Zinsänderungen. Auch wenn man heute alles wunderbar bezahlen kann, weil die monatlichen Belastungen nicht höher als 25 Prozent des Nettoeinkommens sind, kann sich dies zu einem späteren Zeitpunkt ändern.

Bevor Sie einen Ratenkredit beantragen, sollten Sie überlegen, wie viel Geld Sie brauchen und mit welcher monatlichen Rate Sie leben können. Bedenken Sie, dass Sie bei längerfristigen Krediten Sicherheiten hinterlegen müssen. Das kann zum Beispiel die Sicherheitsübereignung von Lebensversicherungspolicen, Wertpapieren und Autos sein oder auch eine Hypothek oder Grundschuld.

Schauen Sie sich bei verschiedenen Instituten um, die oftmals zeitlich befristet Ratenkredite zu Sonderkonditionen anbieten. Holen Sie auf jeden Fall Angebote verschiedener Kreditgeber ein. Und achten Sie beim Vergleich der verschiedenen Angebote nicht nur auf den Zinssatz, sondern betrachten Sie die Gesamtkonditionen.

Das sollten Sie bei Kreditangeboten vergleichen

- Wie hoch ist der Zinssatz, nominal und effektiv?
- Wie lange ist dieser Zinssatz festgeschrieben? Nach diesem Termin kann er steigen oder auch fallen. Geht man von steigenden Zinsen aus, sollte man eine möglichst lange Zinsbindung wählen.
- Welche Laufzeit hat das Darlehen?
- Wie sind die Tilgungsmodalitäten? Wird am Ende der Laufzeit in einem Stück getilgt (Endfälligkeit)? Wird in Raten getilgt? Ab wann? Bleiben die Tilgungsraten konstant oder steigen sie mit den fallenden Zinsen für den Restbetrag?
- Wie ist der Auszahlungskurs der Kreditsumme (Agio oder Disagio)?
- Wann ist der Auszahlungstermin?
- Bis wann müssen Sie sich für das vorgelegte Angebot entscheiden?
- Wie ist der Kredit kündbar, unter welchen Konditionen?
- Welche Provisionen, Bearbeitungsgebühren und anderen Nebenkosten fallen an?
- Was wird als Sicherheit gefordert beziehungsweise akzeptiert?
- Steht noch etwas für Sie Relevantes in den Allgemeinen Geschäftsbedingungen des Kreditinstitutes?

Wenn man die Raten nicht mehr zahlen kann

Der häufigste Grund für eine Überschuldung ist der Verlust des Arbeitsplatzes. Ungefähr die Hälfte der Menschen, die sich in einem Verbraucherinsolvenzverfahren befinden, im Jahr 2010 immerhin 140 000 Haushalte, sind durch biographische Ereignisse wie dem Tod eines Partners, Scheidung oder Verlust des

Arbeitsplatzes unverschuldet in diese Situation geraten. Ungefähr 10 Prozent von ihnen sind mit Finanzfragen intellektuell überfordert. Deshalb kann ich immer nur betonen, dass Wirtschaft mit einem Bezug zur ganz alltäglichen Lebenswelt ein Schulfach wie Rechnen und Schreiben sein sollte.

Insgesamt hat sich außerhalb der Banken und Sparkassen eine regelrechte Schuldenindustrie gebildet. Das beginnt bei Kreditvermittlern, die mit »schufafreien« Krediten locken und damit überschuldeten Haushalten mit hohen Gebühren und Provisionen das letzte Geld aus der Tasche ziehen, ohne dass ein Kredit zustande kommt, sondern stattdessen nur irgendwelche teuren Versicherungen abgeschlossen werden. Ebenfalls zur Vorsicht raten kann man bei privaten Schuldnerberatern, die keine staatliche Anerkennung der Schuldnerberaterstelle haben. Auch hier geht es nur darum, mit der Not der Menschen Kasse zu machen und ihnen den letzten Cent abzuknöpfen.

Wer sich wirklich auf Kredit zu viel gekauft hat und jetzt pleite ist, kann versuchen, mit seinen Gläubigern eine außergerichtliche Einigung herbeizuführen. Das klappt umso besser, je länger die Bank oder Sparkasse die Lebensumstände im Einzelfall schon kennt. Vielleicht hilft auch ein guter Anwalt. Sonst bleibt nur noch der Weg über die Privatinsolvenz – alles andere als ein Zuckerschlecken. Zunächst kommt eine sechsjährige Wohlverhaltensphase. In diesen Jahren gibt man jeden Cent, der über der Pfändungsfreigrenze liegt, an seine Gläubiger ab. Danach ist man von der Restschuld befreit. Aber man darf den Druck und die sozialen Probleme nicht unterschätzen. Denn wer in diesem Land scheitert und auf einem Schuldenberg sitzt, dem sollte das neue Insolvenzrecht an sich den Weg nach der Pleite zurück ins normale Leben etwas erleichtern. Aber Pustekuchen: Pleitegehen ist ein Makel. Ich habe etliche Fälle erlebt. Für viele war die Zeit danach erst der eigentliche Horrortrip. Denn es sind es ja nicht nur die sechs Jahre »Wohlverhalten«, in anderen Ländern Europas sind es übrigens nur drei bis fünf Jahre. Es kommen noch drei Jahre hinzu, in denen alle Insolvenzdaten bei Auskunfteien gespeichert und daher abrufbar sind. Ich möchte den Arbeitgeber oder Kreditgeber sehen, der da nicht reinschaut und seine Schlüsse zieht …

Ein Überschuldungsreport des Hamburger Instituts für Finanzdienstleistungen kommt zu folgendem Ergebnis: Es dauert in Deutschland vom Eintritt der Pleite bis zur vollständigen wirtschaftlichen Rehabilitation (toller Ausdruck!) fast fünfzehn Jahre. Das haut bei den Betroffenen (überwiegend 25- bis 45-Jährige) voll rein und macht einen Neubeginn für viele unmöglich. Die Politik hat das Problem offensichtlich erkannt und denkt über eine Wohlverhaltensphase von drei Jahren bis zur Erteilung der Restschuldbefreiung nach. Schuldnerberater klatschen Zustimmung. Inkassounternehmen, die vom Schuldeneintreiben gut leben, meckern: Das wäre für viele Schuldner das psychologische Signal, noch einmal so richtig in die Vollen zu gehen, also noch mehr Schulden zu machen. Glaubt man einem, der richtig unten war und im Dreck hauste, gibt's nichts Schlimmeres: »Ich war so was von pleite. Ich dachte, ich überlebe das nicht«, so Songschreiber Gunter Gabriel, bekannt geworden mit »Hey Boss, ich brauch' mehr Geld«.

Also: Die Privatinsolvenz hat trotz neuer Gesetzeslage Riesentücken und Hürden. Deshalb lieber den Schuldenberg vermeiden. Viele denken, na gut, wenn man verschuldet ist, muss man eben die Einnahmen steigern – etwa durch mehr Kinder (Kindergeld!) oder irgendeinen zusätzlichen Job, vielleicht sogar zwei. Rackern bis zum Umfallen wie Jack Lemmon in dem hinreißenden Film *Das Mädchen Irma la Douce*. Nächtelang im Schlachthof Schweinehälften schultern und verladen, um dann frühmorgens für ein paar Francs Lohn völlig fertig ins Bett seiner Geliebten zu fallen. Das hält selbst der stärkste Gaul nicht lange aus.

Alternative: Ausgaben durchkämmen – und sparen. Da geht ja in den meisten Fällen einiges. Etwa Strom und Gas sparen durch einen Anbieterwechsel, was 250 bis 450 Euro im Jahr bringen kann. Gleiches beim Telefon: bis 150 Euro weniger im Jahr. Oder: Ess- und Trinkgewohnheiten überprüfen. Nach Untersuchungen sollen bis 500 Euro im Jahr »Luft« drin sein. Second-Hand-Läden und Flohmärkte können eine wahre Fundgrube sein. Gute Ware zum Schnäppchenpreis, warum nicht? Und wenn eine Ecke am neuen Kühlschrank Lackschäden hat – feilschen! Auch da sind Rabatte durchaus möglich.

Nur Mut! Am besten ist natürlich, man macht erst gar keine Schulden. Wenn es aber unvermeidbar ist, sollten Sie frühzeitig an Maßnahmen zur Tilgung dieser Schulden denken und sich nicht scheuen, auch professionelle Unterstützung zu suchen.

Alternativen zum Ratenkredit

Bevor Sie eine größere Anschaffung auf Kredit finanzieren, überlegen Sie zunächst, ob Sie die Sache wirklich brauchen und ob es sofort sein muss. Ist es vielleicht möglich, eine Weile mit der Anschaffung zu warten und in dieser Zeit den dafür notwendigen Betrag anzusparen? Wenn Sie sicher sind, dass eine Anschaffung unbedingt sofort nötig ist, sollten Sie nicht gleich zu einem Ratenkredit greifen, denn der ist nach dem Dispositionskredit der teuerste unter den Konsumentenkrediten.

Suchen Sie zunächst nach günstigeren Alternativen: Brauchen Sie zum Beispiel ein neues Auto, informieren Sie sich über Sonderangebote und über günstige Kreditangebote der Autobanken. Vielleicht lohnt es sich auch, über Leasing statt Kauf nachzudenken. Muss es wirklich das fabrikneue Auto sein, für das Ihr momentanes Budget nicht reicht – oder lässt sich eventuell ein günstiges gebrauchtes Fahrzeug finden? Alles Punkte, die man berücksichtigen und durchkalkulieren sollte. Wollen Sie einen neuen Fernseher oder ein anderes Gerät kaufen, gibt es in vielen Geschäften mittlerweile Möglichkeiten, in Raten zu zahlen, die insgesamt den Ladenpreis nicht übersteigen. Ähnliche Angebote gibt es auch in anderen Bereichen, zum Beispiel in Baumärkten.

Wer über eine Kapital-Lebensversicherung verfügt, auf die er schon eine mehr oder weniger hohe Summe eingezahlt hat, kann diese auch direkt bei seiner Versicherung beleihen und sich den Gang zur Bank sparen. Das hat drei Vorteile: Erstens bieten die Versicherungsunternehmen meist günstigere Konditionen an, zweitens ist die Abwicklung des Kreditantrages einfach und unbürokratisch. Auskünfte zur Kreditwürdigkeit der Person entfallen beispielsweise. Drittens kann der Kunde den Kredit jederzeit in Teilbeträgen oder ganz zurückzahlen, ohne dass eine Vorfälligkeitsentschädigung anfällt. Ansonsten wird der Kreditbetrag bei Fälligkeit der Lebensversicherung einfach vom Auszahlungsbetrag der Versicherung abgezogen.

Wer nur für eine kurze Zeit schnell Geld braucht, kann sich über ein Pfandhaus Finanzmittel beschaffen. Es sind längst nicht mehr die Ärmsten der Armen, wie zu Zeiten von Charles Dickens, die ihren letzten Kerzenleuchter verpfänden, um sich ein Stück Brot kaufen zu können. Die Abwicklung im Pfandhaus läuft unproblematisch: Pfandgut mitnehmen und den Personalausweis oder Reisepass nicht vergessen. Es gibt keine unangenehmen Rückfragen zur Bonität, und es werden auch keine Meldungen an die Schufa und ähnliche Kreditauskunftsdateien geschickt. Die Regeln für Pfand-Kreditverträge sind überall gleich: Die Kreditlaufzeit beträgt drei Monate, pro Monat ist 1 Prozent Zins fällig sowie eine Gebühr, die gesetzlich festgelegt ist. Wenn man nach drei Monaten die Zinsen und die Gebühren zahlt, kann man den Pfand-Kreditvertrag um weitere drei Monate verlängern. Man kann das Pfandgut natürlich auch früher auslösen – die Entscheidung liegt allein beim Eigentümer. Was eignet sich als Pfand? Zum Beispiel ein möglichst neues und guterhaltenes Auto (das alleiniges Eigentum des Verpfändenden ist), Schmuck, Uhren, aber auch Hightech-Sachwerte, wie zum Beispiel Laptop, Videokamera, Digitalkamera, Handy et cetera.

Die Zahlung mit einer Kreditkarte ist die einfachste und billigste Art, einen schnellen Kredit zu bekommen. Es muss aber eine echte Kreditkarte sein, bei der die Abbuchung monatlich erfolgt. Dann werden bis zum monatlichen Abrechnungstermin keine Zinsen für den eingeräumten Kredit fällig. Die sind nämlich schon in der Jahresgebühr für die Karte enthalten. Daneben gibt es Pseudo-Kreditkarten, die wie eine EC-Karte funktionieren, das heißt der entsprechende Betrag wird sofort vom Konto abgebucht. So mancher Kreditkartenfuchs zahlt ja mit Kreditkarten verschiedener Organisationen. Die eine bucht den Monatsbetrag am Monatsanfang vom Konto ab, die andere in der Monatsmitte. Entsprechend entscheiden sie sich bei jedem Einkauf, mit welcher Kreditkarte die Zahlung am weitesten hinausgeschoben werden kann.

Da es sich bei der Zahlung mit einer Kreditkarte nur um einen kurzfristigen Zahlungsaufschub handelt, bieten die Kreditkartenorganisationen zusätzlich Stand-by-Kredite für den Fall, dass man Geld für etwas längere Zeit braucht. Diese Stand-by-Kredite ähneln dem Dispositionskredit bei Privatkonten oder dem Kontokorrentkredit und haben auch ähnliche Schuldzinssätze. Das funktioniert so: Innerhalb eines eingeräumten Höchstrahmens kann der Kunde jederzeit flexibel Geld auf das Girokonto überweisen und auch jederzeit wieder etwas auf das Stand-by-Konto einzahlen.

Aufgepasst! Teuer wird es, wenn Sie auf das Angebot der Kreditkartenunternehmen eingehen, monatlich nur einen bestimmten Betrag von der Kreditkartenrechnung oder einen bestimmten Prozentsatz – mindestens 5 Prozent – von der offenen Forderung zu zahlen. Die Zinsen sind hoch, der Schuldbetrag wächst rasch an und Sie erreichen dann schnell die Ihnen eingeräumte Obergrenze.

Hypothekendarlehen: Eigenkapital ist wichtig

Ein eigenes Haus oder eine eigene Wohnung – viele Menschen träumen davon. Doch für die Verwirklichung dieses Traums reicht ein kurzfristiger Ratenkredit wohl nicht aus. Wer eine Immobilie kaufen oder bauen möchte, hat selten den vollen Kaufbetrag angespart und wird einen Teil der Kaufsumme als Hypothekendarlehen aufnehmen. 20 bis 30 Prozent Eigenkapital sollte der Hauskäufer aber mindestens zur Verfügung haben.

Auf jeden Fall sollte man die Angebote verschiedener Institute vergleichen. Eine Übersicht über die aktuellen Zinssätze für Baudarlehen finden Sie in vielen Tageszeitungen und Wirtschaftsmagazinen, oder Sie können sich auch bei den Verbraucherzentralen informieren. Die Angebote von Internetbanken sind meist günstiger als die von anderen Banken oder Sparkassen.

Bei Baudarlehen ist die Höhe des Effektivzinssatzes in erster Linie von der Dauer der Zinsfestschreibung abhängig. Zurzeit liegen die Hypotheken auf einem historischen Tiefststand. Daher ist es im Moment sinnvoll, eine Zinsbindung von zehn oder fünfzehn Jahren zu wählen, um sich diesen Zinssatz möglichst lange zu sichern. Wer einen Kredit vorzeitig tilgen will, muss die Vorfälligkeitsentschädigung als Ausgleich für entgangene Zinseinnahmen und Serviceleistungen entrichten. Aber Bausparkassen verlangen bei Bauspardarlehen keine Vorfälligkeitsentschädigung. Diese können Sie jederzeit vorzeitig tilgen, ohne Gebühren oder Ähnliches zu zahlen.

Inzwischen bieten einige Banken allerdings kleinere Sondertilgungsrechte, die sich auf 5 oder 10 Prozent der Kreditsumme pro Jahr beschränken. Normalerweise geht man bei Hypothekendarlehen von einem Tilgungsanteil von 1 Prozent aus. Ist der aktuelle Zins noch auf relativ niedrigem Niveau und erwartet man einen Zinsanstieg, sollte man überlegen, ob man auch 2 oder 3 Prozent tilgen kann, um so das Darlehen schneller abzuzahlen.

5

Reich sein ohne Risiko: Wie sicher ist sicher?

Verabschieden Sie sich am besten endgültig vom Traum der hohen Renditen ohne Risiko und der Illusion der einfachen Steuerersparnis. Ich weiß, ich wiederhole mich, aber man kann es einfach nicht oft genug sagen. Beides ist vergeudete Liebesmüh, wirklich. Die Zahl der funktionierenden Steuersparmodelle hat in den vergangenen Jahren deutlich abgenommen. Viele greifen nur, wenn man mindestens sechsstellige Beträge investiert und bereit ist, das Risiko einzugehen, das Geld im ungünstigsten Fall vollständig abschreiben zu müssen. Viele Steuersparmodelle sind so kompliziert, dass sie weder der Verkäufer erklären noch der Anleger verstehen kann.

Apropos Verkäufer: Lassen Sie sich nicht ins Bockshorn jagen. Viele Berater versuchen ganz bewusst, die Zukunftsängste ihrer Kunden zu schüren und ihnen vermeintliche Patentlösungen anzubieten. Vorsicht ist aber in jeder Hinsicht geboten, sowohl im Hinblick auf die Entwicklung der wirtschaftlichen und politischen Lage als auch im Hinblick auf die Versprechen, welche der Verkäufer Ihnen macht. Mein Tipp: Informieren Sie sich selbst. Sie werden sehen: Je mehr Sie wissen, desto weniger Angst werden Sie haben.

Der Finanzmarkt kennt keine Schnäppchen. »Nur heute und nur bei uns« – solche Werbeslogans mag es für Sonderangebote im Supermarkt geben. Aber Finanzangebote, die es nur hier gibt, und zwar nur heute, nur bei sofortigem Kauf und nur so lange der Vorrat reicht? Nein, lassen Sie sich nicht von Verkäufern von Finanzprodukten unter Zeitdruck setzen. Es ist sinnvoll, ein paar

Nächte über die Sache zu schlafen. Gegebenenfalls auch zusätzliche Informationen zu sammeln, andere Angebote einzuholen oder mit Vertrauten zu sprechen. Manchmal sieht ein vermeintlich einmaliges Angebot bei genauerer Betrachtung doch nicht mehr so einmalig aus. Nutzen Sie auf jeden Fall eine Bedenkzeit, schließlich geht es doch um Ihr Geld.

Vertrauen Sie keinem Unbekannten. Lassen Sie sich von dem Verkäufer Referenzen geben, und prüfen Sie diese auch nach. Vielleicht kosten Sie manche Auskünfte Geld, aber das ist gut angelegt, wenn Sie dadurch Sicherheit gewinnen oder Fehlentscheidungen vermeiden. Bei ausländischen Geschäftspartnern sollten Sie sich grundsätzlich außerdem über die landesüblichen Vorschriften sowie über das dort geltende Rechtssystem und dessen Funktionsweise informieren. Wenn Ihnen das zu kompliziert ist: Finger weg!

Das Kleingedruckte in Verträgen ist selbst für Fachleute oft unverständlich – sogar wenn es auf Deutsch verfasst ist. Noch schwieriger wird es, wenn es sich um Juristenenglisch oder um Sprachen handelt, für die man versierte Übersetzer bräuchte. Wer mit Ihnen Geschäfte machen will, soll es in einer Sprache tun, die Sie verstehen. Lassen Sie sich genau erklären, was mit Ihrem Geld geschieht, wenn Sie es anlegen, und lassen Sie sich alle anfallenden Gebühren und Preise auf Heller und Pfennig ausrechnen. Nur so können Sie sicher sein, dass die Gebühren nicht höher ausfallen als die Rendite.

Reich zu werden und reich zu sein – oder sich zumindest reich zu fühlen –, sind ganz sicher zwei Paar Stiefel. Im vorhergehenden Kapitel haben wir uns damit befasst, wie man mit etwas Kalkül und Intuition dem eigenen Glück auf die Sprünge helfen kann. Jedoch immer mit etwas Risiko im Nacken. Aber wo ist denn nun das liebe Geld am besten aufgehoben? Investiert man ins Eigenheim oder in Antiquitäten und Kunstwerke, oder doch am besten das Bare in Barren, also Gold, eintauschen?

5.1 Gier frisst Hirn: Warum wir den Wunsch nach mehr Geld teuer bezahlen

»Gier ist gut. Gier ist richtig. Gier ist gesund. Sie hat Amerika groß gemacht und wird unsere Rettung sein.« Diese Sätze stammen vom Finanzhai Gordon Gekko, gespielt von Michael Douglas im Börsenthriller *Wall Street*. Keine andere Figur wird so sehr mit Gier gleichgesetzt wie er. Obwohl der Film bereits 1988 in die deutschen Kinos kam, hat er nichts von seiner Aktualität und Relevanz für die Finanzbranche eingebüßt. Gekko ist ein Corporate Raider, das heißt, er kauft Firmen billig auf, zerschlägt sie und verkauft die einzelnen Sahnestückchen teuer weiter. Der Rest wird verramscht. Auch in Deutschland sind diese »Heuschrecken« genannten Private-Equity-Firmen für ihre ungezügelte Gier bekannt. Aber nicht nur sie …

Der Gier begegnet man überall – und gelegentlich erleben wir sie auch an uns selbst. Sie ist allgegenwärtig, aber sie ist nicht gut. Wir alle wissen wahrscheinlich, dass sie uns am Ende doch nicht glücklich macht. Gier ist das Gefühl, zu wenig zu haben oder nicht das zu bekommen, was einem zusteht. Man glaubt, nur dann wirklich glücklich sein zu können, wenn man noch ein wenig mehr von einer Sache hätte und dann noch mehr und noch mehr. Man bleibt hungrig, obwohl man die Grenze der Sättigung schon längst überschritten hat.

Wenn der Verstand aussetzt: Der graue Kapitalmarkt

Viele Anleger setzen, von der Geldgier getrieben, ihre Hoffnungen auf den grauen Kapitalmarkt, der mit überdurchschnittlichen Renditen lockt. Auf dem sogenannten weißen Kapitalmarkt hat der Anleger einen gewissen Schutz, da es hier gesetzliche Regelungen und Vorschriften gibt (Kreditwesen-, Investment-, Versicherungsaufsichtsgesetz). Auf dem schwarzen Kapitalmarkt finden die unerlaubten Geschäfte statt und auf dem grauen Markt all das, was nicht unbedingt erlaubnispflichtig oder ausdrücklich verboten ist.

Wer auf dem grauen Kapitalmarkt investiert, nimmt ein hohes Risiko in Kauf, nämlich den Totalverlust seines gesamten Einsatzes. Manche Anleger gehen das Risiko bewusst ein, die Mehrzahl von ihnen aber eher unbewusst, weil sie die Gefahren einfach ausblenden und darauf vertrauen, dass der Staat ihre Einlagen schon schützen wird. Diese Vollkaskomentalität und Sorglosigkeit bringen Fachleute wie zum Beispiel Bankprofessor Manfred Weber an der Universität Mannheim zur Weißglut. Er fordert, dass man auch die Anleger in die Verantwortung nehmen und nicht immer nur auf die Banken schimpfen solle.

Üppige Zinsen sind nun einmal nicht umsonst zu haben. Die Schnäppchenmentalität ist am Finanzmarkt daher fehl am Platz. Mehr Rendite ohne zusätzliches Risiko gibt es nicht. Die wenigsten Geldanleger fragen sich, warum manche, speziell ausländische Banken freiwillig überdurchschnittlich hohe Zinsen zahlen. Häufig liegt das am Einlageschutzsystem des jeweiligen Landes: Hohe Zinsen werden dort durch weniger Sicherheit kompensiert. Max Herbst von der Finanzberatung FMH warnt davor, sich nur mit dem gesetzlichen Schutz, der im Ausland geboten wird, zufriedenzugeben. Denn im Falle einer Bankpleite muss man seine Forderungen in dem Rechtssystem durchsetzen, in dem die Bank an die Einlagesicherung angeschlossen ist. Unter Umständen kann es schwer werden, in Ländern wie Estland, Indien oder der Türkei – Banken aus diesen Ländern bieten häufig die höchsten Konditionen für Tages- und Festgeld – sein Anliegen vor Gericht durchzuboxen. Das scheint aber vielen Anlegern egal zu sein. Bei den deutschen Zweigstellen ausländischer Banken parkten Privatkunden immerhin 16,6 Milliarden Euro (Stand Juni 2010), 17 Prozent mehr als im Vorjahr. Bei den deutschen Banken sind hingegen die Einlagen nur um 3,5 Prozent gewachsen.

Steuern sparen – damit kann man viele Bundesbürger locken. Einen Euro Steuern unter großen Risiken zu sparen ist vielen Privatanlegern anscheinend wichtiger, als einen Euro sicheren Gewinn zu machen. Das treibt mitunter auch diejenigen auf den grauen Kapitalmarkt, die Schwarzgeld aus unversteuerten Einkommen unterbringen wollen. Dies lässt sich nämlich nur schwer bei seriösen Anbietern anlegen, ohne dass mit einer nachträglichen Steuerforderung zu rechnen ist. Also sucht man nach »diskreten Anlageformen«. Der Vorteil für die Anbieter solcher Kapitalanlagen: Es ist wohl kaum damit zu rechnen, dass ein geprellter Anleger einem die Polizei oder die Staatsanwaltschaft auf den Hals hetzt, wenn das Geld verloren ist. Er hat schließlich selbst genug Dreck am Stecken.

Phönix Kapitaldienst, Göttinger Gruppe, Leipziger Wohnungsbaugesellschaft. Namen und Firmen, die Schlagzeilen machten, pleite sind und den betroffenen Anlegern die Adern schwellen lassen. Aber das Mitleid mit den Opfern hält sich in Grenzen. Wie oft und intensiv wurde schon gewarnt. Irgendwann muss es dann doch heißen: Dummheit schützt vor Strafe nicht. Wer am grauen oder schwarzen Kapitalmarkt sein Geld einsetzt, muss wissen: Das Geld kann über Nacht futsch sein.

Im Gegensatz zum weißen Markt ist der graue kaum reguliert und kontrolliert. 20 bis 30 Milliarden Euro, so wird geschätzt, gehen dort pro Jahr den Bach runter. Und es sind nicht nur diejenigen, die sich an Autobahntankstellen oder auf Rastplätzen mit obskuren »Warenterminhändlern« treffen und ihnen in Plastiktüten Tausende von Euro übergeben. Angemacht mit Sprüchen wie: »Mit Kakao oder Sojabohnen verdoppeln oder verdreifachen wir über Nacht Ihr Kapital. Natürlich ohne Risiko für Sie.« Firlefanz. Dass ihnen dennoch immer wieder angeblich gestandene Persönlichkeiten auf den Leim gehen, kann doch nur heißen: Die haben Schwarzgeld zu verstecken und bedienen sich deshalb solch dunkler Gestalten. Natürlich ist die Kohle in den Plastiktüten futsch – und die Typen auch.

Nein, gerade in der Zeit extremer Magerzinsen am Normalmarkt ist auch Otto Kleinanleger anfällig für hohe Renditeofferten – und sein Verstand setzt dabei komplett aus. Hier nur ein Beleg: Das Bundeskriminalamt (BKA) registrierte 2009 über 18 000 Betrugs- und Untreuefälle bei Beteiligungen und Kapitalanlagen. Das sind sage und schreibe 214 Prozent mehr als im Vorjahr.

Dubiose Beteiligungssparpläne, Diamantenhandel oder Warentermingeschäfte zogen Anleger an wie das Licht die Motten. Viele von ihnen wissen zwar, dass sie hohe Risiken eingehen, dass die Nummer voll nach hinten losgehen kann, aber sie blenden ihre Bedenken aus. Nach dem Motto: Klar kann was schiefgehen – aber doch sicher nicht bei mir!

Zum Schlagwort »bewusst ahnungslos« gehört der Fall der Leipziger Wohnungsbaugesellschaft. Ein Faltblatt im Briefkasten versprach eine weit über dem Markt liegende Verzinsung, wenn man eine Anleihe der Gesellschaft zeichnete. Bei dem Begriff Anleihe schaltet ja bei vielen die Ampel sofort auf Grün: Was soll mir da schon passieren, ist doch bestimmt genauso sicher wie eine Staatsanleihe. Pustekuchen! Der Unterschied zwischen einer nicht kontrollierten und nicht genehmigungspflichtigen Anleihe eines Unternehmens und der eines Staates ist gewaltig. Bei Letzterer garantiert ein Staat mit der Kraft seiner Volkswirtschaft, dass die Anleihe nicht nur verzinst, sondern nach einigen Jahren auch pünktlich zurückgezahlt wird. Gut, nach den dramatischen Fällen von Griechenland bis Irland kommen Zweifel auf, ob Staaten mit hoher Schuldenlast nicht doch irgendwann umschulden müssen – der etwas vornehmere Begriff für Pleite machen. Allerdings gibt es für Länder anders als für Unternehmen noch keine Insolvenzordnung – leider. Mit einer Unternehmensanleihe verliert man im ungünstigsten Fall alles, auch seinen Kapitaleinsatz. So geschehen bei der Leipziger Firma: Um 300 Millionen Euro sind über 38 000 Anleger betrogen worden.

Woran Sie unseriöse Anbieter erkennen

- *Ungebetene Anrufe,* »Cold Calls« genannt. Ein Geschäft wird telefonisch angeboten. Derartige »kalte Anrufe« von Wertpapierdienstleistungsfirmen sind verboten. Auf keinen Fall darauf eingehen. Die Masche läuft auch über E-Mail oder Fax.

- *Hohe Renditen* werden versprochen, die weit über dem Marktüblichen liegen. Je höher die Rendite, desto höher in der Regel auch das Risiko, das eingesetzte Kapital komplett zu verlieren.
- *Investment auf Probe.* Man soll probeweise einen Betrag investieren. Schon nach kurzer Zeit schwadroniert der Anbieter etwas von »tollem Erfolg« und fordert Sie auf, jetzt richtig einzusteigen.
- *Schneeballsystem.* Lukrative Anlagegeschäfte werden versprochen. Das Geld wird aber nicht wirklich angelegt, sondern zur Rückzahlung oder Ausschüttung an frühere Anleger verwendet. Der IOS-Skandal aus den Fünfziger- und Sechzigerjahren mit Prominenten (auch Politikern) ist vielen noch in Erinnerung. Für Anleger nicht leicht erkennbar, getarnt hinter Hochglanzbroschüren und meist von Unternehmen mit Auslandssitz gesteuert. Aber auch hier die gleiche Masche: »Hohe Rendite« heißt der Lockruf.
- *Hohe Provisionen.* Bei unseriösen Offerten können die Gebühren so hoch sein, dass unter dem Strich keine Erträge, sondern nur Verluste anfallen. Oft sind Gebühren, Kosten und Provisionen in der Informationsflut geschickt versteckt.
- *Inhaberschuldverschreibungen.* Unternehmen, die Einlagen oder andere unbedingt rückzahlbare Gelder entgegennehmen, brauchen zwar von der Bundesanstalt für Finanzdienstleistungsaufsicht (BaFin) eine Lizenz, nicht aber, wenn die Rückzahlung über eine Inhaber- oder Orderschuldverschreibung läuft. Nur wer das Unternehmen genau kennt und überzeugt ist, dass die Firma auch zahlt, kann auf das Angebot eingehen. Ansonsten: Finger weg!

Keine Illusionen: Wer glaubt, die Finanzaufsicht BaFin wird unseriöse Anbieter schon geteert und gefedert über den Hof davonjagen, der irrt. Die Behörde ist keine Schiedsstelle. Sie überprüft Prospekte für Wertpapiere wie Aktien, Anleihen, Zertifikate, aber auch Vermögensanlagen wie Kommanditbeteiligungen oder Genussrechte – und damit ein Angebot außerhalb der offiziellen Börse, also »außerbörslich«. Zur Erinnerung: Dabei wird lediglich darauf geachtet, ob der Prospekt den gesetzlichen Mindestanforderungen entspricht, also alle nötigen Angaben enthält und allgemein verständlich geschrieben ist, nicht aber, ob der Anbieter seriös ist. Auch das Produkt selbst wird nicht kontrolliert, worauf die Anbieter (Emittenten) sogar ausdrücklich hinweisen müssen. Werbung mit Angaben, die über den Umfang der Prüfung täuschen können, ist verboten.

Kurzum: Sachverhaltsaufklärung oder Beweiswürdigungen in Zivilverfahren sind ausschließlich Sache der Gerichte. Nur sie können strittige Rechtsansichten klären und Unternehmen per Urteil beispielsweise zu einer Zahlung verpflichten. Immerhin fordert die BaFin dazu auf, bei schlechter Beratung den Kontakt zu den Aufsichtsprofis zu suchen. Bei begründeten Beschwerden wende man sich an das betroffene Institut oder den Anbieter und hake nach, heißt es. Hinweise würden helfen, Verstöße gegen aufsichtsrechtliche Bestimmungen zu entdecken und dagegen vorzugehen.

Wer sich unbedingt die Finger verbrennen will, kann sich auch auf Geschäfte auf dem grauen Kapitalmarkt einlassen. Zu empfehlen ist es sicher nicht. Für alle anderen gilt: Achten Sie aufmerksam auf Warnsignale wie ungewöhnlich hohe Renditen, undurchsichtige Angebote und Anbieter, »Berater«, die Zeitdruck ausüben, Sie zum Abschluss drängen oder Angst bei Ihnen schüren wollen. Ein bisschen gesunder Menschenverstand und Menschenkenntnis gehören schon dazu.

Heinrich Kieber ist der Name des Mannes, der Steuersünder das Fürchten lehrte. Wie? Nun, indem er ein Magnetband mit höchst brisanten Daten zum Verkauf anbot. Bei seiner Arbeit in der Fürstlichen Liechtensteiner Vermögensverwaltung LGT Treuhand hatte er es mitgehen lassen. Mehr als 4000 Gesellschaften und rund 6000 natürlichen Personen bei verschiedenen Regierungen offerierte Kieber die Steuersünder-Dateien. Der Bundesnachrichtendienst griff zu: Für ein Honorar von 5 Millionen Euro erwarb man die Kontodaten von 1400 Stiftungen deutscher Millionäre und Multimillionäre. Insgesamt eröffneten die deutschen Behörden 618 Verfahren, dazu kamen bis dato rund 200 Selbstanzeigen. Ergebnis der Aktion: Bisher 220 Millionen Euro nachträgliche Steuerzahlungen. Der damalige Finanzminister Peer Steinbrück meinte, dass der Kauf dieser Daten für ihn das beste Geschäft seines Lebens gewesen sei. Doch auch dreizehn andere Länder ließen sich diesen Deal nicht entgehen. Damit wurde das Steuerparadies Liechtenstein zu einem Alptraum für viele.

Generell zeichnen sich Steuerparadiese durch niedrige Steuersätze aus, die manchmal sogar bei null liegen, und durch ein streng gehütetes Bankgeheimnis. Politische Stabilität ist natürlich auch wichtig. Denn was nützt es, Geld in ein Land zu bringen, in dem schon morgen ein neuer Diktator an die Macht kommen kann – und man womöglich von seinem Geld abgeschnitten ist? Um das klarzustellen: Staaten, die gemeinhin als Steuerparadiese oder Steueroasen gelten, tun im Rahmen ihrer eigenen Gesetze nichts Illegales. Das Problem ist, dass die meist kleinen Länder mit einfacher Infrastruktur den großen Ländern mit komplexer Infrastruktur Möglichkeiten der notwendigen Steuererhebung zunichtemachen – was in der Folge zu verminderten Steuereinnahmen in Milliardenhöhe führt.

Wer heutzutage damit rechnet, dass europäische Finanzbeamte sich vielleicht nicht die Mühe machen, die Steuerschuld eines Ausländers zu ermitteln, wird sich umschauen. Europa hat inzwischen seine Finanzämter gut vernetzt. Man arbeitet länderübergreifend zusammen. Es ist also nicht ungewöhnlich, dass die Finanzbeamten wohlinformiert sind und dem Steuerflüchtigen effizient an seinem Aufenthaltsort ins Portemonnaie greifen und ihm vielleicht sogar verbieten, das Land zu verlassen, solange seine Steuerschuld nicht beglichen ist.

Die OECD setzt sich seit 1998 für einen fairen Wettbewerb bei der Steuergesetzgebung ein. Mit Erfolg: Seit Mai 2009 befindet sich kein Land mehr auf der OECD-Liste der unkooperativen Steuerhäfen, zu Beginn waren es noch 41. Auch wenn sich heute die meisten Staaten dem internationalen Steuerstandard verpflichtet haben, existieren dennoch etliche, die sich mit der Umsetzung schwertun und noch immer Schlupflöcher offenhalten, die für manche wirtschaftliche Vorteile bringen.

In vielen Ländern wurde seit 2009 auf Druck der OECD hin das Bankgeheimnis zumindest abgeschwächt – aus Angst, auf die Schwarze Liste der Steueroasen gesetzt zu werden. In Österreich ist das Bankgeheimnis gesetzlich geregelt. Banken durften bisher nur auf richterlichen Beschluss hin Auskünfte geben, wenn zum Beispiel ein Strafverfahren anhängig war. Zukünftig sollen bei begründetem Verdacht einer ausländischen Behörde Kontodaten auch dann weitergegeben werden, wenn noch kein Strafverfahren wegen Steuerflucht eingeleitet worden ist. Auch Luxemburg hat zugesagt, nicht nur bei Verdacht des schweren Steuerbetrugs, sondern auch bei einem konkreten Verdacht auf Steuerhinterziehung ausländischen Stellen Informationen zur Verfügung zu stellen. In Belgien gilt das Bankgeheimnis inzwischen nicht mehr gegenüber anderen EU-Staaten und soll auch gegenüber anderen Ländern abgeschafft werden. Die Schweiz, Liechtenstein und Andorra wollen ihr Bankgeheimnis abschwächen und mit anderen Staaten enger kooperieren. Die Schweiz hat betont, dass eine völlige Aufgabe des Bankgeheimnisses nicht in Frage kommt und ein automatischer Informationsaustausch entschieden abgelehnt wird. Allerdings gab es 2010 einen neuen Rückschlag für die Schweiz: Nach einem längeren Rechtsstreit mit den USA wurde ein Vergleich geschlossen, wonach die Schweizer Bank UBS die Namen und Kontodaten von rund 4500 reichen Amerikanern, die als potentielle Steuerhinterzieher gelten, für die US-Steuerstellen herausrücken muss.

Jahrzehntelang galt die Schweiz als beliebtestes Ziel für Steuerflüchtlinge, doch dann holten Luxemburg und Österreich auf. Denn das Bankgeheimnis in der Schweiz wurde gelockert. Die Zeit der anonymen Nummernkonten ist längst vorbei. Mittlerweile müssen sich Kunden ausweisen, wenn sie Konten oder Depots eröffnen, Treuhandgeschäfte vornehmen, Schließfächer mieten oder mehr als 100 000 Franken bar einzahlen. Und bei weniger als 100 000 Franken Einlage gibt es kein Nummernkonto.

Schweizerische Bankangestellte sind zu äußerster Geheimhaltung verpflichtet. Bis zu sechs Monate Haft oder 50 000 Franken Buße drohen demjenigen, der Informationen weitergibt, die er in beruflicher Funktion erhalten hat. Strafbar ist auch der Versuch, jemanden zur Verletzung des Bankgeheimnisses zu verleiten. Seit allerdings die »EG-Richtlinie zur Verhinderung der Nutzung des Finanzsystems zum Zwecke der Geldwäsche« in Kraft ist, sind Bankbedienstete nun teilweise von der Geheimhaltungspflicht befreit. Aber ehe eine Auskunft erteilt wird, prüft die Bank den Fall sehr sorgfältig – selbst wenn eine Einverständniserklärung des Kontoinhabers vorliegt. Schließlich droht dem Institut immer die zivilrechtliche Haftung wegen Schadensersatz.

Nach dem schweizerischen Konkursrecht kann eine Bank zur Auskunft über die Vermögensverhältnisse eines Schuldners verpflichtet werden. Das gilt jedoch nicht bei ausländischen Konkurs- oder Schuldbeitreibungsverfahren. Allenfalls können Schweizer Bankmitarbeiter im Zuge der Rechtshilfe bei Zivilverfahren von einem Schweizer Richter als Zeugen vernommen werden.

Im schweizerischen Steuerrecht gibt es keine Einschränkung des Bankgeheimnisses. Die Finanzbehörden dürfen sich nur an den Steuerpflichtigen wenden, um Einsicht in Bankbelege zu erhalten. Es liegt also im Ermessen des Steuerpflichtigen, welche Unterlagen er dem Fiskus zur Verfügung stellt. Das Finanzamt darf auch nur die Belege anfordern, von denen es nachweislich Kenntnis hat. Spielt der Betroffene nicht mit, müssen die Finanzbehörden die Besteuerungsgrundlagen schätzen. Die Schweiz verlangt einen Abschlag von 35 Prozent auf Zinserträge, den deutsche Anleger im Zuge des Doppelbesteuerungsabkommens mit ihrer Steuerschuld verrechnen können. Quellensteuerfrei sind Lebensversicherungen und Auslandsanleihen.

Übrigens, so einfach wie in der Vergangenheit ist es auch in der Schweiz nicht mehr, Steuervorteile zu genießen. Im Februar 2009 haben die Bürger des Kantons Zürich die Steuerprivilegien für Ausländer, die im Kanton wohnen, aber dort keiner offiziellen Erwerbstätigkeit nachgehen, abgeschafft. Die Pauschalbesteuerung, bei der die Steuer auf Grundlage der Lebenshaltungskosten in der Schweiz erfasst wurde und die eigentlich für Rentner gedacht war, die ihren Lebensabend in der Schweiz verbringen wollten, wurde gestrichen. Im Kanton Zürich waren davon 137 pauschal besteuerte Personen betroffen. In der gesamten Schweiz kommen etwa 5000 Personen in den Genuss dieses Steuerprivilegs. Aber es wird vermutet, dass die Aufhebung bei den Kantons- und Gemeindesteuern in Zürich eine Signalwirkung auch für andere haben wird.

Trotzdem wollen vor allem Besserverdiener den Traum vom Steuerparadies immer noch nicht aufgeben. Sie spielen mit dem Gedanken, das Vermögen sowie den Lebensmittelpunkt in eine Steueroase zu verlegen. Sie suchen nach legalen Wegen, ihre Steuerlast zu mindern. Aber man muss sein Geld schon auf dem internationalen Parkett verdienen und möglichst über ein ganzes internationales Netzwerk von Firmen verfügen, um den Traum vom Steuerparadies noch wahr werden zu lassen.

So manches schwarzes Schäflein versucht natürlich auch heute noch, die Höhe des eigenen Vermögens vor dem Fiskus zu verschleiern, und hofft, sich in der Steueroase ein unsichtbares Finanzpolster anlegen zu können.

Wenn Einnahmen verschwinden

Einnahmen verschwinden zu lassen, die man bei internationalen Geschäften verdient, ist gar nicht so schwer, haben Journalisten von der österreichischen Tageszeitung *Die Presse* herausgefunden. Das funktioniert zum Beispiel so: Mit Hilfe einer internationalen Anwaltskanzlei gründet man in einem Land seiner Wahl, zum Beispiel auf den Seychellen, ein Unternehmen. Die Unternehmensgründung dort kostet gerade mal 680 Euro. Steuern werden von dem ausländischen Unternehmen nicht erhoben. Im Handelsregister der Seychellen wird ein Treuhänder eintragen, kostet noch einmal zusätzlich 490 Euro. Wem die Firma also tatsächlich gehört, wissen nur die Anwaltskanzlei und man selbst. Von nun an werden die Geschäfte über diese Firma abgewickelt. Auf den Namen der Firma wird ein Konto eröffnet, zum Beispiel in der Schweiz, wobei der Name des eigentlichen Firmeninhabers nicht mehr auftaucht. Um an das eingehende Geld zu kommen, nutzt man eine Firmenkreditkarte, mit der man weltweit an Geldautomaten Bargeld abheben kann. Die Firma auf den Seychellen schreibt Rechnungen und kassiert, während man selbst außer bei den zu erbringenden Leistungen offiziell nichts mehr damit zu tun hat. Dass das alles höchst illegal und strafbar ist, dürfte jedem klar sein.

Ähnlich bequem ist die Einrichtung einer Firma im zweitkleinsten US-Bundesstaat Delaware. Dort werden jährlich 130 000 neue Firmen gegründet, die eigentlich nur aus einem Namen, einem Konto und einem Briefkasten bestehen und in der Rechtsform der Limited Liability Company geführt werden. Wenn das Geld einer solchen Firma außerhalb der USA erwirtschaftet wird, verzichten die US-Steuerbehörde ebenso wie der Staat Delaware auf Steuerforderungen. Die Firmengründung erfolgt über lizenzierte Agenten. Ihr Honorar beginnt bei knapp 800 US-Dollar. Besonders beliebt sind diese Firmen bei der russischen Mafia, von wo aus nach Schätzungen des FBI jährlich 36 Milliarden US-Dollar nach Delaware fließen. Aber auch südamerikanische Drogenbarone nutzen diese Möglichkeit bevorzugt.

Gegenüber solchen »Steuersparmodellen« nehmen sich die familienrechtlichen Stiftungen in Liechtenstein, die in der Vergangenheit auch gern zur Steuerhinterziehung genutzt wurden, wie ein wahrer Fels der Solidität aus. Das Wort Stiftung verbinden die meisten Deutschen immer noch mit einem wohltätigen Zweck.

Juristisch handelt es sich bei einer Stiftung aber nur um einen rechtsfähig gemachten Haufen Geld, der sich selbst gehört und von dem andere profitieren dürfen. Bei einer Familienstiftung profitiert in der Regel nur einer, nämlich der Stifter selbst oder seine Familie. Wenn jemand also ins Ausland mit seinem Geld »stiften« geht, bedeutet das in der Regel etwas anderes als Wohltätigkeit. Im günstigsten Falle kann es nur darum gehen, Erbauseinandersetzungen zu vermeiden.

5.2 Trügerische Sicherheit: Immobilien zwischen Wertzuwachs und Totalverlust

»Tu felix Germania« würde der Lateiner ausrufen, wenn er die Immobilienentwicklung der letzten Jahre Revue passieren lässt. Glückliches Deutschland! Hier hat man die Häuser- und Finca-Spekulationen in den USA und Spanien nicht kopiert und ist daher fein raus. Was für ein böses Erwachen, gerade für Kapitalanleger, die sich am Boom des US-Häusermarktes oder dem in Spanien angesteckt und gierig gekauft haben und seitdem vor den Resten einer geplatzten Preisblase stehen. Die amerikanische Immobilienkrise hat erst zur Weltfinanz- und dann Weltwirtschaftskrise geführt. Und die Spanier mit ihrer nicht enden wollenden Bauwut und Verhätschelung des Immobiliensektors sitzen nach dem Preissturz auf einem Schuldenberg, der den Euro mit in Verruf gebracht hat.

Kapitalanleger in Deutschland haben zwar lange geflucht, dass Immobilien keine ordentliche Rendite mehr abwerfen, sind aber nach dem Desaster der anderen heilfroh, am großen Rad nicht mitgedreht zu haben. Die Immobilienpreise, vor allem Wohneigentum, sind in den letzten Jahren bescheiden geblieben. Das kommt dieser Anlageklasse zugute, obwohl der Immobilienerwerb, wie Fachleute mahnen, die komplexeste Anlageentscheidung überhaupt sei. Stimmt, und deshalb wollen wir darauf genauer eingehen.

Wer sich im Jahr 1994 in Deutschland eine Eigentumswohnung gekauft hatte und sie im Jahr 2006 wieder zu Geld machen wollte, wurde schwer enttäuscht. Der durchschnittliche Quadratmeterpreis sank in dieser Zeit um rund 15 Prozent. Noch schlechter dran war, wer 1994 in Berlin ein freistehendes Eigenheim erworben hat. Der Durchschnittspreis lag damals umgerechnet bei 479 000 Euro. Zwölf Jahre später bekam man dafür nur noch 284 000 Euro, der Wert sank also um knapp 41 Prozent. Hätte man zur gleichen Zeit in Spanien in ein Feriendomizil in guter Lage investiert, wären satte Gewinne um die 90 Prozent drin gewesen. Inzwischen hat sich der Markt in Spanien geradezu ins Gegenteil gekehrt, und von den damaligen Gewinnmöglichkeiten ist nicht viel übriggeblieben. Sie sehen: Die Zukunft ist nicht vorhersehbar – auch nicht beim »Betongold«, das ja angeblich in jeder Form vor der Inflation schützt, wie Immobilienverkäufer oft gern behaupten. Sicherlich, Wohnimmobilien in Deutschland sind im Prinzip schon sehr wertstabil. Doch in manchen Toplagen in München, Frankfurt oder Hamburg ist bei Quadratmeterpreisen zwischen 15 000 und 20 000 Euro die Schmerzgrenze erreicht oder sogar schon überschritten. Auch Menschen, die sehr viel Geld haben, sind nicht so verrückt, aus Angst vor der Inflation Preise zu bezahlen, die sie in absehbarer Zeit niemals wieder hereinholen können.

Das Pendel im magischen Geldanlage-Dreieck aus Liquidität, Sicherheit und Rendite schlägt aus gen Sicherheit. Bei der Jagd nach Rendite haben sich viele goldene, dann aber auch blutige Nasen geholt (bis auf die Investmentbanker), die Phase der Liquidität (»cash is king«) mündet in der Sorge: Was wird aus den Papierwährungen, wenn die Inflation zuschlägt? Also zurück zum Sachwert als Sicherheit, der Immobilie. Mehr Chance als Risiko, sage ich, wenn Sie folgende Fakten und Anregungen beherzigen.

Eigenheim, Glück allein?

»Steine statt Scheine« lautet für viele Anleger die Devise, da die Finanzkrise immer noch schwelt und die Furcht vor der Inflation groß ist. Also raus aus den Geldwerten, rein in die Sachwerte. Die alte Formel wird wieder herausgekramt, die schon zu Großvaters Zeiten galt: je ein Drittel des Vermögens in Aktien, Anleihen und Immobilien. Als sich die Finanzwelt wandelte, immer mehr Geldprodukte um die Gunst des Anlegers warben, trat die Immobilie in den Hintergrund – nicht zuletzt, weil sich viele nicht mehr mit Mietern, Mietgesetzen und -urteilen herumschlagen wollten. Wie viele bestens ausgestattete Wohnungen stehen leer, weil es der Vermieter nicht mehr nötig hat oder keinen Ärger mehr will (Stichwort Mietnomaden). Ein Jammer. Es ist sogar statistisch erwiesen, dass Sachwerte, also Immobilien, Aktien und auch Rohstoffe wie Gold, die Geldwerte wie Anleihen, Sparbücher, Festgelder et cetera weit abgehängt haben. In der Wertentwicklung (Performance) der letzten zwanzig, dreißig Jahre. Also langfristig.

Vor allem wenn ein markanter Anstieg der Inflation erwartet wird, sind Immobilien gerade für die Altersvorsorge empfehlenswert. Auch hier aber sorgfältig prüfen und auf Lage, Lage und nochmals Lage achten, wenn es um die Rendite gehen soll. Eine Renaissance der Wohnimmobilie als Kapitalanlage? Ja, da ist was dran. Der Neubau von Wohnungen stagniert, von großen Defiziten vor allem in den Ballungsgebieten wird geredet. Immer mehr Single-Haushalte entstehen und sind Nachfrager. Andererseits führt der demographische Wandel in vielen Regionen zu sinkender Nachfrage. Dennoch: Bloß nicht das ganze Geld aus Sorge vor Inflation und möglichen Staatspleiten in Beton binden.

Ein Haus ist in Deutschland im Gegensatz zu den USA immer noch ein Symbol für Solidität und Dauerhaftigkeit, das Generationen überdauert und auch den Urenkeln noch Freude bereitet. Und genau mit dieser Vorstellung ködern die Verkäufer von Kapitalanlageobjekten, aber auch von selbstgenutzten Immobilien, ihre Kunden. Sicherheit, automatische Wertsteigerung der Objekte, wachsende Rendite und derzeit auch noch extrem günstige Kredite. Immobilien scheinen wirklich alles zu bieten, was man sich für den Vermögensaufbau, aber auch für die Vermögenssicherung und für die Altersvorsorge nur wünschen kann. Zumindest wenn man den Hochglanzbroschüren Glauben schenkt.

Für Eigennutzer ist die Zeit nie so spannend gewesen wie jetzt. Die Zinsen sind auf einem Rekordtief, und es gibt verlockende Immobilienangebote weit und breit – gerade bei Altbauten. Wo gab es das früher, dass in Vorgärten Verkaufsschilder standen oder im Internet über Wochen lukrative Offerten angepriesen wurden – und nicht weggehen. Früher wurden solch interessante Immobilien unter der Hand gehandelt, waren im Nu weg, kamen gar nicht erst auf den Markt.

Immobilien sind in der Regel für Käufer nur dann ein gutes Geschäft, wenn sie selbst vom Fach sind oder eigene Fachleute zur Beratung hinzuziehen. Doch die kosten natürlich Geld – und man spart doch so gern. Besonders Menschen, die in ihrem eigentlichen Beruf Außergewöhnliches leisten, lassen sich oft täuschen, weil sie einer allgemeinen Kompetenzillusion erliegen. Ich denke da zum Beispiel an einen Arzt, der von einem befreundeten Bauherrn einen Neubau schlüsselfertig übernehmen sollte. Alles war per Handschlag besiegelt, und die Verträge sollten erst nach Fertigstellung des Hauses ausgefertigt werden. Man vertraute sich eben, Ehrensache. Das Haus wurde genau nach den Wünschen des Arztes errichtet. Als er eines Tages wieder einmal auf der Baustelle war, um die Lage einiger Steckdosen zu bestimmen, wurde er vom dortigen Bauleiter gefragt, was er dort zu suchen hätte. Was war passiert? Der »befreundete« Bauherr hatte den Rohbau zwischenzeitlich klammheimlich weiterverkauft, um schnell für andere Projekte liquide zu sein, und der neue Eigentümer des Hauses dachte gar nicht daran, dem Arzt die Immobilie zu den vereinbarten Konditionen zu überlassen. Hätte der Arzt in seinem Freundeskreis doch nicht nur diesen Bauherrn, sondern auch noch einen guten Rechtsanwalt gehabt, vielleicht hätte er dann nicht so leichtsinnig und gutgläubig mündliche Vereinbarungen getroffen. Wo wir wieder einmal beim Thema blindes Vertrauen wären.

Wer selbst Bauherr sein will, einen Bauträger an Land zieht, dessen Pleite aber vor der Fertigstellung befürchtet, sollte im Vorfeld recherchieren: Welchen Ruf hat die Firma? Welche Projekte hat die Firma schon realisiert? Am besten mal vorbeifahren und anschauen. Das Internet kann auch hilfreich sein. Bevor man seine Unterschrift auf den Vertrag mit dem Bauträger setzt, sollte man um die Vorlage einer aktuellen Eigenauskunft (bei einer Wirtschaftsauskunftei) bitten. Sicherheiten sind ebenfalls wichtig, die verlangt die Bank ja auch von Ihnen bei einer Hypothek. Am besten bei der Hausbank des Bauträgers eine Fertigstellungsbürgschaft einfordern. Diese deckt die Mehrkosten ab, wenn der Bauträger insolvent ist und Sie einen neuen bestellen müssen. Auch eine Gewährleistungsbürgschaft ist hilfreich. Sie tritt in Kraft, wenn der Bauträger mit Ihrem Haus fertig ist, finanziell aber auch fix und alle ist und eventuell Baumängel auftreten.

Nicht nur auf Renditeversprechen achten

Besonders wer Immobilien als Kapitalanlage kauft, lässt sich immer wieder von Renditeaussagen blenden, die höhere Verkaufspreise rechtfertigen sollen. Am Ende sind die in Aussicht gestellten hohen Mieten oft gar nicht durchsetzbar. Kaufpreise in Höhe des Zwanzigfachen der jährlichen Nettokaltmiete sind meist nur bei exklusiven Objekten und in attraktiven Großstadtlagen realistisch. Wenn man spätere Sanierungen oder auch mögliche Leerstände mit einkalkuliert, sollte man sein Geld lieber in Objekte investieren, die zum Zehn- bis maximal Sechzehnfachen der jährlichen Nettokaltmiete erhältlich sind. Und vor allen Dingen sollte man eben nicht nur auf die Rendite schauen, sondern auch weitere Kriterien in Betracht ziehen.

Eine Immobilie als Kapitalanlage sollte für einen möglichst großen Kreis von potentiellen Mietern interessant sein. Einzimmerappartements richten sich an einen weniger zahlungskräftigen Kreis, aber auch Luxuswohnungen haben so ihre Tücken: Das Klientel kann sehr anspruchsvoll sein und könnte den Vermieter im ungünstigsten Fall schnell mit immer neuen Forderungen, Reklamationen und möglichen Mietminderungen konfrontieren.

Am besten ist es heute wahrscheinlich, in flexible Wohnkonzepte zu investieren, die sowohl den Wünschen gutverdienender Zweipersonenhaushalte, kleinen Familien, aber auch Senioren oder Behinderten entgegenkommen.

Lage, Lage und nochmals Lage – diese Regel gilt nach wie vor. Die Lage ist bei einer Immobilie das Wichtigste, weil sie sich eben weder durch Umbau noch durch Modernisierung verändern lässt. Eine topmoderne Wohnung in einer schlechten Gegend, zum Beispiel in der Nähe der Müllverbrennungsanlage, wird sich höchstwahrscheinlich nicht so leicht vermieten lassen. Allerdings zeigt sich gerade in Großstädten, dass nicht einmal mehr ein bestimmtes Stadtviertel ausschlaggebend ist, sondern sich die Attraktivität sogar nach Straßen unterscheidet. Erinnert ein bisschen an Badstraße und Schlossallee aus *Monopoly*. Darüber hinaus gilt nicht nur die gegenwärtige Situation, sondern auch die künftige Entwicklung des Standorts. Wie wird das Viertel, die Straße in zehn, zwanzig oder dreißig Jahren bewertet werden? Oft ist es günstiger, eine Immobilie im Speckgürtel einer Wachstumsregion zu wählen, zumindest wenn die Infrastruktur stimmt, statt einer teuren Innenstadtlage, deren Umfeld sich sehr viel schneller ändern kann.

Der Zustand der Wohnung spielt natürlich auch eine entscheidende Rolle: Muss man renovieren und sanieren? Stimmt das Energiekonzept oder schlummern dort unbekannte Altlasten? Mietnebenkosten sind für viele Mieter heutzutage fast ebenso ausschlaggebend wie die Kaltmiete. Je höher die Nebenkosten klettern, desto schwerer ist eine Wohnung in der Regel zu vermieten. Eine gute Wärmedämmung, moderne, effiziente Heizanlagen sind also wichtige Voraussetzungen für eine gute Vermietbarkeit.

Eine Studie des Immobiliendienstleisters PlanetHome zeigt, dass für viele Bundesbürger ein modernisierter Altbau ganz oben auf der Liste der Traumimmobilien steht, oder ein stylisches Loft. Andere würden gern eine Villa am Wasser ihr Eigen nennen oder ein Landhaus besitzen. Mit modernisierten Altbauten verbinden die meisten die Vorstellung von Häusern, die um 1900 errichtet wurden, mit Jugendstilfassaden und hohen, mit Stuck verzierten

Decken. Doch gerade bei solchen älteren Immobilien muss man sehr genau auf versteckte Mängel achten.

Wichtig beim Immobilienkauf: Die Nebenkosten, die sich aus der Grunderwerbssteuer und Kosten für den Notar, Grundbucheintrag und Maklergebühren zusammensetzen, können bis zu 13 Prozent des Preises ausmachen. Das ist eine Menge Geld: bei 300 000 Euro Kaufpreis immerhin fast 40 000 Euro. Allein die Grunderwerbssteuer liegt in den meisten Bundesländern bei 3,5 Prozent des Preises, in Sachsen-Anhalt, Berlin und Hamburg sogar bei 4,5 Prozent. Weiterer Kostenfaktor: Wenn Sie eine Einbauküche oder andere Ausstattungsgegenstände gegen Ablöse übernehmen, bitte nicht beim Notarvertrag einfach oben draufschlagen, sondern einen gesonderten Kaufvertrag dafür abschließen. Warum? Weil der Notarvertrag der Maßstab für alle Steuern, Gebühren und die nicht unwichtige Maklercourtage von 3,5 bis 7 Prozent des Kaufpreises ist. So lassen sich in diesem Fall ganz legal Steuern und Nebenkosten sparen.

Ein hilfreicher Test, wenn man mit dem Kauf einer Immobilie als Kapitalanlage liebäugelt, besteht aus ein paar einfachen Fragen: Würden Sie selbst gern in diese Wohnung oder dieses Haus ziehen? Gibt es triftige Gründe, das nicht zu tun? Wenn es welche gibt: Finger weg!

Ruhig Blut – diese Devise gilt auch beim Immobilienerwerb. Immer auf dem Boden der Tatsachen bleiben und sachlich überlegen. Ist die Wohnung angemessen groß und angemessen teuer? Passt das Angebot? In keinem Fall vom Verkäufer zum Panikkauf verleiten lassen.

Immobilien selbst nutzen oder vermieten?

Bei der Frage, selbst nutzen oder vermieten, gehen die Meinungen auseinander. Die Vorteile von selbstgenutztem Wohneigentum sind höhere Lebensqualität und Mietfreiheit. Das ist vor allem im Alter wichtig, wobei man da schon Barrierefreiheit mit einplanen sollte. In hohem Alter zu Fuß in den fünften Stock laufen? Nein, da wäre eine Wohnung im Erdgeschoss schon besser. Die Nachteile: eingeschränkte Mobilität, erschwerter Standortwechsel also, laufend notwendige Investitionen zum Werterhalt und unsichere Wertentwicklung. Dabei wird in der heutigen Zeit gerade diese Mobilität gefordert. Unsicherheiten auf dem Arbeitsmarkt machen es eben nicht selbstverständlich, dass man sein Leben lang an einem Ort wohnen bleibt.

Vermietete Wohnungen und Häuser bieten im günstigen Fall regelmäßige Einnahmen und niedrige Anfangskosten beim Erwerb. Läuft die Sache nicht so gut, muss man mit Leerstand und Mietausfall rechnen, eventuell auch noch mit hohen Reparatur-, Renovierungs- und Verwaltungskosten. Stichwort Mietnomaden! Man hört ja mittlerweile immer häufiger davon, dass Wohnungen regelrecht zerstört von Mietern hinterlassen werden.

Geht man davon aus, dass uns eine Inflation droht, ist eine selbstgenutzte Immobilie von Vorteil. Die Einkommen steigen, aber die Kreditraten bleiben gleich. Der Vermieter einer Immobilie kann aufgrund des strammen Mieterschutzes in Deutschland von steigenden Preisen nur sehr bedingt profitieren. Die Mieten lassen sich nicht wie andere Preise beliebig in die Höhe schrauben.

Insgesamt ist es, obwohl die Zinsen heute günstig sind, für viele junge Familien schwer, mit Immobilien ein Vermögen aufzubauen. Auch wenn die Mieten für eine Wohnung oder ein Haus sich in den kommenden vierzig Jahren auf etliche Hunderttausend Euro summieren, kann es dennoch günstiger sein, sein Geld auf andere Weise anzulegen, zum Beispiel indem man 50 Prozent für die Altersvorsorge reserviert und 50 Prozent für den aktuellen Lebensunterhalt. Gerade Großstädte sind für Familien in finanzieller Hinsicht oft geradezu lebensfeindliche Regionen. Man darf heute auch nicht außer Acht lassen, dass sich die Lebensplanung nicht so geradlinig entwickelt, wie es noch ein paar Jahrzehnte vorher der Fall war. Arbeitslosigkeit oder Scheidung können auch den schönsten und solidesten Immobilientraum platzen lassen.

Bauland statt fertiger Gebäude?

Als Immobilienbesitzer muss man sich mitunter mit juristischen Fragen auseinandersetzen, oder es gibt Konflikte mit den Mietern. Zwangsläufig kommt man mit solchen Dingen in Berührung. Die Frage ist: Kann und will man sich das wirklich antun? Viele, die über eine Kapitalanlage in Immobilien nachdenken, umgehen diesen Aspekt dadurch, dass sie lediglich Bauland erwerben – in der Hoffnung, es später mit Gewinn verkaufen zu können. Doch auch dabei gibt es für Laien eine nicht unerhebliche Anzahl von Fallstricken.

Als Erstes sollte man bei solchen Vorhaben einen Blick in die Bebauungs- und Flächennutzungspläne werfen. Dort kann man einsehen, ob und wie das Wunschgrundstück bebaut werden darf und was sich drum herum so alles abspielt. Wer weiß, vielleicht wird ja in der Nähe des Grundstücks ein Schweinemastbetrieb hochgezogen, oder eine Kiesgrube rückt immer näher. Im Baulastenverzeichnis, das in den Bauämtern – außer in Bayern und Brandenburg – geführt wird, sind alle Grundstücksbelastungen eingetragen, die gegenüber dem Staat bewilligt wurden. Dazu gehören zum Beispiel Nachbarschaftsabstände, Wegerechte oder auch Baumfällverbote. Es kam beispielsweise durchaus schon vor, dass die Bebaubarkeit eines Grundstücks eingeschränkt war, weil ein alter Pilgerweg über das Grundstück führte, ohne dass der Käufer etwas davon wusste. Selbst bei voll erschlossenen Grundstücken kann es sein, dass die Gemeinde noch Jahrzehnte später Straßenbaubeiträge für zurückliegende Jahre erhebt, und zwar nicht vom früheren, sondern vom jetzigen Besitzer. Wichtig: Abklären und im Vertrag solche Dinge ausschließen lassen.

Der Trend zum Grünen: Investieren in Feld, Wald und Wiesen

»Was glänzt, ist für den Augenblick geboren, das Echte bleibt der Nachwelt unverloren.« Hat Altmeister Goethe damit nicht treffend den Unterschied zwischen kurz- und langfristiger Geldanlage beschrieben, zwischen Effekthascherei und langem Atem? Ja, Genius und Multitalent Johann Wolfgang von Goethe kannte sich sogar in der Ökonomie bestens aus, war unter Herzog Carl von Sachsen-Weimar-Eisenach sogar Wirtschaftsminister. »Was uns gefällt und scheinet fein, muss erst mit Müh erworben sein.« Hat er in der ersten Hälfte des 19. Jahrhunderts etwa schon geahnt, was die Welt in der heutigen Zeit umtreiben wird? Die Sehnsucht nach Nachhaltigkeit und Beständigkeit.

An den Finanzmärkten gibt es sowohl Modetrends als auch Megatrends. Modetrends sind immer kurzfristig, schnelllebig. Wird der große Modezar X nach der Farbe der Saison gefragt, erwidert er: »Rot.« – »Aber Meister, das war doch die Modefarbe schon vor drei Jahren ...« – »Egal. Die Menschen vergessen schnell. Macht nur das Etikett NEU auf die Klamotten – und der Laden brummt.« Megatrends sind anders: große gesellschaftliche, wirtschaftliche Veränderungen, die sich langsam bilden. Aber wenn sie einmal wirken, dann hält ihr Einfluss meist über Jahrzehnte an. Zwei dieser Megatrends sind die Verknappung der natürlichen Ressourcen und der Klimawandel. Daher haben Investoren Forst- und Agrarflächen für sich entdeckt. Der Kauf von Agrar- und Forstflächen lag im Jahr 2010 in Deutschland voll im Trend.

Die Forstwirtschaft ist der Inbegriff der Nachhaltigkeit. Nur so viel Holz einschlagen, wie nachwächst, danach handeln die Verantwortlichen schon seit Jahrhunderten. Schließlich braucht ein Setzling seine vierzig bis fünfzig Jahre, bis er schlagreif ist. Wenn Wälder aufgeforstet und nachhaltig bewirtschaftet werden, winkt nicht nur eine hübsche Rendite. Das giftige und für den Klimawandel verantwortliche Kohlendioxid wird zudem im Wald natürlich abgespeichert. Der Wald – eine Investition in die Zukunft. Kein Wunder, dass die Nachfrage nach entsprechenden Flächen kräftig steigt.

So ist es kein Wunder, dass die Preise regelrecht explodierten und innerhalb weniger Monate um bis zu 50 Prozent stiegen. Aber: Ein Stück deutschen Wald zu einem vernünftigen Preis zu ergattern ist dabei gar nicht mehr so einfach, erklären Fachleute. Schließlich soll das Waldstück doch in Zukunft Rendite abwerfen.

Und nur zusammenhängende Flächen ab 100 Hektar seien mit Aussicht auf Gewinne zu bewirtschaften. Da liegen die Kaufpreise bei fünf Millionen Euro aufwärts. Zusätzliches Problem: Für Laien ist es schwer, den Wert des vorhandenen Baumbestandes zu beurteilen. Stehen zum Beispiel die Bäume in einer Monokultur zu dicht, wird das Holz weicher und der Ertrag schmälert sich um ein Drittel. Natürlich kann man auch woanders auf der Welt Wald kaufen, zum Beispiel in Südamerika oder in den USA. Die Sache wird dort aber auch nicht einfacher. Man muss sehr genau darauf achten, wofür man sein Geld ausgibt. Manchmal erwirbt man nur den Boden, aber nicht die Bäume, die darauf stehen. Oder nur die Bäume, ohne dass einem der Boden selbst gehört. Es gibt sogar Modelle, bei denen einem am Ende weder das eine noch das andere zusteht, sondern man nur zukünftige Nutzungsrechte kauft. Ob sich diese Geldanlage dann gelohnt hat, weiß man erst in fünfzehn oder zwanzig Jahren, wenn das Holz geerntet werden kann.

Steht also eine neue Spekulations- und Preisblase vor der Tür? Nein, sagen Anlageprofis, die Finanzkrise habe das Interesse an der Anlageklasse Wald und Holz erst richtig geweckt. Das Forstwesen sei eine gute Anlagediversifizierung mit geringer Korrelation, also Abhängigkeit zu anderen Assetklassen (Anleihen oder Aktien) und sogar hervorragend, sollte die Inflation ins Kraut schießen. Nach Schätzungen der UN-Ernährungs- und Landwirtschaftsorganisation FAO wird der Holzverbrauch bis 2050 um 50 Prozent steigen, unterliegt aber starken konjunkturellen Schwankungen. Der größte Holzabnehmer der Welt, die Bauindustrie der USA, kam in der Finanz- und Wirtschaftskrise durch den Einbruch bei Neubauten derart ins Wanken, dass sich die Kubikmeterpreise beim Holz mehr als halbierten.

Dennoch: Holzinvestments sind auf dem Vormarsch, aber nur etwas für Anleger mit viel Geduld. Die Auswahl reicht von geschlossenen Fonds über aktiv verwaltete Investmentfonds bis zu Zertifikaten, von Baum-Sparverträgen bis Wald-Sparbüchern. Und das von Costa Rica bis Vietnam. Auch hier der Appell: genau hinsehen, prüfen und sich nicht blenden lassen von Ökofonds.

Nach dem Motto Geldverdienen und das Gewissen beruhigen – Einklang von Ökonomie und Ökologie. Denn auch hier geht es um knallharte Geschäfte. Und grün verpackt heißt noch längst nicht, dass auch grün drin ist.

Oder vielleicht doch lieber ein Stück Ackerland kaufen? Landwirtschaftliche Produkte, egal ob als Ernährung für den Menschen oder als Viehfutter, werden schließlich immer benötigt. Fakt ist, dass die Weltbevölkerung weiter zunimmt – bei abnehmenden Flächen nutzbaren Ackerlandes. Das schürt die Preisphantasie für Agrarprodukte von Baumwolle bis Weizen. Ein Hektar Getreidefeld in Rumänien kostet zum Beispiel derzeit rund 2500 Euro. Achtung: Als Investor hat man zwar ein Stück Land im Portfolio, braucht aber eine professionelle Bewirtschaftung, damit sich die Sache rentiert. Also verpachten und fremdbewirtschaften lassen – nicht ohne Risiko. Aber Risiko ist immer die Bugwelle des Erfolgs, wusste schon Theodor Fontane. Wer Ländereien fern der Heimat misstraut, kann natürlich auch in Deutschland oder Österreich Ackerland erwerben, doch der Preis für einen Hektar gutes Land in Toplage kann durchaus bei 20 000 Euro aufwärts liegen. Die bei diesen Einstiegspreisen erzielten Renditen sind allerdings eher mickrig. Doch es sollte ja auch nicht um hohe Renditen, sondern um möglichst hohe Sicherheit vor der Inflation gehen. Grün investieren ist eben viel mehr als nur Bäume oder Land kaufen. Immerhin: Die Nachhaltigkeitsfonds haben ihr Nischendasein verlassen und gewinnen immer mehr an Beliebtheit. Der Dreiklang Ökonomie, Ökologie und soziale Gerechtigkeit – gestern noch leicht verspottet – wird heute auch von Politik und Wirtschaft mehr denn je eingefordert. Endlich.

5.3 Kunst und Krempel: Das Comeback der Kunst und tickende Renditen

Ein Fernsehteam sitzt vergnügt in einem Luxusrestaurant an der Cote d'Azur. Bei Speis und Trank vom Feinsten feiert man das erfolgreiche Ende einer TV-Produktion. Nicht weit entfernt ist ein Mann mit Strohhut, ganz alleine. Als die Feier immer lustiger wird, fragt er höflich, ob er sich dazusetzen dürfe. Aber selbstverständlich darf er. Der Abend wird länger, die Stimmung immer ausgelassener. Der Mann mit Strohhut kritzelt im heiteren Gespräch mit den Fernsehleuten immerzu Kreise mit Bleistift auf das Papiertischtuch: kleine und große, in sich verschlungen oder auch nicht. Als der Kellner mit der Rechnung kommt, macht der Mann eine Handbewegung, die erkennen lässt: »Geht alles auf mich«, und gibt dem Kellner seine Kreditkarte. Nach einigen Sekunden kommt der Ober aufgeregt zurück und stammelt: »Wenn Sie nur die Rechnung unterschreiben, das reicht. Alles geht auf Kosten des Hauses. Sie brauchen nichts bezahlen, gar nichts. Nur Ihre Unterschrift, bitte.« Der Mann mit Strohhut zuckt mit den Achseln und setzt seine Unterschrift unter die Rechnung. Der Kellner zieht sich ehrfürchtig zurück, jedoch nicht ohne hastig das Papiertischtuch mit den Bleistiftkreisen abzureißen und mitzunehmen.

Noch heute zieren die Rechnung und der Teil der Tischdecke mit den Kreisen das Nobelrestaurant an prominenter Stelle, gerahmt und stets ins rechte Licht gerückt. Damit es jeder Gast sehen und andächtig hauchen kann: »Er« war auch hier. »Er«, der Mann mit dem Strohhut, war kein Geringerer als Pablo Picasso, dessen Schriftzug und die Kreise auf Papier dem Restaurantchef so viel wert waren, dass er auf die Zeche verzichtete. Und die war nicht gerade klein, an dem Abend hatte man es richtig krachen lassen. Die Geschichte ist ebenso schön wie wahr. Rainer Holbe, der als Journalist, Buchautor, vor allem als Fernsehmoderator, zum Beispiel der *ZDF-Starparade,* populär war und ist, war dabei.

Ja, die Kunst des großen Mannes der Klassischen Moderne war schon zu seinen Lebzeiten heiß begehrt. Und heute, so scheint es, erst recht. Im Mai 2010 wechselte Picassos Ölgemälde *Nackte, grüne Blätter und Büste* nach nur neun Minuten Versteigerung bei Christie's in New York den Besitzer. Zum Rekordpreis von 106 Millionen Dollar. Aber das ist kein Einzelfall. Die Skulptur *Der schreitende Mann* des Italieners Alberto Giacometti erzielte im Februar 2010 – völlig unerwartet – 104 Millionen Dollar. Das

Kuriose: Die schlichte Skulptur gehörte zur Kunstsammlung der Dresdner Bank und wurde vor über zwanzig Jahren für 600 000 D-Mark gekauft – zum Unmut einiger Dresdner-Vorstandsmitglieder: Muss das denn wirklich sein, und dann noch so teuer? Für Banken sind Kunstwerke schon immer Anlageklasse sowie Vermögens- und Repräsentationswerte. Getrennt hat sich die Dresdner Bank von dem Kunstwerk nur, weil sie finanziell am Ende war und unter die Decke der Commerzbank schlüpfte. Ein Notverkauf also, aber mit gigantischer Rendite, denn am Kunstmarkt herrscht Kauflaune.

Schnell hat die Branche zur alten Stärke zurückgefunden. 2007 gaben Sammler noch weltweit 48 Milliarden Euro für Bilder und andere Kunstwerke aus. 2009 brach dann der Markt weg (minus 35 Prozent), weil Investoren in der Finanzkrise hastig verkauften, um Geld zum Stopfen von Finanzlöchern zu haben. Jetzt atmen die Kunstmärkte wieder auf, weil die Angst vor Geldentwertung die Kauflaune beflügelt. Vor allem Altmeister wie Picasso, Matisse oder Giacometti sind gefragt, während lebende Künstler mit ihrer zeitgenössischen Kunst noch immer an den Folgen der Krise leiden. Ausnahmen bestätigen auch hier die Regel: In der Krise erzielten Werke von Georg Baselitz, Neo Rauch oder Gerhard Richter Spitzenpreise. Ein Comeback der Kunst also.

Wer damit als Sachwertanlage liebäugelt, sollte beachten: Der Reiz liegt in der bisher guten langfristigen Wertentwicklung. So stach die Kunst den Aktienmarkt in den fünfzig Jahren von 1956 bis 2006 mit einer Rendite von 12,3 Prozent pro Jahr aus (Aktien: plus 11,1 Prozent, gemessen am S&P-500-Index). Der Art Price Index stieg in den Jahren von 1990 bis 2007, brach dann ein und erholte sich 2010 wieder. Das Ergebnis kann sich sehen lassen: 30 Prozent plus in zwanzig Jahren. Nicht schlecht, oder?

Was lernen wir daraus? Kunst ist gut für die Risikoverteilung im Depot als Portfolio-Diversifizierer, wie man es in der Fachsprache so schön nennt. Gerade in Zeiten schwacher Aktienmärkte ist die Investition eine gute Alternative, und sie bringt neben finanziellen Erträgen positive Nebeneffekte: Freude, Genuss und Hochgefühle beim Betrachten der Kunstobjekte. »Kunst ist die Gesamtheit der von Menschen geschaffenen, nicht durch Funktionen festgelegten Werte, zu deren Schöpfung ein hervorragendes und spezifisches Können erforderlich ist«, so eine der vielen Definitionen zur Kunst. Aber letztlich liegt es auch im Auge des Betrachters.

Das Problem bei Kunstobjekten ist die hohe Volatilität, sprich die hohe Schwankung bei den Preisen – leider eben oft nach unten. Die Beurteilung wird zudem erschwert durch die Intransparenz des Marktes, fehlende Vergleichsdaten und die Nachbildbarkeit, also Fälschungen. Aber: Kunst entwickelt sich zur eigenen Anlageklasse. Der Markt ist global und stößt in den Schwellenländern China, Indien, Brasilien und Russland auf noch unbegrenzte Nachfrage. Gleichzeitig werden viele Reiche dieser Welt immer reicher und wollen sich mit einem Original von Picasso, Matisse, Rauch oder Baselitz schmücken. Das ist Musik in den Ohren von Galeristen und großen Auktionshäusern. Die Preise für Kunst werden mittelfristig weiter deutlich steigen, schätzen Fachleute, uns zwar in dem Ausmaß, wie Inflationsängste zunehmen.

Der Zauber von alten Autos, hochwertigen Uhren und funkelnden Diamanten

Zu den gefragten Sachwerten gehören neben Kunstobjekten vor allem auch Oldtimer, mechanische Luxusuhren, Spitzenweine und natürlich Diamanten. Wohl dem, der noch eine Ente, den Citroën 2CV in der Garage hat – in Bestzustand, versteht sich. Dieser Oldtimer erzielte im Deutschen Oldtimer-Index (DOX) vom Verband der Automobilindustrie (VDA) den höchsten Wertzuwachs. Die anderen auf dem Siegertreppchen: Fiat 500F und Porsche 924. Ein paar konkrete Beispiele: Der Wert eines Ford Taunus 1300 (Baujahre 1970 bis 1975) kletterte in zehn Jahren von 1600 Euro auf 4000 Euro, der eines Opel Manta B 2.0S (auch Siebziger-Baujahr) von 2100 Euro auf knapp 5000 Euro. Und der legendäre VW Käfer 1300 (1970 bis 1973) bringt statt 3300 Euro nun runde 5000 Euro. Im Schnitt steigen die Oldtimerpreise laut den Experten im Jahr zwischen 7,5 Prozent bis sogar 30 Prozent, je nach Beschaffenheit und Zusatzausstattung. Sofern alles im Originalzustand bleibt. Seit dem Start des Deutschen Oldtimer-Index 1999 hat dieser im Schnitt 5,7 Prozent pro Jahr zugelegt.

Dabei gibt es immer mehr Oldieliebhaber und Sammler. Einer der Emsigsten und Schillerndsten unter ihnen ist Harry Yeaggy aus Ohio (USA). Der Mann nennt zwar »nur« 25 Auto-Preziosen sein Eigen, dafür sind es aber die edelsten von Ferrari und Düsenberg. Den Knaller landete der Amerikaner im Oktober 2010. In London kam der legendäre Aston Martin DB5 aus den James-Bond-Filmen der Sechzigerjahre bei einer Auktion unter den Hammer. Kinogänger und Bond-Fans wissen: Das ist der schnittige Sportwagen mit Schleudersitz für aufmüpfige Beifahrer, dreifach drehbaren Nummerschildern, Maschinengewehren unter den Blinkern und der Fähigkeit, Öl und Nägel auszuspucken und Rauch auszustoßen, um unliebsame Verfolger abzuschütteln. Vierzig Jahre hatte der Aston Martin bei seinem Vorbesitzer in den USA ein eigenes Zimmer. Doch dann gab ihn der Autonarr zum Verkauf frei. Harry Yeaggy aus Ohio legte satte 3,4 Millionen Euro in London auf den Auktionstisch – und erhielt den Zuschlag. Nur für ein Auto. Der Vorbesitzer freut sich. Also: Mit Oldtimern lässt sich außer Spaß haben auch Geld machen, aber nur mit langem Atem.

Ähnlich ist die Lage bei mechanischen Uhren: handwerkliche Meisterwerke aus feinster und kleinster Feder- und Zahnradtechnik. Luxusnamen wie Rolex, Patek Philippe, Jaeger-Lecoultre oder auch die Edelmanufaktur Lange & Söhne in Sachsen kommen einem da in den Sinn. 8 bis 10 Prozent lassen sich mit Uhren als Geldanlage im Jahr machen. Damit ist man auf Augenhöhe mit den Aktienbarometern DAX und DOW (USA), aber mit weitaus weniger Risiko. Auch hier gilt: nichts für kurzfristige Spekulanten. Die edlen Zeitmesser brauchen Zeit, um im Wert zuzulegen. Mindestens fünf bis zehn Jahre. Heißbegehrt sind übrigens Taschenuhren. Modelle aus den Fünfzigerjahren erzielen Top-Preise – die Chinesen stehen Schlange.

Das ist das Damoklesschwert, das neben Kunst und Uhren auch über edlen Weinen schwebt: Asien bestimmt und beherrscht mit seiner stürmischen Nachfrage die Märkte und damit die Preise. Wehe, diese Gier nach Luxus versiegt oder irgendeine Blase in Fernost platzt. Dann kracht es in der Weltwirtschaft, und der Höhenflug der Kunstobjekte könnte zum Sturzflug werden.

Ein paar Worte zum Thema Spitzenweine. Die Rekordsumme von fast 234 000 Dollar hat ein Weinliebhaber aus Asien bei einer Auktion in Hongkong für eine Flasche französischen Lafite Jahrgang 1869 hingeblättert. Für eine Dreiviertel-Liter-Flasche, unglaublich, aber wahr. Ob der Edelwein nach schlappen 141 Jahren überhaupt noch genießbar ist, steht in den Sternen. Interessiert den Käufer wahrscheinlich auch nicht so sehr. Sich mit dem erstandenen französischen Luxuswein vor Freunden in Asien zu schmücken hebt bereits das Glücksgefühl.

Was ist mit Diamanten? Nun, um es mit James Bond zu sagen: *Diamonds are forever*. In Deutschland hieß der James-Bond-Streifen *Diamantenfieber*, kam in den Siebzigerjahren in die Kinos. Aber sind die kostbaren Edelsteine denn wirklich unvergänglich, im Sinne einer Sachwertanlage in unsicheren Zeiten? Wer sich vom Zauber der Juwelen angezogen fühlt, wer sich selbst oder den Partner mit den funkelnden Brillanten verschönern will – nichts dagegen. Doch bei Diamanten als Geldanlage ist Vorsicht angesagt. Der Markt wird beherrscht von der Börse in Antwerpen. Per Handschlag und ohne staatliche Regulierung kommen hier Geschäfte mit Rohdiamanten zustande. Gegen das Ritual des Handschlags unter ehrbaren Kaufleuten ist absolut nichts einzuwenden, wo gibt's das heute noch. Nur: Das alles setzt großes Vertrauen in die Akteure und deren Geschäftsstrukturen voraus. Und die sind für Privatanleger meist alles andere als leicht zu durchschauen. Man sollte daher bei anerkannten und langjährigen Juwelieren oder Goldschmieden kaufen, gerade für die Geldanlage – und nicht bei Anlageberatern, die Edelsteine vermitteln. Da lauern viele schwarze Schafe. Wichtig: Diamanten niemals ohne anerkannte Zertifikate über Echtheit und Qualitätsmerkmale (Reinheit, Schliff et cetera) kaufen. Außerdem lohnen wegen der hohen Handelsspannen kleinere Investments nicht. Der Wiederverkauf läuft auch nicht über eine der 28 privaten Diamantenbörsen, sondern über den Juwelier. Und ob dieser scharf darauf ist, sich einen Glitzerstein auf Lager zu legen? Eher unwahrscheinlich. Wie bei den anderen Liebhaberobjekten gilt auch hier: wenn Diamanten, dann nicht zur kurzfristigen Spekulation, sondern als langfristige Wertsicherung – und nicht unbedingt Wertsteigerung.

Fazit: Wer sich die richtigen Sammelgebiete aussucht, rechtzeitig ein- und lange nicht wieder aussteigt, kann damit echte Vermögenswerte ansammeln. Alle Anlagen, von Kunstwerken über Oldtimer bis hin zu Diamanten, werden außerhalb staatlicher Kontrollen und offizieller Börsen gehandelt. Das muss an sich kein Nachteil sein. Aber es ist eben immer ein riskantes Spiel. Vor dem Kauf ist Vorsicht das Gebot der Stunde. Erst nach genauer Prüfung kaufen und vor allen Dingen: Nur Langfrist-Investments zahlen sich aus. So war es in der Vergangenheit jedenfalls. Keine Garantie für die Zukunft. Denn welche Sammlerobjekte der Gegenwart auch in Zukunft noch hochgeschätzt werden, lässt sich nicht vorhersagen. Insofern sollte man lieber aus Freude sammeln und nicht ausschließlich ans Geld denken.

5.4 Goldene Zeiten: Warum Gold und Rohstoffe eine Alternative sind

»Nach Golde drängt, am Golde hängt doch alles. Ach, wir Armen!«, heißt es schon bei Goethes *Faust*. Der Mythos Gold ist offenbar unbesiegbar, geht sogar einer neuen Blütezeit entgegen. Das gelbe Edelmetall wirft zwar keine Zinsen ab, auch keine Dividenden, aber Gold ist eben ein Krisenmetall. Das war es schon immer, wenn harte politische, vor allem militärische Auseinandersetzungen drohten oder die Inflation ihre Krallen zeigte. Jetzt aber wird Gold als Ersatz von Papiergeld, als Ersatzwährung zum schlappen Dollar gehandelt und gekauft, vor allem physisch in Barren oder Münzen. Bis auf 5000 Dollar die Feinunze, also 31,1 Gramm, kann der Preis in den nächsten Jahren noch steigen, prophezeien die größten Optimisten. 2010 lag der Preis bereits bei

1300 Dollar. Vom Gold des kleinen Mannes, dem Silber, ganz zu schweigen. Auch hier Preiskapriolen. Silber hat sein Nischendasein als vorwiegendes Industrieedelmetall verlassen und genießt die höheren Weihen einer Sachanlage.

Wer also Mitte 2000 in Gold investiert hat, konnte sein Vermögen um das 4,5-Fache steigern. Wer bei Goldminenaktien zugeschlagen hat, kann über eine Verzehnfachung des Einsatzes jubeln. Einer der ganz großen Investoren an den Börsen, der mit Spekulationen bei Hedgefonds Milliarden eingestrichen hat, der Amerikaner John Paulson, ist – sorry – völlig ausgeflippt. 80 Prozent seines Vermögens von satten 12 Milliarden Dollar habe er in Gold angelegt, behauptet der Mann und sieht den Goldpreis bis 2012 zwischen 2400 und 4000 Dollar je Unze. Spinnen wir das einmal weiter: Nehmen wir an, alle Investoren dieser Welt schichten 1 Prozent der weltweiten Kapitalisierung von Aktien und Anleihen in Gold um. Dann ergibt sich beim Preis von 1250 Dollar je Feinunze Gold eine Zusatznachfrage von 36 000 Tonnen. Das ist so viel wie alle bekannten Goldreserven der Welt, meinen US-Geologen.

Die Investmentnachfrage überholt die nach Goldschmuck, das heißt Anleger kaufen mehr Gold als Juweliere. Außerdem: Die chinesische Regierung hat ihre Bürger ermutigt, in Gold zu investieren – mit Erfolg. 2008 wurden 17 Tonnen Gold als Anlage gekauft, 2009 waren es bereits 73 Tonnen. 2010 sollen es weit über 140 Tonnen gewesen sein. Obwohl China inzwischen der größte Goldförderer der Welt ist mit 330 Tonnen im Jahr, liegt die Nachfrage weit darüber, Schmuck eingeschlossen. Hinzu kommt: Peking will seine Goldreserven weiter aufstocken. Die staatlichen Reserven liegen bislang bei mageren knapp 2 Prozent der gesamten Devisenreserven. Der Löwenanteil sind US-Dollar. Wenn Peking seine Goldreserven auf 10 Prozent aufstocken wollte, müssten über 6100 Tonnen aufgekauft werden. Das Riesenreich trifft also auf einen vergleichsweise kleinen Goldmarkt. Na, wenn das kein Turbo für weitere Preisschübe ist.

Neben China sind auch Indien, Russland und andere Schwellenländer dabei, fast klammheimlich ihre staatlichen Reserven mit

Gold anzufüttern. Bahnt sich da am Horizont etwa eine Neuordnung des Weltwährungssystems an, weg vom ungeliebten Fixstern US-Dollar? Wird dieser als führende Welt- und Rohstoffwährung bald durch etwas ganz Neues abgelöst, vielleicht durch einen Korb aus verschiedenen Rohstoffen mit Gold als Medium? Daher also die staatlichen Goldkäufe in Asien und Afrika? Solche Spekulationen kommen immer wieder auf.

Wie sieht denn eigentlich die Situation in Deutschland aus? Statistisch besitzt jeder Deutsche bereits durchschnittlich 111 Gramm Gold, die Bevölkerung insgesamt 7500 Tonnen, von Schmuck über Münzen bis Barren. Das entspricht rund 5 Prozent der weltweiten Goldmenge von 163 000 Tonnen. Oder umgerechnet rund 235 Milliarden Euro, knapp 10 Prozent der gesamten Wirtschaftsleistung eines Jahres, dem BIP. Der Deutsche, ein echter Goldfinger also. Zum Vergleich: Die staatliche Goldreserve, deponiert in den Tresoren der Deutschen Bundesbank in Frankfurt, liegt bei »nur« 3500 Tonnen. Aber: Auch dieses Gold gehört ja uns, den Steuerzahlern.

In welcher Form kauft man Gold?

Als Schutz vor der Inflation rate ich jedem, 8 bis 10 Prozent seines Portfolios in Gold anzulegen. Dabei meine ich physisches Gold und nicht etwa Anteile an Fonds, die nur mit physischem Gold hinterlegt sind. Dieses Gold sollte allerdings ausschließlich dem Werterhalt und zur Absicherung des Vermögens dienen und nicht zu Spekulationszwecken. Dann kann man es sogar kaufen, wenn die Feinunze, das sind 31,1 Gramm, an den Rohstoffbörsen eine Höchstnotierung erreicht.

Wer Gold kaufen will, sollte sich genau überlegen, wo und in welcher Form. Goldschmuck beim Juwelier sieht zwar gut aus, aber man muss nicht nur den Goldpreis, sondern auch die handwerkliche Verarbeitung und die Mehrwertsteuer in Höhe von 19 Prozent bezahlen. Besser ist es, Goldmünzen oder Goldbarren zu kaufen. Die bekanntesten Anlagemünzen der Welt: der Krügerrand aus Südafrika, der österreichische Wiener Philharmoniker, der Maple Leaf aus Kanada und der American Eagle aus den USA. All diese Münzen gibt es in unterschiedlichen Größen, außerdem variiert ihr prozentualer Goldanteil. Grundsätzlich muss man beim Kauf von Gold in Münzform mit einem gehörigen Aufschlag rechnen. Schließlich kostet auch die Prägung Geld. Deshalb sind kleine Münzen im Verhältnis zum Goldgehalt teurer als große – oder als Goldbarren. Auch bei den Goldbarren gilt: je kleiner, desto teurer. Die Spanne reicht von gerade mal 1,55 Gramm (ein Zwanzigstel Unze) bis zum 1-Kilo-Goldbarren. Man muss sich also einerseits überlegen, wie viel Geld man investieren kann und will, und andererseits, was man mit dem Gold vorhat. Je kleiner die Goldstücke oder Barren sind, desto eher kann man sie in Krisenzeiten als Tauschmittel einsetzen.

Wo kauft man das Edelmetall denn nun am besten? Vergleichen Sie auf jeden Fall die Angebote. Fragen Sie Ihre Bank und informieren Sie sich bei Edelmetallhändlern. Aber inzwischen verkaufen auch Juweliere und Antikgeschäfte Goldbarren und Goldmünzen. Die Preise können durch die unterschiedlichen Aufschläge der Verkäufer ganz erheblich schwanken. Manche verlangen für Goldbarren nur etwas mehr als 2 Prozent auf den offiziellen Goldpreis an der Börse, andere aber auch fast 19 Prozent. Bei Sammlersets mit mehreren Goldmünzen sind die Preisunterschiede sogar noch größer. Hier verlangen manche Händler fast bis zu 150 Prozent mehr als andere. Doch die Preise ändern sich schnell. Sie müssen immer die aktuellen Preise prüfen, bevor Sie sich zum Kauf entschließen.

Die neueste Idee ist der Kauf am Goldautomaten, kein Scherz. Es gibt doch schon so viele Dinge, die man am Automaten schnell im Vorbeigehen ziehen kann: Kaugummis, Zigaretten, Kaffee, Blumen, Bücher et cetera. Und wenn es doch Geldautomaten gibt, warum dann nicht auch einen Goldautomaten? Hat sich ein findiger Unternehmer gedacht und den Automaten namens Gold to go gebaut. Laut Hersteller bekommt man hier Gold in Münzen und Barren bis 250 Gramm – geprüft und auf Basis von Echtzeitpreisen. Das Ganze kommt dann – gegen Bares oder Kreditkarte – in einer edlen Geschenkbox aus dem Ausgabeschacht. Schon in mehreren deutschen Städten stehen die Goldautomaten, ein paar auch schon im Ausland.

Silber oder Industriemetalle als Alternative zu Gold?

Kennen Sie Lutetium, Germanium, Yttrium, Lanthan oder Neodym? Nein, keine ausgefallenen Modenamen für Kinder. Die genannten Exoten gehören zur Familie der »Seltenen Erden«. Das sind insgesamt siebzehn Metalle, die alle Bestandteil vieler Hightech-Produkte sind: in Leuchtmitteln, Magneten, Polituren, Katalysatoren, Gläsern, Keramiken und vor allem in der Metallurgie. Ob Flachbildschirme, Mobiltelefone oder die neue Generation von Hybrid- und Elektroautos, kaum eines dieser Produkte kommt ohne die besagten Seltenerd-Metalle aus. Sie kommen gar nicht so selten vor, wie ihr Name vermuten lässt. Was sie so wertvoll macht, ist das aufwendige und kostspielige Verfahren, mit dem sie gewonnen werden müssen. Denn Seltenerd-Metalle sind in andere Mineralien eingebunden und müssen daher erst herausgetrennt werden.

In China reibt man sich schon die Hände, denn 97 Prozent dieser Grundstoffe kommen aus dem Reich der Mitte. Und was macht ein Monopolist? Er demonstriert seine Macht und setzt die so wichtigen Grundstoffe als Druckmittel ein. So geschehen im Oktober 2010 gegen Japan: Der chinesische Zoll untersagte die Ausfuhr der Metalle, angeblich wegen technischer Probleme bei der Bearbeitung der Ausfuhrformulare. Auch wolle man die Exporte der Seltenerd-Metalle generell um über 70 Prozent drosseln. Der eigene Bedarf sei zu groß. Der Drache speit also Feuer.

Bislang konnten sich die westlichen Industrieländer auf die Lieferungen aus China verlassen, insofern waren Seltenerd-Metalle nie ein großes Thema. Das hat sich gewaltig geändert – was zu Kurskapriolen an den Märkten führt. Die Folge: Aktien von Unternehmen, die nach Seltenen Erden außerhalb Chinas suchen und Produktionen vorbereiten, legen an den Börsen kräftig zu.

Es kann Jahre dauern, bis der Westen eigene Minen erschlossen hat. Daher geht der langfristige Preistrend dieser bislang wenig beachteten Metalle klar nach oben, erläutern Experten. Die Seltenen Erden sind Mangelware geworden. Also werden die Preise steigen.

Weder für die Produzenten von Flachbildschirmen bis Mobiltelefonen ein gutes Zeichen noch für die Verbraucher. Für die Anleger aber schon, denn einmal mehr wird klar: Rohstoffe sind wahrscheinlich die Investments des 21. Jahrhunderts, von Baumwolle über Neodym bis hin zu Kupfer, Weizen und natürlich Gold. Je mehr die Politik mit der Industrie, gerade in Deutschland, laut darüber nachdenkt, wie man der Rohstofffalle entrinnen, die Rohstoffversorgung der Volkswirtschaft sichern kann und auch über eine Deutsche Rohstoffagentur debattiert, umso mehr frohlocken die Spezialisten an den Rohstoffmärkten. Steigende Nachfrage bei knappem Angebot, da machen die Kurse stets Freudensprünge – von denen wiederum die Produzenten profitieren.

Es wird weiter heiß hergehen an diesen Märkten, die seit Beginn 2008 vermehrt von Anlegern und Spekulanten entdeckt wurden. Übrigens auch mit positiven Effekten für die Währungen der Rohstoffstaaten. Denn Rohstoffe müssen bezahlt werden, bislang noch überwiegend in US-Dollar. Aber früher oder später erfolgt der Umtausch in die Landeswährung. Dadurch steigt die Nachfrage, die Währungen werden aufgewertet und als Rohstoffwährungen an den Börsen verhätschelt, ob brasilianischer Real oder südafrikanischer Rand.

Bisher war der Trend: Wenn sich die Konjunktur weltweit abkühlte, gingen auch die Rohstoffwährungen auf Talfahrt. Bestes Beispiel 2008: Der Rand verlor zum Dollar über 60 Prozent seines Wertes. In Zukunft wird das anders aussehen. Warum? Weil große Verbraucher wie China und Indien die Nachfrage nach Rohstoffen über Jahre ankurbeln und so die Preise stabil halten werden, abgesehen von einigen kurzfristigen Einbrüchen.

Und noch etwas: Weil die USA überschuldet sind, die US-Wirtschaft an Bedeutung verlieren wird (bis 2050 könnte schon China weltweit die Nummer eins sein), steht damit die führende

Weltwährung auf schwachen Beinen: der US-Dollar. Der Druck auf ihn wird an den Märkten anhalten, auch weil die Amerikaner mit immer neuem, frischem Geld der US-Notenbank versuchen, die Abwärtsspirale aufzuhalten. Deshalb wächst weltweit die Sorge vor Inflation. Man erwartet sie, nicht heute, nicht morgen – aber in einigen Jahren. Gepaart mit der Angst vor Staatspleiten ein idealer Nährboden für die Flucht der Anleger in »Sachwerte«, von Aktien über Immobilien zu Rohstoffen und dabei vor allem Gold.

Wem also Gold zu teuer ist, wird sich vielleicht überlegen, ob er nicht lieber auf Silber oder sogar Industriemetalle ausweicht. Silber ist jedenfalls im Vergleich zu Gold eher unterbewertet. Da Silber auch in der Industrie verarbeitet wird, hängt der Preis mit von der konjunkturellen Entwicklung der Wirtschaft ab. Was man berücksichtigen sollte, ist, dass man für Silbermünzen in Deutschland 7 Prozent Mehrwertsteuer und für Barren 19 Prozent bezahlen muss. Der Prägeaufschlag ist bei Silbermünzen im Verhältnis zum Materialpreis höher als bei Goldmünzen.

Sollten Sie beabsichtigen, sich größere Mengen Silber zuzulegen – aus welchem Grund auch immer –, unterschätzen Sie nicht den notwendigen Lagerplatz. Nehmen wir einmal an, dass Sie zum Beispiel Silber im Wert von 4 Kilogramm Gold haben möchten: Diese Menge an Gold bringt man noch gut irgendwo unter. Notfalls auch in einem Aktenkoffer oder einer Schatzkiste. Aber in Silber entspricht das sagenhaften 250 Kilogramm! Noch problematischer wird es bei Industriemetallen, von denen Privatanleger die Finger lassen sollten, da der Handel dieser Güter in physikalischer Form kaum zu handhaben ist.

Was Sie beim Verkauf von Gold beachten sollten

Die Hauptsorge bei Gold ist meist, dass der Goldpreis trotz seiner langfristigen Steigerung immer wieder Einbrüche erlebt. Wenn man gerade dann sein Gold verkaufen muss, macht man Verluste. Doch Gold ist ohnehin eine Anlage auf lange Sicht. Natürlich spielt für manche auch der Aufschlag beim Erwerb von Gold eine Rolle. Deshalb sollte man darauf achten, dass diese Handlingkosten so gering wie möglich sind. Gold bietet neben der Sicherheit keine laufenden Einnahmen. Eine zusätzliche Rendite fällt nur an, wenn der Preis steigt und man dann auch verkauft. Außerdem gibt es beim Gold auch noch ein Währungsrisiko, weil der Goldpreis auf dem Weltmarkt in US-Dollar festgelegt wird. Ein schwacher Dollar kann also den Wert des in Euro erworbenen Goldes mindern. Aber es gibt bei keiner Geldanlage eine absolute Risikofreiheit.

Gold lässt sich auf jeden Fall wieder zu Bargeld machen. Allerdings sollten Sie beim Verkauf von Gold einige Regeln beachten. Es ist prinzipiell nichts dagegen einzuwenden, wenn man von hohen Goldpreisen profitieren möchte nach dem Motto: lieber den Spatz in der Hand als die Taube auf dem Dach. Dann wird in den Familienschätzen gegraben, und oft kommen dann zum Vorschein: Schmuckstücke aus Gold, die nie getragen werden, Goldbesteck, das niemand benutzt, Goldmünzen, die man geerbt hat, und vielleicht sogar Zahngold, das irgendjemand aus der Familie aufbewahrt hat.

Wie immer gibt es seriöse Ankäufer und solche, die mit der Ahnungslosigkeit ihrer Kunden rechnen. Grundsätzlich muss man davon ausgehen, dass man nicht den amtlichen Börsenkurs für sein Gold erhält, sondern die Abschläge 10 Prozent oder auch mehr betragen. Gerade in kleineren Städten ist der örtliche Juwelier, der auf seine Reputation achten muss, eine gute Anlaufstelle ebenso wie Banken, die immer häufiger ebenfalls Goldankaufstellen einrichten. Bei Schmuckstücken kann der Preis höher liegen als der reine Goldwert, muss aber nicht. Goldene Münzen und Medaillen haben manchmal einen höheren Sammler- als Materialwert. Daher ist ein Gang zu einem Münzhändler zunächst sinnvoll.

Sicher kennen Sie Werbeversprechungen wie »Wir kaufen Ihr Alt- und Zahngold«. Gibt es in zahlreichen Formen im Fernsehen, als Postwurfsendungen oder im Internet. Der Kunde soll Goldschmuck, Zahngold et cetera per Post schicken. Der Anbieter schätzt daraufhin das Gold und verspricht, dem Kunden den Betrag dann zu überweisen, sofern dieser den Preis akzeptiert. Wenn nicht, bekommt er sein Gold wieder zurück. Vorsicht: Inzwischen sind den Verbraucherzentralen genügend Fälle bekannt, in denen die Angebote manchmal nur ein Siebtel des tatsächlichen Wertes betrugen. Selbst wenn die Ankäufer knapp ein Drittel bieten, ist das eindeutig zu wenig. Bei seriösen Ankäufern lässt sich deutlich mehr erzielen. Manche Händler berechnen zusätzlich hohe Bearbeitungsgebühren, die die Auszahlung weiter mindern. Und wer glaubt, dass er sein Gold ohne weiteres zurückerhält, wenn er den Preis nicht akzeptiert, kann sich irren. Oft muss er erst juristische Schritte einleiten, um wieder an sein Eigentum zu kommen.

Aus der Rubrik Nepper, Schlepper, Bauernfänger

»Autobahngold« nennt die Polizei eine neue Betrügermasche. Funktioniert so: Auf dem Standstreifen einer Autobahn steht ein vermeintlich liegengebliebenes Auto. Halten Sie als hilfsbereiter Autofahrer an, lässt der Fahrer eine herzzerreißende Geschichte vom Stapel. Zum Beispiel von der Mutter, die schwerverletzt im Krankenhaus liegt. Und nun ist nicht nur das Benzin, sondern auch noch das Geld alle, weil er so überstürzt aufbrechen musste. Ob Sie ihm vielleicht 50 Euro geben würden – im Tausch gegen diesen wertvollen Goldschmuck, den er trägt? Ist echtes Gold, versprochen! Und für etwas mehr Geld gibt es gleich noch ein paar Schmuckstücke mehr, im Wert von mindestens 2000 Euro. Können Sie für ein paar hundert Euro haben, zum Dank für Ihre Hilfsbereitschaft.

Die gleiche Masche wird auch in Einkaufspassagen, an Autobahnraststätten oder Fußgängerzonen abgezogen. Die aufgetischte Geschichte variiert dabei immer etwas – situationsbezogen eben. Was immer gleich ist: Das, was Sie da kaufen, ist alles, aber sicher kein Gold. Billigster Modeschmuck, meist aus Messing, gefälscht mit einer Prägung, die

Goldgehalt vorgaukeln soll. Lassen Sie sich nicht schamlos von solchen Betrügern abzocken! Es ist nicht alles Gold, was glänzt – vor allem nicht bei Schnäppchen am Straßenrand.

Wenn man nun Goldmünzen oder Goldbarren gekauft hat – wo bewahrt man seine Schätze denn am besten auf? Im geheimen Safe zu Hause wäre eine Möglichkeit. Wem der eigene Tresor nicht sicher genug ist, kann sein Gold im Bankschließfach einlagern. Dann fallen aber wiederum Mietgebühren für das Schließfach an, und – je nach Inhalt – muss noch eine Zusatzversicherung her. Wichtig: Wenn Sie ein Schließfach bei der Bank in Anspruch nehmen, egal ob für Ihren Goldbarren oder andere Wertgegenstände, legen Sie ein Inhaltsverzeichnis mit in das Schließfach. Sonst kann es passieren, dass die Enkelkinder eine wertvolle Briefmarkensammlung achtlos beiseitelegen, dass Familienerbstücke eingeschmolzen oder dass teure Uhren, denen man ihren Wert überhaupt nicht ansieht, an den Handgelenken der Kids landen. Und reden Sie mit Ihrer Familie darüber, dass es dieses Schließfach gibt. Im Todesfall wissen die Erben dann Bescheid.

Übrigens: Während der Finanzkrise stieg die Nachfrage nach Schließfächern bei Sparkassen und Banken in Deutschland, aber auch in der Schweiz signifikant an. Ganz offensichtlich vertrauten viele Menschen dem Finanzsystem nicht mehr und räumten deshalb das Geld von Konten ab, auf denen es sich ohnehin nicht verzinste, um es in einem Schließfach zu deponieren. Viele wechselten ihre Euros dann auch gleich in Schweizer Franken oder in Norwegische Kronen, weil sie annahmen, dass diese eine Krise besser überstehen würden als der Euro. Natürlich weiß niemand, was die Zukunft bringt, und deshalb sind solche Devisenkäufe auch eher spekulative Geschäfte, die zwar dem Sicherheitsdenken entspringen, aber letztendlich auch nichts anderes als Wetten auf die Zukunft sind.

6

Zukunftssorgen: Vorsorgen ohne Reue

»Statistisch gesehen werde ich nach 13,7 Jahren geschieden. Wieso soll ich dann Aktienfonds kaufen, die zwanzig oder dreißig Jahre laufen? Verstehe ich nicht …«, wundert sich der Deutsche. Am liebsten möchte er wie in Las Vegas am Hebel des einarmigen Banditen ziehen und ganz schnell ganz viel gewinnen.

Die Mehrzahl der Bundesbürger hat sich weder in der Vergangenheit noch in der Gegenwart langfristig um das Thema Geld gekümmert. War auch lange Zeit nicht unbedingt nötig. Wozu gibt's die staatliche Vorsorge? Mittlerweile hat sich das Blatt gewendet. Wer sich auf die staatliche Rente verlässt, der ist verlassen. Das, was dabei rumkommt, reicht in vielen Fällen kaum, um den eigenen Lebensstandard im Alter aufrechtzuerhalten. Das bedeutet: Frühzeitig über Geld nachdenken. Vermögensaufbau und Altersvorsorge sind die beiden großen Themen. Wenn wir das nicht tun, ist Altersarmut vielleicht schon vorprogrammiert.

Die meisten Deutschen wissen inzwischen sehr wohl, dass die private Vorsorge sinnvoll und notwendig ist. Bei der Auswahl der Vorsorgeprodukte machen sie aber allzu häufig den Fehler, sich zu sehr von staatlichen Subventionen oder Steuervorteilen locken zu lassen. Solche Anreize zu nutzen ist schon in Ordnung. Aber machen Sie sich bitte im Vorfeld klar, welche Ziele Sie erreichen möchten und ob die toll subventionierte Maßnahme Sie diesen Zielen wirklich näher bringt – oder sich doch eine andere Lösung anbietet. Ebenso unüberlegt ist, aus lauter Sparwahn fürs Alter den gesamten Betrag, den man vom Einkommen monatlich abzweigen kann, in eine Riester-Rente, eine Kapital-Lebensversicherung, einen Bausparvertrag oder einen Immobiliensparplan zu stecken. Warum? Ganz einfach: Das Risiko, dass die Anlageform zu späteren Lebenszielen nicht mehr passt, ist recht hoch – und das Gejammer dann groß. Denn wenn man nach einigen Jahren aus einem Vertrag aussteigen und zu einem anderen Produkt wechseln will, wird das teuer.

Was die Deutschen von ihrer Altersvorsorge erwarten

Angaben in Prozent

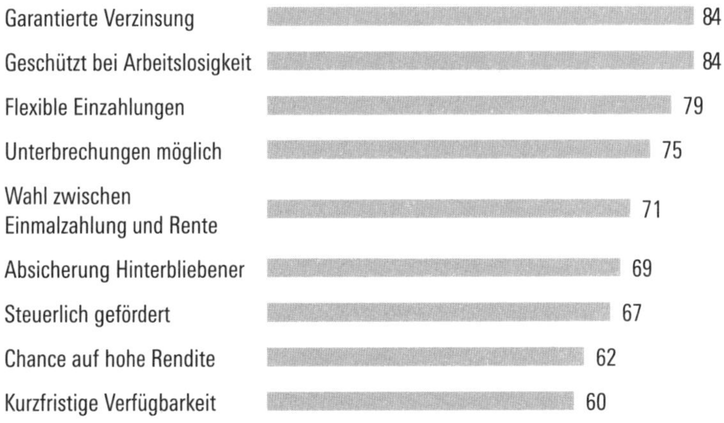

Sicherheit bei der Altersvorsorge ist wichtig (Quelle: Versicherungskammer Bayern)

Der erste Schritt zur Vorsorge ist zunächst, sich mit Versicherungen die größten Gefahren des Alltags vom Leib zu halten, also gewisse Risiken abzudecken: Private Haftpflichtversicherung, Hausratversicherung und Berufsunfähigkeitsversicherung sind in meinen Augen ein absolutes Muss. Als Nächstes sind Rücklagen dran: Ein bisschen was auf die hohe Kante legen für unerwartete Ausgaben, über den Daumen gepeilt reichen drei bis vier Nettolöhne für das Gröbste. Denn Konsumwünsche per Kredit zu finanzieren lohnt sich nicht. Ist das finanzielle Schutzpolster gebildet, wird es Zeit für die langfristige Vorsorge.

Wenn ein 30-Jähriger für die Altersvorsorge langfristig etwas anspart, was ihm ab dem 65. Lebensjahr als zusätzliche Rente zur Verfügung steht – Daumen hoch! Aber wie viel soll man denn sparen? Tja, das lässt sich pauschal nicht beantworten. Man muss eben das richtige Mittelmaß finden: Wenn der Sparbetrag so hoch angesetzt ist, dass man sich das ganze Leben lang einschränken muss, Wünsche unerfüllt bleiben, dann ist das nicht das Gelbe vom Ei. Bleibt im Alter zu wenig hängen, so dass es im schlimmsten Fall nicht einmal für eine Beerdigung reicht, auch nicht. Von Vermögen für die Erben ganz zu schweigen.

Was Sie bei langfristigen Verträgen beachten sollten

Versicherungen sind keine sinnvolle Kapitalanlage! Verwunderlich, dass viele Menschen nach wie vor glauben – und von Beratern in diesem Glauben bestärkt werden –, dass Versicherungen eine Art sinnvoller Kapitalanlage darstellen. Trifft aber eigentlich nur auf Kapital-Lebensversicherungen und bestimmte Formen der privaten Rentenversicherung zu.

Viele langfristige Verträge berücksichtigen besondere Lebensumstände nicht. Aber gerade das wäre wichtig! Vor allem wenn es um Arbeitslosigkeit oder Arbeitsunfähigkeit geht. Leider achten zu wenige Leute darauf oder werden nicht gut beraten. Die Folge: Im Falle des Falles müssen Langfristanlagen noch während der Laufzeit wieder gekündigt werden. Und das bringt zum Teil beträchtliche Verluste.

Versteckte Kosten werden nicht aufgedeckt. Ein anderer Aspekt fehlerhafter Beratungen sind die versteckten Kosten sowohl bei Geldanlagen wie bei Kreditaufnahmen. Seien es nun Verwaltungsgebühren, Kontogebühren oder Provisionen. Fragen Sie daher immer nach den Gesamtkosten!

6.1 Unverhofft kommt oft: Optimal versichert für den Ernstfall

Man weiß nie, was kommt – aber für den Fall der Fälle lohnt es sich, abgesichert zu sein. Versicherungen ersetzen materielle Schäden, doch ideelle Werte, Erinnerungen und die Lebensfreude kann auch die beste Versicherung nicht zurückbringen. Dennoch ist es wichtig, Vorsorge zu treffen. Im Schnitt zahlt jeder Bürger zwischen 1800 und 2000 Euro Beiträge pro Jahr an private Versicherungen, einschließlich privaten Krankenversicherungen. Das ist eine Menge Geld, doch es ist oft falsch angelegt. Wenn man sich auf die wirklich wichtigen Versicherungen beschränkt, kann man leicht mehrere Hundert Euro pro Jahr sparen.

In manchen Dingen werden wir zwangsläufig auf Vorsorge getrimmt, denn einige Versicherungen sind für alle gleichermaßen verpflichtend – mit wenigen Ausnahmen. Die Rede ist von Kranken-, Pflege-, Kraftfahrzeug-, Arbeitslosenversicherung und Co. Doch der gesetzlich vorgeschriebene Schutz reicht lange nicht aus. Jedes Jahr stecken die Deutschen hohe Summen in ihre private Absicherung: gegen Unfälle, Krankheit, Berufsunfähigkeit, hohe Kosten bei Rechtsstreitigkeiten oder Zahnersatz et cetera. Einige Versicherungen sind durchaus sinnvoll und jedem zu empfehlen. Aber man sollte sich bei manchen Angeboten schon kritisch fragen: Brauche ich das wirklich?

Zu viele Verbraucher besitzen zu viele unnötige Produkte und zu viele Verträge. Der Grund: Sie schätzen die Wahrscheinlichkeit von Risiken und die Höhe der damit verbundenen Schäden subjektiv falsch ein. Während die Versicherungen ein Heer von Mathematikern und Statistikern beschäftigen, die anhand von Fallzahlen sehr genau berechnen können, wie hoch die Eintrittswahrscheinlichkeit eines Schadensereignisses ist und mit welchen Schadenshöhen man rechnen muss, stehen dem Privatmann kaum harte Fakten zur Verfügung. Die Folge: Manche Ereignisse empfindet man als bedrohlicher, als sie tatsächlich sind, andere werden als unwichtig oder unwahrscheinlich eingestuft oder man kann sich die Höhe des Schadens einfach nicht vorstellen.

Darf's ein bisschen mehr sein: Wie viel Versicherung braucht der Mensch?

Im Durchschnitt könnte jeder Haushalt 400 Euro pro Jahr beim Versicherungsschutz sparen. Voraussetzung: Man beschränkt sich auf die wirklich notwendigen Versicherungen. Dazu zähle ich vor allen Dingen die Haftpflicht-, Hausrat- und Berufsunfähigkeitsversicherung.

Es ist erschreckend, dass mehr Deutsche eine Hausratversicherung abgeschlossen haben als eine private Haftpflichtversicherung. Man muss sich das klarmachen: Wer anderen Menschen schuldhaft einen Schaden zufügt, ist laut Gesetz zum Schadenersatz verpflichtet. Dabei haftet er mit seinem gesamten Vermögen – und zwar sein Leben lang, wenn es sein muss. Man stellt sich in dem Zusammenhang meist Szenarien vor wie: Hoppla, da ist das Glas Orangensaft doch dummerweise über dem Laptop des Freundes ausgekippt worden. Oder das Kind spielt im Garten und tritt den Fußball – und zwar treffsicher durch die geschlossene Fensterscheibe des Nachbarn. Solche Ungeschicklichkeiten passieren schon einmal, sind aber sicher nicht weiter tragisch. Den Schaden zahlt man notfalls auch ohne Haftpflichtversicherung. Aber was ist, wenn Sie vergessen, die Herdplatte auszuschalten und die Wohnung verlassen? Ein Feuer entsteht, und aus einem anfänglichen Wohnungsbrand wird ein Hausbrand. Alle Mieter des Hauses haben Anspruch auf Entschädigung: für ihre verbrannten Habseligkeiten, für entstandene Kosten für eine andere Unterbringung. Und der Hauseigentümer wird sicher auch auf Sie zukommen und Schadenersatz verlangen. Nicht auszudenken, wenn bei dem Brand zusätzlich zum Sachschaden auch noch Personen verletzt werden. Sach- und Personenschäden steigen in solchen Fällen schnell über ein bezahlbares Maß hinaus. Wir sprechen von Beträgen in Millionenhöhe. Es ist oft genug so: Wenn etwas schiefgehen kann, dann geht es auch schief – und zwar gewaltig. Werden Personen verletzt oder große Sachschäden verursacht, wird man ohne Haftpflichtversicherung sein Leben lang bezahlen.

Nicht umsonst wird die Haftpflichtversicherung von Fachleuten als die wichtigste freiwillige Versicherung überhaupt angesehen. Ein absolutes Muss also. Sparen Sie hier nicht am falschen Ende, denn eine Haftpflichtversicherung bekommt man schon für rund 100 Euro im Jahr. Sollten Sie noch keine haben, achten Sie unbedingt darauf, dass die Versicherungssumme mindestens 3 Millionen Euro pauschal für Personen- und Sachschäden beträgt. Wer übrigens einen Hund oder ein Pferd besitzt, sollte ernsthaft eine Tierhalterhaftpflichtversicherung in Betracht ziehen, da die vom Tier verursachten Schäden nicht durch eine private Haftpflichtversicherung abgedeckt werden. Man denke an die Radiodurchsage bei den Verkehrsmeldungen: Achtung, Tiere auf der Fahrbahn. Kann also schon vorkommen.

Das eigene Hab und Gut in der Wohnung lässt sich durch eine Hausratversicherung schützen. So bekommt man bei Wasserschaden, Feuer, Blitzschlag, Einbruch, Vandalismus et cetera die Geräte, Möbel und alle weiteren mobilen Güter, die in der Wohnung waren, ersetzt. Darüber hinaus werden auch notwendige Reinigungskosten übernommen. Eine sinnvolle Sache. Die Beiträge variieren, je nach gewünschter Absicherung, Höhe der Versicherungssumme und Lage der Wohnung. Wichtig ist vor allem, wenn man in jungen Jahren eine Hausratversicherung abschließt, später die Versicherungssumme regelmäßig zu prüfen. Was in der Studentenbude zu versichern war, ist wahrscheinlich weniger als in der größeren Familienwohnung. Also: immer mal wieder die Inventarliste aktualisieren und gegebenenfalls die Versicherungssumme anpassen.

»Berufsunfähigkeitsversicherung – wozu soll das denn nun wieder gut sein?«, fragen sich viele Bundesbürger. Diesen Schutz hält nur jeder zehnte Deutsche für notwendig. Schwer nachvollziehbar, wenn man sich bewusst macht, dass statistisch betrachtet jeder Vierte im Laufe seines Lebens durch Krankheit oder Unfall berufsunfähig wird, also den erlernten Beruf nicht mehr ausüben kann. In diesem Fall springt die Berufsunfähigkeitsversicherung ein und zahlt eine Rente. Viele Menschen glauben irrtümlich, dass sie über eine private Unfallversicherung das Risiko, nicht mehr arbeiten zu können, ausgeschlossen haben. Stimmt aber nicht. Eine Unfallversicherung zahlt nicht im Krankheitsfall, und bei einem Unfall mit Invalidität nur einmalig. Davon kann man sich nicht lange was kaufen. Statistisch führen aber vor allem Herz-, Kreislauf- und Rückenerkrankungen zum Verlust der Arbeitsfähigkeit. Gegen das Risiko eines Berufsunfalls sind alle Arbeitnehmer über ihren Arbeitgeber abgesichert.

Die Berufsunfähigkeitsversicherung wird meist als Zusatzversicherung zu einer Risiko-Lebensversicherung angeboten. Dann ist sie preiswerter, als wenn man sie separat abschließt. Auszubildende und Studenten erhalten eine Berufsunfähigkeitsversicherung zu relativ günstigen Konditionen. Wer sich erst später versichert und bereits Vorerkrankungen mitbringt, wird von den Versicherungen eventuell gar nicht mehr angenommen oder muss hohe Prämien zahlen. Deshalb: Die Versicherung frühzeitig abschließen, am besten schon als Auszubildender oder Student. Ab dem Rentenalter kann man diese Versicherung dann guten Gewissens kündigen.

Die Kfz-Haftpflichtversicherung ist ohnehin für alle Autobesitzer zwingend vorgeschrieben. Ob Sie zusätzlich noch eine Teilkasko- oder Vollkaskoversicherung brauchen, hängt von der finanziellen Situation im Allgemeinen und sicher auch vom zu versichernden Fahrzeug ab. Hier bietet sich oftmals eine Versicherung mit Selbstbeteiligung an. Viele Deutsche haben zusätzlich eine Insassenunfallversicherung, wahrscheinlich nach dem Motto: Doppelt hält besser. Autounfälle können ja schnell mal passieren – und dann will man schließlich gegen alles abgesichert sein. Die Insassenunfallversicherung reguliert Schäden fremder Personen, die im eigenen Auto mitfahren. Also: Die Familie ist schon einmal ausgeschlossen. Wenig sinnvoll, denn genau solche Personen- und Sachschäden übernimmt ja schon die Kfz-Haftpflicht, die man als Autobesitzer ohnehin bezahlt. Hier hält doppelt also nicht besser, kostet einfach nur mehr. Muss aber jeder selbst entscheiden.

Jeder zweite Deutsche hat inzwischen eine Rechtsschutzversicherung, die in der Regel Komponenten wie Arbeitsrecht oder

Verkehrsrecht einschließt. In einer Rechtsschutzversicherung wird im Grunde genommen das Risiko abgesichert, einen Prozess zu verlieren und die Anwalts- und Gerichtskosten tragen zu müssen. Im Prinzip könnte jeder aus eigener Erfahrung abschätzen, wie oft er überhaupt in einen Prozess verwickelt war und diesen verloren hat. Wer eine Rechtsschutzversicherung für sinnvoll hält, soll sie abschließen. Dabei kann man im Hinterkopf behalten, dass man manche Bereiche im Rentenalter nicht mehr absichern muss (zum Beispiel Arbeitsrecht) und die Police dann ändern oder kündigen sollte. Spart unnötige Kosten.

Versicherungen, die der Existenzsicherung dienen, sind absolut sinnvoll. Das kann zum Beispiel auch die Risiko-Lebensversicherung sein, damit die Familie oder der Lebenspartner im Falle des Todes nicht mittellos zurückbleiben. Policen, die nur gegen geringe finanzielle Schäden absichern, sind im Prinzip überflüssig, Glasbruchversicherungen zum Beispiel. Spezielle Versicherungen sind für bestimmte Personen sinnvoll: für Hausbesitzer zum Beispiel eine Wohngebäudeversicherung, die gegen Brand, Blitzschlag, Explosion und Wasserschäden schützt. Selbständige können mit einer Krankentagegeldversicherung den krankheitsbedingten Verdienstausfall absichern. Wer im Krankenhaus nicht auf Komfort verzichten will, kann sich diesen über eine Krankenhaus-Zusatzversicherung erkaufen. Es gibt unzählige solcher Beispiele.

Auch der aktuelle Lebensabschnitt entscheidet darüber, welche Versicherungen notwendig sind und welche nicht. Singles und junge Paare kommen mit der Grundausstattung, also Haftpflicht-, Berufsunfähigkeitsversicherung ganz gut aus. Bei Familien mit Kindern kann schon eine Unfallversicherung sinnvoll werden. Wenn die Kinder aus dem Haus sind, können einige Versicherungen wegfallen. Spätestens im Rentenalter kann man viele Versicherungen kündigen. Also: In jedem neuen Lebensabschnitt lohnt es sich, mal wieder einen Blick auf die angesammelten Policen zu werfen und sie auf ihren Nutzen zu prüfen.

Viele Versicherungen werben mit Rundum-sorglos-Paketen, bei denen verschiedene Versicherungen gebündelt zu einem

Preis angeboten werden. Diese Pakete bestehen aus nützlichen Komponenten, aber auch aus unnützen. Aber warum für etwas bezahlen, das man gar nicht gebrauchen kann? In der Regel ist es sinnvoller, sich die nützlichen Versicherungen herauszusuchen. Wie immer gilt: Preise, Angebote und Leistungen verschiedener Anbieter vergleichen. Natürlich sind in jedem Fall die eigene Lebensweise und die individuelle Situation entscheidend dafür, ob und welche Versicherungen notwendig sind. Lassen Sie sich bloß keine unnötigen Versicherungen aufschwatzen!

6.2 Das große Geschäft mit der Altersvorsorge

»Eins ist sicher: die Rente.« Was der frühere Arbeitsminister Norbert Blüm durchaus als ernstgemeinten Slogan an die Litfaßsäulen der Bundesrepublik kleben ließ, klingt heute nur noch wie ein Witz. Auch an die »Rentengarantie«, die die große Koalition im Jahr 2009 beschlossen hat, mag man nicht so recht glauben. Danach sind Rentenkürzungen per Gesetz ausgeschlossen, auch wenn die anpassungsrelevanten Bruttolöhne sinken. Jedenfalls hat diese Regelung dazu geführt, dass die Renten zumindest unverändert bleiben. Aber inzwischen mehren sich schon die Stimmen, die eine Abschaffung der Rentengarantie fordern. Warten wir einmal ab, wie sich das alles entwickelt.

Fakt ist jedenfalls, dass die Inflation einen Teil der Rente auffrisst. Steigt die Inflationsrate beispielsweise auf 2,5 Prozent, hat eine Rente von 1000 Euro, die man in zwanzig Jahren bekommt, den Wert einer heutigen Rente in Höhe von 610 Euro. In dreißig Jahren würden 1000 Euro so viel wert sein, wie es heute 480 Euro sind. Früher lief es so, dass durch kontinuierliche Rentenerhöhungen der durch die Inflation verursachte Kaufkraftverlust ausgeglichen wurde. In den letzten Jahren war das nicht mehr der Fall. Für die mittlere und längere Zukunft kann man wieder mit stärkeren Rentenerhöhungen rechnen, da durch den Rückgang der Erwerbsbevölkerung mit kräftigeren Lohnsteigerungen als in der jüngsten Vergangenheit zu rechnen ist. Insgesamt machen alle, die schon in Rente sind, einen guten Schnitt, denn sie bekommen jetzt und auch zukünftig mehr Rente von der gesetzlichen Rentenversicherung ausgezahlt, als sie an Beiträgen geleistet haben.

Bei einem Mann des Jahrgangs 1940 lag die Rendite nach 45 Berufsjahren bei 3,5 Prozent, bei Frauen bei 4 Prozent. So komfortabel wird es in Zukunft nicht mehr sein. Die Rendite wird zurückgehen, aber – das als leichter Trost – nie negativ sein. Dafür sorgt unter anderem der Zuschuss des Bundes. Heute liegt die gesetzliche Standardrente bei rund 45 Prozent des durchschnittlichen Bruttolohns. In zwanzig Jahren sollen es weniger als 40 Prozent sein, weil immer mehr Rentner (bei immer weniger Erwerbstätigen) die Rentenversicherung dazu zwingen, das Geld der Beitragszahler und Arbeitgeber sofort wieder an die Rentenbezieher auszuzahlen. Vorbei die Zeit, da man einen Teil der Beiträge auf Zinskonten parkte, um Rendite zu machen. Schreit die klamme Finanzlage nicht nach einer Beitragssatzerhöhung? Um diese zu dämpfen, haben die Fachleute in die Rentenanpassungsformel mehrere »Bremsfaktoren« eingebaut – mit der Folge freilich, dass die Leistungen der gesetzlichen Rente bis 2030 um knapp 20 Prozent im Vergleich zum Rentenrecht vor den Reformen reduziert sein werden.

Also: immer weniger Leistung bei zunehmender Rentenbezugsdauer. 1970 lag die bei durchschnittlich 11 Jahren, heute bei 18 Jahren, weil wir alle immer länger leben, statistisch. Nur: Die Rentenkasse hat damit ein Problem. Den meisten Menschen ist daher inzwischen bewusst, dass sie sich nicht mehr allein auf die gesetzliche Rente verlassen können, um im Alter ihren Lebensstandard aufrechtzuerhalten.

Ein paar Tipps für die Altersvorsorge

- *Wählen Sie Finanzprodukte, die einfach sind und die Sie verstehen.* Entscheiden Sie sich im Zweifel lieber für eine Anlageform, die Sie kennen. Das ist besser, als anonymen Verwaltern blind vertrauen zu müssen, die Ihnen höchste Renditen versprechen.
- *Bedenken Sie, dass niemand ewig lebt.* Eine Geldanlage, die für Sie persönlich vor zwanzig oder dreißig Jahren durchaus sinnvoll war, kann ab einem gewissen Alter wegen der langfristigen Anlage völlig nutzlos sein. Mit über siebzig Jahren einen Bausparvertrag abzuschließen ist zum Beispiel totaler Humbug.
- *Kosten Sie Ihr Leben aus!* Planen Sie zunächst die Ziele, die Sie im Leben noch erreichen wollen, und bauen Sie darauf Ihre Geldanlage auf. Den wichtigsten Rat kann ich hier nur noch einmal wiederholen: Achten Sie stärker auf die Gebühren, die man Ihnen abknöpfen möchte, als auf die Rendite. Und führen Sie vor allem das Leben, das Sie leben möchten – und genießen Sie. Sparen ist schließlich nicht alles.

Kapital-Lebensversicherungen: Ein Auslaufmodell?

Ende 2009 gab es in Deutschland rund 91 Millionen Kapital-Lebensversicherungsverträge mit einer Gesamtversicherungssumme von 2,5 Billionen Euro. Damit hat statistisch gesehen jeder Bundesbürger mindestens eine Police. Viele Jahre war eine Kapital-Lebensversicherung in Deutschland eine der wichtigsten Formen der Altersvorsorge. Besonders beliebt, weil sie gleichzeitig die Familie für den Fall eines vorzeitigen Todes absicherte. Die Versicherer versprachen eine anständige Rendite, das heißt neben dem Garantiezins hohe Überschussbeteiligungen, Steuervorteile, denn bei Verträgen mit einer Laufzeit von mindestens zwölf Jahren waren die Erträge steuerfrei, und schließlich Sicherheit, denn der Erhalt des angelegten Kapitals wurde garantiert.

Doch leider ist inzwischen bis auf das Sicherheitsargument nichts mehr von den Vorteilen geblieben: Seit 2005 müssen die Erträge aus neu abgeschlossenen Kapital-Lebensversicherungen versteuert werden. Und seit rund zehn Jahren ist die Rendite drastisch gesunken. Im Jahr 2000 lag die jährliche Verzinsung für Policen mit zwölfjähriger Laufzeit bei Ablauf noch bei 6,22 Prozent, 2005 waren es noch 4,42 Prozent und 2010 nur 3,36 Prozent. Der Garantiezins – jährlich vom Finanzministerium neu festgelegt – liegt derzeit bei mageren 2,25 Prozent und wird voraussichtlich ab Sommer 2011 unter 2,0 Prozent fallen. Weil gesetzlich geregelt ist, dass der Garantiezins gesenkt werden muss, wenn die Versicherer mit Bundesanleihen nicht mehr den garantierten Zins erzielen können. Die Umlaufrendite öffentlicher Anleihen pendelt derzeit zwischen 2,0 und 2,5 Prozent. Ein neuer Garantiezins gilt jedoch nur für Verträge, die nach der Anpassung abgeschlossen werden.

Kein Wunder also, dass immer mehr Versicherte vorzeitig aus ihren Verträgen aussteigen wollen. Die Stornoquote beträgt derzeit im ersten Jahr 13 Prozent und über die gesamte Laufzeit gesehen durchschnittlich 5 Prozent pro Jahr. Allerdings fallen bei einem vorzeitigen Ausstieg in der Regel Storno- und Bearbeitungsgebühren an. Aus den von den Versicherungen jährlich verschickten Übersichten können Sie den aktuellen Rückkaufwert Ihrer Versicherung ersehen. Sie sollten sich auch darüber im Klaren sein, dass für Sie die bereits verdienten Schlussanteile verfallen. Aber warum gleich kündigen, wenn man den Vertrag auch verkaufen kann? Nur wenige Versicherte wissen, dass das geht. Bestimmte Firmen sind darauf spezialisiert, Kapital-Lebensversicherungen auf- und weiterzuverkaufen. Zweitmarkt von Versicherungen nennt sich das. Beim Verkauf kann der Versicherte durchschnittlich 7 Prozent mehr erlösen als bei der Stornierung des Vertrages, verspricht ein Unternehmen der Branche. Über den Zweitmarkt von Lebensversicherungen und darüber, was beim Verkauf von Policen zu beachten ist, informiert der Bundesverband Vermögensanlagen im Zweitmarkt Lebensversicherungen (BVZL) im Internet.

Mittlerweile sind die Versicherungsunternehmen auf der Suche nach neuen Produkten und Modellen, um den Kunden die Lebensversicherungen wieder schmackhaft zu machen. So kombinieren sie diese zum Beispiel mit fondsgebundenen Investments. Die Beteiligung an Sachwerten soll einen gewissen Inflationsschutz bieten. Fondsgebundene Lebensversicherungen sind aber vor allem für Versicherer und Vermittler ein gutes Geschäft. Die Versicherten müssen zusätzlich Vermittlungs- und Verwaltungskosten zahlen, und die Entwicklung der Fonds ist nicht absehbar.

Bei einem Versicherer muss der Kunde zum Beispiel für eine fondsgebundene Lebensversicherung Abschluss- und Einrichtungskosten in Höhe von rund 8 Prozent der Beiträge, die er über 35 Jahre einbezahlt hätte, zahlen, berichtete die WDR-Sendung *Markt*. Dazu noch jährliche Verwaltungskosten von 6 Prozent der Beiträge und eine jährliche Verwaltungsgebühr von 30 Euro. Um diese Nebenkosten wieder wettzumachen, müsste der Fonds über Jahrzehnte jährlich eine Rendite von 8 Prozent oder mehr abwerfen.

Nach dem Versicherungsvertragsgesetz müssen die Provisionskosten einer Versicherung auf fünf Jahre verteilt werden. Klartext: In den ersten fünf Jahren tilgt der Kunde zunächst nur die Kosten. Erst danach wird Vermögen angespart. Kunden, die einen Vertrag schon sehr schnell kündigen, müssen in der Regel nicht die vollen Provisions- und Abschlusskosten zahlen. Aber es geht auch anders: Ein Versicherer lässt die Versicherten einen separaten Provisionsvertrag unterschreiben. In diesem Vertrag, Kostenausgleichsvereinbarung genannt, werden die Provisions- und Abschlusskosten klar ausgewiesen. Der Haken ist nur, dass der Versicherte den Vertrag nicht mitkündigen kann, wenn er seinen Versicherungsvertrag kündigt. Er muss also in jedem Fall die volle Summe zahlen.

Fazit: Trotz der mageren Rendite kann die Kapital-Lebensversicherung nach wie vor einen Teil der Altersvorsorge bilden. Sie sollte aber nur eine von verschiedenen Säulen sein. Wie schon gesagt: Nicht alles auf eine Karte setzen. Und wenn Sie in Fonds investieren wollen, tun Sie das doch – aber eben getrennt von Ihrer Lebensversicherung.

Riestern Sie schon?

Heute wird eine Vielzahl von Möglichkeiten für die private Altersvorsorge angeboten. Der Renner ist dabei die 2002 eingeführte Riester-Rente, benannt nach dem damaligen Bundesminister für Arbeit und Sozialordnung Walter Riester. Durch staatliche Zulagen und Steuerfreibeträge wird die Geldanlage in ganz bestimmten Finanzprodukten zur Vorsorge für das Alter gefördert. Mittlerweise »riestern« rund 14,1 Millionen Deutsche.

Zum einen gibt es eine Altersvorsorgezulage und zum anderen einen Sonderausgabenabzug im Rahmen der Einkommensteuererklärung. Da die Kinderzulage höher ist als die Grundzulage für den Sparer selbst, sind Riester-Verträge einerseits für kinderreiche Familien interessant, andererseits für Besserverdienende, weil sie besondere Vorteile durch den Sonderausgabenabzug haben. Aber Riestern geht nicht automatisch. Die Zulagen müssen über das Finanzinstitut, bei dem der Vertrag läuft, beantragt werden – und zwar jedes Jahr. Mittlerweile gibt es auch einen Dauerzulagenantrag, so dass der Antrag also dauerhaft gilt und nicht jedes Jahr neu gestellt werden muss. Der Sonderausgabeabzug in der Steuererklärung ist dennoch jedes Jahr erneut anzugeben.

Insgesamt sind alle Riester-Geldanlageprodukte vorteilhafter als die üblichen Geldanlagen, da sie einerseits gefördert und andererseits in besonderer Weise durch eine Kapitalgarantie abgesichert sind. Achtung: Das heißt aber noch lange nicht, dass sie auch für jeden gleichermaßen geeignet sind! Suchen Sie sich die für Sie passende Lösung aus. Und bedenken Sie, dass bei allen Vorsorgeprodukten, ob staatlich gefördert oder nicht, eine Bank oder Versicherung beteiligt ist, die mitverdienen will.

Wer in den Genuss der Riester-Förderung kommen kann

Erste Voraussetzung ist, dass die Person der unbeschränkten Steuerpflicht in Deutschland unterliegt. Verlegt man zum Beispiel als Rentner seinen Hauptwohnsitz ins Ausland, so muss man die Förderung zurückzahlen, weil die nachgelagerte Besteuerung der Riester-Rente in Deutschland dann entfallen würde. Der Staat möchte mit der Altersvorsorgezulage die Menschen also nicht nur dazu animieren, selbst vorzusorgen, sondern er möchte sich auch für die Zukunft Steuereinnahmen sichern.

Folgende Personengruppen sind direkt förderungsberechtigt: Rentenversicherungspflichtige Arbeitnehmer und Selbständige, Pflichtversicherte nach dem Gesetz über die Alterssicherung der Landwirte, Kindererziehende, Bezieher von Arbeitslosengeld oder Arbeitslosenhilfe, Bezieher von Krankengeld, nicht erwerbsmäßig tätige Pflegepersonen, Wehr- und Zivildienstleistende, geringfügig Beschäftigte bei Verzicht auf die Versicherungsfreiheit, Bezieher von Vorruhestandsgeld, sofern diese zuvor pflichtversichert waren, Beamte, Richter und Soldaten sowie diesen gleichgestellte Personen und Amtsträger.

Indirekt förderberechtigt sind die Ehepartner von Förderberechtigten, wenn diese einen Vertrag abgeschlossen haben und nicht vom Partner dauernd getrennt leben.

Grundsätzlich lassen sich die Riester-Produkte aufteilen in Banksparpläne, Fondssparpläne, die klassische Rentenversicherung und die fondsgebundene Rentenversicherung sowie das Bausparen und Baudarlehen. Nur wenn sie ganz bestimmte Anforderungen erfüllen, werden die Produkte von der Bundesanstalt für Finanzdienstleistungen als »riesterfähig« zertifiziert. Inzwischen sind das mehr als tausend Produkte. Das heißt aber nur, dass sie die gesetzlichen Voraussetzungen für die staatliche Förderung erfüllen. Über Qualität oder Rendite sagt die Zertifizierung nichts aus. Daher gilt: Verschiedene Angebote immer genau vergleichen.

Der Riester-Banksparplan. Er funktioniert ähnlich wie andere Sparverträge mit variablem Zinssatz. Man zahlt regelmäßig ein, hebt aber nichts ab und bekommt dafür höhere Zinsen – und häufig noch Bonuszahlungen. Ein solcher Banksparplan ist schon ab der ersten Einzahlung im Plus. Die Anbieter stellen keine Abschlusskosten oder Provisionen in Rechnung. Der Banksparplan ist sehr sicher, selbst bei vorzeitigem Ausstieg besteht kein Verlustrisiko. Die Rendite orientiert sich an den Kapitalmarktzinsen, die zurzeit sehr niedrig sind. Diese Form ist besonders geeignet für alle, die schon älter als fünfzig Jahre sind. Bei herkömmlichen privaten Rentenversicherungen wird man dann oft gar nicht mehr aufgenommen oder die Einstiegskosten sind zu hoch. In der kurzen Zeit bis zum Renteneintritt vermeidet man durch den Riester-Banksparplan die Kursrisiken von Fonds. Außerdem ist das Geld aus einem Banksparplan vererbbar.

Der Riester-Fondssparplan. Dabei wird das Geld in Aktien- oder Rentenfonds eingezahlt. Der Kunde profitiert von Zinsen, Dividenden und Kursgewinnen. Je höher der Aktienfondsanteil ist, desto besser ist die Chance auf eine gute Rendite. Aber wer auf hohe Renditen spechtet, muss auf der anderen Seite Abstriche bei der Sicherheit machen, sprich Verlustrisiken in Kauf nehmen. Das eingezahlte Geld und die Zulagen gehen jedoch auf keinen Fall verloren. Achtung: Bedenken Sie, dass wie bei allen Fonds beim Kauf ein Ausgabeaufschlag gezahlt werden muss und zusätzlich jährliche Managementgebühren anfallen. Riester-Fondssparpläne sind vor allem für jüngere Leute geeignet, die die langfristigen Renditechancen von Aktienfonds nutzen können.

Die Riester-Rentenversicherung. Besonders beliebt und gern genommen: Mehr als zehn Millionen Policen wurden bisher gekauft. Die meisten der Lebensversicherer in Deutschland haben klassische Rentenversicherungen und fondsgebundene im Programm.

Bei der klassischen Rentenversicherung wird der Sparanteil weitgehend konservativ, also vor allem in festverzinsliche Papiere, investiert. Es gibt eine garantierte Mindestrendite von 2,25 Prozent auf den Sparanteil und eine variable Überschussbeteiligung. Der Kunde weiß also bei Vertragsabschluss, wie hoch die garantierte Mindestrente sein wird. Allerdings fallen relativ hohe Abschlusskosten an, die der Kunde mit seinen Beiträgen meist in den ersten fünf Jahren der Vertragslaufzeit erst einmal abträgt, das heißt in den ersten fünf Jahren bleibt nichts vom Angesparten. Ein vorzeitiger Ausstieg aus dem Vertrag ist teuer. Daher ist diese Riester-Rentenversicherung nur etwas für 40- bis 50-Jährige, die sich ziemlich sicher sind, dass sie die vereinbarten Versicherungsraten ein Leben lang bezahlen können. Die anderen Varianten, wie Banksparpläne und Fondssparpläne, bieten die gleiche Sicherheit im Hinblick auf eine lebenslange Rente. Also fällt die mit der Versicherung eingekaufte Vorhersehbarkeit kaum ins Gewicht.

Bei der fondsgebundenen Rentenversicherung wird das Geld ganz oder teilweise in Investmentfonds eingezahlt. Der Kunde kann zwischen unterschiedlichen Varianten wählen. Die Höhe der späteren Renten ist bei Vertragsschluss dabei nicht absehbar. Die Renditechancen sind relativ hoch, die Kunden können von Kursgewinnen an der Börse profitieren. Allerdings sind auch die Kosten hoch. Die Versicherer verlangen zwischen 12 und mehr als 14 Prozent von jedem eingezahlten Beitrag.

Auf jeden Fall sollte man sich vorher die Versicherungsgesellschaften und ihre Verträge genau ansehen. Denn es gibt von Anbieter zu Anbieter große Unterschiede bei den Garantien. Von hohen Überschussprognosen sollte man sich aber nicht blenden lassen. Die sind nämlich unverbindlich.

Wenn der Arbeitgeber mitzahlt: Betriebliche Altersversorgung

Seit 2002 haben Arbeitnehmer einen Anspruch darauf, dass ihr Arbeitgeber für sie eine betriebliche Altersversorgung organisiert. Nicht zu verwechseln mit Betriebsrenten, auch unter dem Namen Direktzusage bekannt. Diese sind inzwischen nämlich ein Auslaufmodell, machen aber immer noch zwei Drittel aller derzeitigen Ansprüche aus. Betriebsrenten wurden in der Vergangenheit ausschließlich von den Unternehmen finanziert, um den Mitarbeitern zusätzliche Sozialleistungen zu bieten, sie an das Unternehmen zu binden oder aus Gründen der Steuerersparnis oder Unternehmensfinanzierung.

Heute organisieren die Firmen die betriebliche Altersversorgung über Pensionskassen und -fonds, Unterstützungskassen sowie Versicherungen, in die der Mitarbeiter entweder unter Ausnutzung der Riester-Rente oder auch parallel dazu einzahlen kann. Das geschieht in erster Linie durch Gehaltsumwandlung. Gefördert wird die betriebliche Altersversorgung durch steuerfreie Einzahlungen und den Verzicht auf Sozialabgaben. Außerdem sind die Konditionen im Rahmen der betrieblichen Altersversorgung meist günstiger, als wenn sich ein Arbeitnehmer selbst versichert.

Alternative für Selbständige: Rürup-Rente

Neben der Riester-Rente und der betrieblichen Altersversorgung gibt es als dritte Form der staatlich subventionierten Altersvorsorge die Rürup-Rente, benannt nach dem bekannten Ökonomen Professor Bert Rürup, der das Vorwort zu diesem Buch verfasst hat. Diese Rentenversicherung wird aber nicht über die Umlage finanziert, sondern ist kapitalgedeckt; die Einzahlungen sind steuerbegünstigt. Vorrangige Zielgruppe für die Rürup-Rente sind Selbständige mit einer relativ hohen Steuerbelastung, aber auch Angestellte können in bestimmten Fällen davon profitieren. Allerdings sollte jeweils im Einzelfall geprüft werden, welche Art von Rürup-Vertrag sich für wen wie rechnet. Eine steuerliche Beratung ist für den Laien daher bei der Rürup-Rente fast unverzichtbar.

Außerhalb der staatlichen Förderung: AS-Fonds

Altersvorsorgesondervermögen – dieses Wort versteckt sich hinter der Abkürzung AS-Fonds. Ist auch zur privaten Vorsorge gedacht, wird aber nicht staatlich subventioniert. Was kann man sich darunter vorstellen? Im Prinzip ist es eine Mischung aus Aktien, Rentenpapieren und Immobilien – alles in einem Topf. Dabei ist die Zusammensetzung von AS-Fonds gesetzlich geregelt. So muss der Aktienanteil mindestens 21 Prozent und darf maximal 75 Prozent betragen, der Immobilienanteil maximal 30 Prozent und der Anteil, der einem Währungsrisiko unterliegt, ebenfalls maximal 30 Prozent. Hier gibt es keine Ausschüttung, sondern einen parallel angebotenen Fondssparplan. Ansonsten gilt für AS-Fonds das Gleiche wie für alle Investmentfonds. Das Sondervermögen ist den üblichen Wertschwankungen unterworfen, und es gibt keine Garantie für eine bestimmte Rendite oder einen bestimmten Wert am Ende der Laufzeit.

Wie wird die Rente eigentlich versteuert?

Bereits 2005 trat das Alterseinkünftegesetz in Kraft. Die wichtigste Änderung ist der Übergang von der vorgelagerten zur nachgelagerten Besteuerung. Das bedeutet: Die Vorsorge fürs Alter wird weitgehend von Steuern befreit, wie bei der Riester-Rente, der betrieblichen Altersvorsorge und der Rürup-Rente. Dafür muss aber später die Rente grundsätzlich versteuert werden.

Die Übergangszeit für diese Änderung ist lang, mit einem vollständigen Abschluss der Änderungen ist wohl erst 2040 zu rechnen. Wer bereits 2005 oder davor eine Rente bezogen hat, musste 50 Prozent seiner Einkünfte versteuern. Wer 2010 in Rente geht, versteuert 60 Prozent. Der Prozentsatz erhöht sich dann sukzessive. Das heißt, wer ab 2040 in Rente geht, muss 100 Prozent versteuern. Dabei gibt es aber immer bestimmte Freibeträge.

Geldsegen für Rentner: Was tun mit Auszahlungen aus Kapitalanlagen?

Noch einmal: Die staatliche Rente wird in Zukunft überhaupt nicht stattlich sein. Experten haben errechnet, dass das Bruttorentenniveau 2030 auf bescheidene 39 Prozent des durchschnittlichen Bruttolohns sinkt; 2005 waren es noch 48 Prozent. Ein Beispiel: Ein 30-Jähriger, der heute rund 5000 Euro brutto verdient und davon netto etwa 2800 Euro nach Hause bringt, wird sich ab 67 Jahren (Regelaltersgrenze) mit einer bescheidenen Rente von knapp über 2000 Euro brutto abfinden müssen. Was man sich dafür dann noch leisten kann, ist ungewiss. Aber eine Versorgungslücke ist vorprogrammiert. Das ist die Differenz aus der staatlichen Nettorente und 70 Prozent des letzten Nettoarbeitnehmereinkommens. (70 und nicht 100 Prozent, weil im Alter viele Beiträge zur Altersvorsorge, Arbeitslosenversicherung oder andere Geldzahlungen etwa für Immobilien oder Kinder wegfallen.)

Altersarmut, der neue Schreckensbegriff. Wer lange arbeitslos oder Geringverdiener ist, seinen Beruf für einige Zeit unterbrechen muss, zum Beispiel zur Kindererziehung oder Pflege von Angehörigen, zahlt weniger in die Rentenkasse ein und ist daher besonders gefährdet. Altersarmut bedeutet, die Gelder aus der gesetzlichen und/oder privaten Absicherung reichen am Ende nicht aus, um den Lebensunterhalt zu bestreiten. Hier springt der Staat über die Grundsicherung im Alter helfend ein.

Viele werden angesichts solcher Aussichten Schweißausbrüche kriegen, es sei denn, man hat früh mit betrieblicher und privater Altersvorsorge begonnen, um die Lücke zu stopfen. Oder zu Beginn des Ruhestandes winkt ein warmer Geldregen. Meist durch eine fällig werdende Lebensversicherung. Bleibt nur die Frage: Was tun mit dem schönen Geld? Erst einmal ganz cool rechnen: Wie groß ist die Lücke zwischen den monatlichen Einnahmen und Ausgaben? Bleibt, selbst wenn man die Ausgaben kürzt, permanent ein Loch, dann empfiehlt sich eine Sofortrente. Das heißt, das Geld aus der Lebensversicherung einmalig in eine Versicherung einzahlen und sofort ein monatliches Zusatzeinkommen erhalten – bis ans Ende seiner Tage. Ein Beispiel: Ein 65-jähriger Mann kauft sich für 60 000 Euro eine Sofortrente. Das bringt dann 230 bis 250 Euro mehr im Monat in die Brieftasche, je nach Anbieter. Auch hier gilt: Angebote genau prüfen und vergleichen, denn es gibt wie immer große Unterschiede. So wird die staatliche Rente aufgebessert und man kann dem Ruhestand etwas gelassener, entspannter entgegensehen. Die Rentenversicherung ist übrigens die einzige Form der Altersversorgung, die dem Kunden ein lebenslanges Einkommen sichert. Das streichen die Anbieter in der Werbung gerne heraus – vollkommen zu Recht, denn es stimmt ja auch.

Wer nicht auf Dauer knapp bei Kasse ist und vielleicht auch meint, aus gesundheitlichen oder sonstigen Gründen nicht die durchschnittliche Lebenserwartung von derzeit 85 Jahren zu erreichen, sollte sich Bankauszahlpläne ansehen. Die Zinsen sind in der Phase des extrem billigen Geldes zwar mager, dafür werden sie ebenso wie die Laufzeit bei Vertragsabschluss fest vereinbart. Und die Auszahlpläne sind so zugeschnitten, dass der Anleger jeden Monat seinen benötigten, festen Betrag erhält. Die Produkte haben zum Teil skurrile Namen wie »Entnahmedepot« oder heißen ganz einfach nur »Renten-Sparbrief«. Auch hier ein Beispiel: Für rund 15 000 Euro gibt es über fünf Jahre Laufzeit zwischen 2,5 und 2,8 Prozent an Zinsen. Alles andere als üppig, aber die Auszahlpläne sind sicher und können notfalls auch für Finanzspritzen an Kinder oder Enkel dienen – das nur nebenbei bemerkt.

Wer mit Staatsrente und privater Altersvorsorge gut abgesichert ist, keine permanenten Geldsorgen hat, kann das Zusatzvermögen aus der Lebensversicherung in Aktienfonds anlegen, insbesondere wenn er vererben will. Achtung: Laufzeit aber mindestens zehn Jahre, sonst kostet die Sache nur. Auch hier kann man regelmäßige Entnahmepläne vereinbaren, die sogenannte Investmentrente. Ganz simple Regel: Bei Börsen-Höhenflügen mehr, bei Tiefs weniger aus dem Topf nehmen. Wer nicht auf diese regelmäßigen Zusatzeinkommen angewiesen ist, der kauft Fonds, lässt sie liegen und löst sie nach zehn oder zwanzig Jahren auf – oder vererbt sie. Das geht nämlich auch.

Natürlich gibt es Verlustrisiken, aber die Stiftung Warentest hat herausgefunden: Selbst im schlechtesten Zehnjahreszeitraum der vergangenen vierzig Jahre hätte ein Anleger nur mit einem von vier untersuchten Entnahmeplänen (Aktienfonds Europa) ein wenig vom Anfangskapital verloren. Die anderen drei holten deutlich mehr heraus, als sie investiert haben. Noch einmal: Zehn Jahre Laufzeit sind das Minimum.

6.3 Nicht nur was für Spießer: Die eigenen vier Wände als Alterssicherung

Zwei Männer in schwarzer Motorradkleidung sitzen im Garten vor einem großen Haus. Ein ganzer Schwung Kinder fährt auf Fahrrädern an den beiden vorbei. Jedes ruft dabei fröhlich: »Hi, Papa!« Da sagt der eine Biker zum anderen: »Sag mal Dicker, macht ihr eigentlich noch mehr in Sachen Altersvorsorge?« Die erstaunte Antwort: »Wieso? Ein Haus reicht doch.« Kommt Ihnen die Szene bekannt vor? War vor einigen Jahren ein Fernsehwerbespot der LBS Bausparkasse. Die Anspielung auf die vielen Kinder weist dezent darauf hin, dass ein Haus als Baustein der Altersvorsorge oft mit einem anderen Lebensstil verbunden wird. Sogenannten Spießern eben. Aber für wen ist denn nun ein Haus als Altersvorsorge geeignet? Na, jedenfalls ist es nicht nur was für Spießer.

Das Statistische Bundesamt hat ausrechnet, dass Hauseigentümer im Alter im Durchschnitt 530 Euro Miete pro Monat sparen können. Beachtlich: Das ist rund ein Drittel der Nettoeinnahmen eines durchschnittlichen Rentnerhaushalts. Klar, es fallen dafür andere Kosten an, zum Beispiel für die Instandhaltung. Aber die sind über lange Zeit gering, wenn man das Haus zu dem Zeitpunkt, zu dem man in Ruhestand geht, in optimalen Zustand gebracht hat. Und es ist auch nicht weiter schlimm, wenn das Haus zum Beispiel aufgrund der Lage an Wert verlieren sollte: Der Vorteil der Mietfreiheit bleibt schließlich bei einer selbstgenutzten

Immobilie auf jeden Fall bestehen. Das in der Immobilie gebundene Kapital steht allerdings – anders als bei einer kapitalgedeckten Rente – im Alter nicht zur Verfügung, sondern erfreut eher die Erben.

Wenn ein Haus im Ruhestand möglichst lange genutzt werden und einen Beitrag zum Lebensunterhalt leisten soll, kann man dies bereits beim Bau oder Erwerb berücksichtigen. Das Schlüsselwort für den Selbstnutzer lautet Barrierefreiheit. Wenige, am besten gar keine Stufen, breite Türen und ein geräumiges Badezimmer, das auch mit dem Rollstuhl zu befahren ist, sind ebenso wie eine geräumige Küche dafür Grundvoraussetzung. Möglich ist auch, ein Haus so zu gestalten, dass es später in zwei Wohnungen aufgeteilt werden kann, wovon dann eine vermietet wird. Oder dass von vornherein eine Einliegerwohnung mit separatem Eingang vorgesehen wird. Manche Menschen orientieren sich auch an dem früheren Bremer Bürgermeister Henning Scherf, der gemeinsam mit anderen ein Mehrfamilienhaus kaufte, das nicht nur selbst genutzt, sondern auch zu einem Mehrgenerationenhaus mit einem Lebensmodell gegenseitiger Hilfe ausgestaltet werden kann. Eine weitere Option wäre, das eigene Haus zu verkaufen, weil es vielleicht zu groß ist, nachdem die Kinder aus dem Haus sind. Von dem Geld kann dann eine kleinere, passende Wohnung finanziert werden.

In der Vergangenheit war es häufig so, dass eine Immobilie den Kern des Nachlasses bildete und viele Menschen ihr Haus mit der Perspektive bauten, dass dort nach ihrem Tod die Kinder und Enkel wohnen sollten. Heute gibt es jedoch immer mehr kinderlose Paare und Alleinstehende, die lieber das eigene Leben genießen wollen und für die die Sorge um die Erben keine große Rolle spielt. Oder die Eltern stellen fest, dass ihre erwachsenen Kinder gar kein Interesse daran haben, das Elternhaus selbst zu nutzen. Was dann?

Der Filmklassiker *Das Wirtshaus im Spessart* von 1957 ist vielen Älteren sicher auch heute noch im Gedächtnis. Und der Gassenhauer der beiden Oberräuber Wolfgang Neuss und Wolfgang Müller sicher auch, den damals eine ganze Nation mitträllerte: »Ach, das könnte schön sein.« Interessant vor allem die letzte Strophe: »Ach, das könnte schön sein, als friedlicher Bürger ein ehrbares Leben zu Haus zu beschließen. Ach, das könnte schön sein, ein Häuschen mit Garten in dem ich und Frauchen uns're Rosen begießen.«

Was im Nachkriegsdeutschland der Fünfzigerjahre noch der große Traum war, die eigenen vier Wände, ist heute Realität. Allein vier Millionen Seniorenhaushalte leben in Eigenheimen, können also ihre Rosen dort begießen. Das sind gut 5 Prozent der Bevölkerung. Und die Immobilien sind bei vielen längst abbezahlt. So weit, so schön. Aber in vielen Häuschen mit Garten sieht es gar nicht so friedlich aus, denn es geht die Angst um, finanziell nicht mehr über die Runden zu kommen. Es fällt zwar keine Miete an, aber die Rente ist oft zu gering, um die laufenden Kosten zu tragen und vor allem den Lebensstandard im Rentendasein aufrechtzuerhalten. Sich vom Häuschen mit Garten und den Rosen nach Jahrzehnten zu trennen, die Immobilie also zu verkaufen, in ein Pflegeheim zu wechseln, ist für viele fast so was wie ein Todesurteil.

Nein, es sind nicht wenige, die zwar mit dem Sachwert Immobilie eine wichtige Absicherung für ihr Alter haben, bei denen aber das Bargeld knapp ist. Auch dafür gibt es mittlerweile Finanzprodukte. Aus den USA kommt die Idee der Umkehrhypothek oder des Rückwärtsdarlehens. Das funktioniert so: Ältere Eigenheimbesitzer können auf ihr abbezahltes Haus eine Hypothek aufnehmen, darin wohnen bleiben (Wohnrecht) und ihren Lebensunterhalt finanziell besser als zuvor bestreiten. Über eine Einmalzahlung oder eine monatliche Rente bis zum »Ende der statistischen Lebenserwartung«. Mit 70 kann man zum Beispiel eine Rente vereinbaren, die bis zum 92. Lebensjahr gezahlt wird.

Danach fließt zwar kein Geld mehr, aber der Kredit wird noch weitere fünf Jahre gestundet. Für Hochbetagte gibt es dann noch spezielle Angebote.

Wichtig: Gegenüber der klassischen Hypothek ist das Rückwärtsdarlehen tilgungslos. Auch müssen keine Zinsen bezahlt werden. Klingt gut für die Senioren, aber wo aber ist der Kick für die Bank? Nach dem Tod des Hauseigentümers wird der Umkehrkredit aufgelöst. An diesem Punkt kommt für viele Erben das böse Erwachen. Denn die an die Senioren ausgezahlte Summe ist das eine, die aufgelaufenen »Schulden« inklusive Zins und Zinseszins, Vermittlungsgebühr, Gutachter- und Notarkosten das andere. Umkehrhypotheken können also teuer werden. Ein Beispiel: Ein 65-jähriger Mann erhält als Einmalzahlung 40 000 Euro. Bis zu seinem 85. Lebensjahr sind diese »Schulden« durch Zinsen und Kosten auf über 56 000 Euro angewachsen. Entweder lösen die Erben nach dem Tod das Haus bei der Bank ab, oder diese verkauft die Immobilie. Letzteres ist die Regel, denn sehr oft sind keine Erben da.

Damit die Bank von Beginn an auf der sicheren Seite ist, zahlt sie maximal 35 Prozent des Verkehrswerts der Immobilie als Hypothek aus. Das nennt man Risikoabsicherung. Bei einem hohen Verkehrswert kann also die Einmalzahlung beziehungsweise Rente für den Senior noch ganz stattlich ausfallen, bei bescheideneren Immobilien weniger, oft erheblich weniger. In den meisten Fällen, sagen Fachleute, liegt diese monatliche Zusatzrente bei maximal 200 Euro. Nicht gerade üppig, oder? Fazit: Die Idee ist gut, aber die Realität sieht etwas nüchterner aus.

Fachleute sind daher skeptisch und raten zu anderen Modellen: Immobilie zwar verkaufen, sich aber vom Käufer ein lebenslanges Wohnrecht einräumen lassen. Oder, wenn Erben da sind, die Immobilie auf die Kinder gegen eine monatliche Leibrente übertragen. Dadurch bleibt das Haus schuldenfrei in der Familie. Wichtig bei der Umkehrhypothek: sich von mehreren Anbietern Angebote einholen. Nur, viele gibt es da (noch) nicht. Eine Lebensversicherung hat ihr Umkehrprodukt sogar wieder vom Markt genommen wegen Erfolglosigkeit. »Die Kunden wollen kein Produkt, bei dem sie den Kredit nicht tilgen können«, hieß es. Das wiederum ist typisch deutsch: Was nix kostet, ist nix wert.

6.4 Großzügigkeit mit Verstand: Richtig schenken und vererben

Warren Buffett hat angekündigt, 99 Prozent seines Vermögens, das auf 45 Milliarden Dollar geschätzt wird, wohltätigen Organisationen zu spenden. Schon 2006 stiftete er einen Teil, im Sommer 2010 spendete er wieder 1,93 Milliarden Dollar in Form von Aktien seines Unternehmens Hathaway. Davon gingen Aktien im Wert von 1,6 Milliarden Dollar an die Bill-&-Melinda-Gates-Stiftung und der Rest an vier weitere private Wohltätigkeitsorganisationen. Nun hält er selbst noch rund 23 Prozent der Aktien des Unternehmens.

Doch auch wer keine Milliarden oder Millionen auf dem Konto hat, sollte sich darüber Gedanken machen, was mit dem eigenen Vermögen passieren soll, wenn man es selbst nicht mehr braucht. Natürlich ist es für die meisten unangenehm, über den eigenen Tod nachzudenken. Über Geld redet man nicht – diesem Motto folgen zu viele Deutsche, wenn es ums Vererben geht. Hier kommen zwei Themen zusammen, über die wir uns einfach nicht gern unterhalten: Geld und Tod, die Killer jeder familiären Gesprächsrunde. Tabus sind aber keine Lösung, sondern reine Verdrängung. Man muss sich schon beizeiten mit der eigenen Sterblichkeit auseinandersetzen und festlegen, was nach dem Tod mit dem Familienvermögen geschehen soll, allein um Erbstreitigkeiten von vornherein zu vermeiden. Oft genug weiß die Familie gar nicht, wie hoch das vorhandene Vermögen überhaupt ist. Reden Sie mit Ihren Liebsten über Ihre Pläne – aber auch mit Experten, sprich Steuerberater, Fachanwalt oder Notar. Also: Lieber selbst die Spielregeln bestimmen, als sie sich später vom Staat diktieren zu lassen.

Manche Menschen vertreten ja die Ansicht: Lieber gut gelebt

als reich gestorben. Warum auch nicht? Schließlich werden wir immer älter und wollen auch als Senioren unser Leben genießen. Vollkommen legitim. Im Vergleich zur vorhergehenden Generation ist mehr Vermögen angehäuft worden. Klar, die wirtschaftlichen Belastungen durch den Zweiten Weltkrieg sind weggefallen. Die Folge: Mehr als die Hälfte der Haushalte, in denen der Hauptverdiener 65 Jahre oder älter ist, hat zum Beispiel Haus- und Grundbesitz. Wie viel Vermögen darin steckt, kann man an den Prognosen der Beratungsgesellschaft BBE ablesen: Von 2009 bis 2020 werden in Deutschland insgesamt in rund 11 Millionen Erbschaftsfällen Vermögen im Gesamtvolumen von 3,3 Billionen weitergegeben werden – in Form von Geld und Geldanlagen, Immobilien und Gebrauchsvermögen. Damit werden jährlich Vermögensbestände übertragen, die das Sparvolumen der privaten Haushalte übersteigen. Es ist anzunehmen, dass die Erben beim ererbten Vermögen beträchtliche Umstrukturierungen vornehmen werden. Das heißt, die Bankberater und andere Finanzberater dürfen auf gute Geschäfte hoffen.

Wer soll was bekommen?

Jeder sollte sich zunächst einen Überblick über sein Vermögen verschaffen und überlegen, wie viel er davon noch selbst behalten will und wem er wie viel vererben will. Dabei schlägt man zwei Fliegen mit einer Klappe: Die Verteilung des Vermögens geschieht nach den eigenen Wünschen, und Erbstreitigkeiten wird von vornherein ein Riegel vorgeschoben, sofern alles klipp und klar geregelt ist. Und Unstimmigkeiten bei Erbschaften gibt es recht häufig: 27 Prozent aller Erbfälle führen zu Konflikten in der Familie, ergab eine Umfrage der Anwaltsvereinigung Deutsches Forum für Erbrecht. Wer gar keine Nachfahren in direkter Linie hat, um die er sich sorgen müsste, kann natürlich auch andere als Erben einsetzen, zum Beispiel wohltätige Organisationen wie Tierschutzvereine oder Kirchengemeinden.

Fast die Hälfte der Deutschen, die sechzig Jahre oder älter sind, haben kein gültiges Testament gemacht. Im Todesfall tritt dann die gesetzliche Erbfolge ein. Diese teilt den Erben verschiedene Rangstufen zu. Erben erster Ordnung sind die Kinder des Verstorbenen, seine Enkel und deren Nachkommen. Erben zweiter Ordnung sind die Eltern, Geschwister, Neffen und Nichten und deren Nachkommen. Danach folgen erst die Großeltern und weitere Verwandte sowie deren Nachkommen. Immer wenn die eigentlichen Erben verstorben sind, rücken jeweils deren Nachkommen an ihre Stelle, danach folgen die Nachkommen der Nachkommen. Erben einer niederen Ordnung kommen also nur dann zum Zuge, wenn es keine Erben höherer Ordnung gibt.

Grundsätzlich sieht das Erbrecht vor, dass der überlebende Ehegatte die Hälfte des Nachlasses erbt, wenn gleichzeitig gesetzliche Erben erster Ordnung, also Kinder, existieren, denen die andere Hälfte zusteht. Wer mit dieser gesetzlichen Erbfolge nicht einverstanden ist, muss in einem Testament regeln, wie sein Vermögen verteilt werden soll.

Schenken statt vererben

Die Erbschaftssteuer hat einen Anteil von weniger als 1 Prozent an allen Steuereinnahmen in Deutschland. Für den Staatshaushalt ist sie also nur von geringer Bedeutung. Für den Erben können die anfallenden Steuern allerdings durchaus schmerzhaft sein. Allerdings muss das Erbe nicht vollständig versteuert werden. Je nach Verwandtschaftsgrad des Erben gelten unterschiedliche Freibeträge und unterschiedliche Steuerklassen für die darüber hinausgehenden Beträge. Für Ehepartner und eingetragene Lebenspartner beträgt der Freibetrag zum Beispiel 500 000 Euro, für Kinder 400 000 Euro und für Enkel 200 000 Euro.

Diese gelten auch für Schenkungen. Deshalb: Frühzeitig, also noch zu Lebzeiten, Teile des Vermögens verschenken. Die Freibeträge können übrigens alle zehn Jahre neu in Anspruch genommen werden. Wenn man früh mit dem Verschenken anfängt, kann der Beschenkte zwei- oder dreimal den Freibetrag geltend machen. Schenkungen sind aber nicht nur in steuerlicher Hinsicht sinnvoll, sondern auch im Hinblick auf das spätere Erbvolumen. Denn es gibt in Deutschland ein strenges Pflichtteilsrecht, dem zufolge enge Angehörige auch dann einen Teil des Erbes beanspruchen können, wenn sie im Testament nicht bedacht worden sind. Durch eine Schenkung können Sie sicherstellen, dass das Geld tatsächlich bei den Menschen landet, denen Sie es zugedacht haben.

Früher musste man hoffen, dass der Erblasser nach einer Schenkung noch mindestens zehn Jahre lebte. Denn starb er vorher, wurde die Schenkung voll dem Erbe zugerechnet. Heute gilt das sogenannte Abschmelzmodell. Es besagt, dass nur noch Schenkungen im Jahr vor dem Tod voll zum Erbe zählen, im zweiten Jahr vor dem Tod zu 90 Prozent, im dritten Jahr zu 80 Prozent und so weiter. Was vor elf Jahren geschenkt wurde, zählt also nicht mehr.

Wertpapiere sind vererbbar

Ganz wichtig: Sorgen Sie dafür, dass der potentielle Erbe Ihrer Wertpapiere rechtzeitig an das Depot herankommt. Normalerweise erhalten Erben erst die Verfügungsgewalt über die Konten, wenn sie einen Erbschein oder das Testament mit Eröffnungsprotokoll vorweisen können. Dies kann sich aber über mehrere Monate hinziehen, bei Erbstreitigkeiten sogar über Jahre. In dieser Zeit muss der Erbe dann tatenlos zusehen, wie die Kurse von Aktien und Zertifikaten sinken oder Optionsscheine wertlos verfallen. Die Erbschaftssteuer muss er aber auf der Grundlage des Depotwerts am Todestag zahlen, ganz egal ob dieser inzwischen kräftig gesunken oder gar nicht mehr vorhanden ist. Also: Rechtzeitig eine Vollmacht für den potentiellen Erben erstellen, diese kann dann auch erst nach dem Tod in Kraft treten.

Achtung: Gewinne aus allen Wertpapieren, die der Erblasser nach 2008 gekauft hat, sowie auch aus vorher gekauften Zertifikaten und Finanzderivaten unterliegen – unabhängig von Haltefristen – einer Abgeltungssteuer von 25 Prozent. Das heißt, die Erben müssen die Kursgewinne doppelt versteuern: Für den bis zum Tod aufgelaufenen Buchgewinn verlangt das Finanzamt Erbschaftssteuer, und selbst wenn die Kurse danach nicht weiter steigen, wird der enthaltene Kursgewinn bei Fälligkeit oder Verkauf mit Abgeltungssteuer belegt. Maßgeblich ist dabei die Differenz zwischen den aktuellen Erlösen und Preisen, zu denen der Erblasser die Papiere eingekauft hat. Diese Doppelbesteuerung kann der Erbe nicht vermeiden. Denn die Banken melden automatisch die Depotbestände am Todestag sowie die Höhe der Zinsen, die bis zu dem Tod aufgelaufen waren, aber noch nicht ausgeschüttet wurden, an das zuständige Finanzamt. Selbst wenn der potentielle Erbe die Wertpapiere noch vor dem Tod des Erblassers geschenkt bekommen hat, wird dies seit 2009 den Finanzämtern gemeldet.

Was Sie beim Testament beachten sollten

Das Testament muss vollständig handgeschrieben sein, außer es wird von einem Notar beurkundet. Formulieren Sie sehr sorgfältig, und lassen Sie am besten alles von einem Juristen überprüfen. Denn laut einer Studie der Beratungsgesellschaft BBE enthalten 85 Prozent der Testamente Fehler. Benennen Sie lieber detailliert, welche Vermögensteile welcher Erbe erhalten soll, damit es später keine Streitigkeiten unter den Erben gibt.

Das sogenannte Berliner Testament wird oft verwendet. Dabei setzen sich die Ehegatten gegenseitig als Alleinerben ein und benennen die Nacherben, meist die Kinder, die nach dem Tod des länger lebenden Partners dann das Vermögen erhalten sollen. Das ist allerdings nur sinnvoll, wenn der Ehegattenfreibetrag von 500 000 Euro nicht überschritten wird. Bei höheren Vermögen ist es besser, auch die Freibeträge der Nacherben gleich einzubeziehen. Lassen Sie sich am besten juristisch beraten, damit alles Ihren Wünschen entspricht.

Wenn Sie Ihr Testament dann haben – wohin damit? Nun, vor allen Dingen nicht ins Bankschließfach, in dem Sie vielleicht Ihren wertvollen Schmuck und andere liebgewonnene Kostbarkeiten verstaut haben. Warum? Ihre Erben kommen nämlich erst nach der Eröffnung des Testaments oder per Erbschein an das Bankschließfach. Es ist also mehr als ungünstig, wenn das Testament ausgerechnet dort liegt.

Nachwort: Deflation, Inflation – Angst vor bösen Wölfen?

»Liebe Leute, esst und trinkt, solang's euch schmeckt. Schon dreimal ist euer Geld verreckt.« Ein Spaßvogel (oder auch nicht) hat diesen Satz auf Pappe in der Nähe der Frankfurter Börse aufgehängt. Und hat damit die Stimmung vieler Zeitgenossen getroffen. Währungsreformen und Inflation stecken gerade vielen Deutschen der älteren Generation schwer in den Knochen. Anders als der Amerikaner ist der Deutsche beim Stichwort »Inflation« äußerst empfindlich. Die Depression der Dreißigerjahre des letzten Jahrhunderts hängt über den US-Bürgern wie ein Damoklesschwert. Damit sie diesen Stillstand der Wirtschaft mit Deflation, also permanent sinkenden Preisen, nicht mehr erleben müssen, drehen sie den Geldhahn auf wie nie zuvor, werfen ihre Notenpresse immer wieder neu an, um mit frischem Geld die Wirtschaft auf Trab zu bringen, sie zu Investitionen zu animieren, um so die hohe Langzeitarbeitslosigkeit zu drücken. Arbeitslosigkeit über Jahre, das gab es in der Wirtschaftsgeschichte der USA praktisch noch nie. Daher auch die Aufforderung an die Europäer, speziell uns Deutsche, es ihnen mit immer neuen Schulden doch bitte gleichzutun.

Bei uns aber zieht diese Gelddruckmasche nicht. Wir ticken anders, sind eher durch Geldentwertungsphasen gebeutelt als durch Wirtschaftsdepression. Alle Umfragen belegen: Die Angst vor Inflation ist immer mit die größte bei den Bundesbürgern. Und daher jetzt die Sorge, dass die Amerikaner mit unkontrolliertem Gelddrucken die Inflation weltweit anheizen. Nicht heute, nicht morgen, weil die Überwindung der schweren Finanz- und Wirtschaftskrise noch nicht ausgestanden ist, aber in ein paar Jahren. Das »Goldlöckchen-Szenario«, also Wirtschaftswachstum ohne Inflation, ist bald passé.

3 bis 6 Prozent Geldentwertung kommen auf uns zu, prophezeien namhafte Ökonomen – obwohl die sich in den letzten Jahren mit ihren Prognosen über das Wirtschaftswachstum schwer blamiert hatten. Sie wissen ja, warum die Ökonomen erfunden worden sind? Damit die Astrologen in der Öffentlichkeit etwas besser dastehen. Aber Spaß beiseite.

Wann redet die Fachwelt von echter Geldentwertung, also Inflation? Nach der Definition der Europäischen Zentralbank (EZB), deren einzige Aufgabe die Wahrung der Preisstabilität ist, bedeutet Inflation einen Anstieg des allgemeinen Preisniveaus, gemessen an den Verbraucherpreisen, von über 2 Prozent gegenüber dem Vorjahr. Die US-Notenbank (Fed) beruhigt zwar ähnlich wie die EZB, dass man das Geld schon wieder einfangen werde, sobald die Wirtschaft wieder schön rund läuft. Aber alle Statistiken zeigen: Bis auf die Zeit nach dem Zweiten Weltkrieg ist die Geldmenge, gerade in den USA, stets gestiegen. Niemals ist sie zurückgegangen.

Im Lehrbuch steht zum Stichwort Inflation: Wenn hohe Staatsverschuldung, viel Geld im Umlauf (Liquidität) und ein gutes Wirtschaftswachstum zusammentreffen, dann kommen die Preise ins Traben, dann steigen Löhne, Materialpreise, dann erhöhen die Unternehmen ihre Produktpreise. Die beiden ersten Voraussetzungen sind erfüllt, und zwar reichlich, nur der dritte Punkt, Wirtschaftswachstum, steht noch aus.

Weil viele vor einer neuen Inflationswelle Angst haben, die wieder Vermögenswerte und Renten abwerten könnte, flüchtet man in Sachwerte, also Handfestes wie Gold, Immobilien und auch Aktien. Keine Sorge: So wie 1929 wird es nicht kommen. Also keine Hyperinflation wie damals – oder heute in Zimbabwe mit 1000 Prozent Geldentwertung. Die Marktforscher von Forsa fanden bei einer Umfrage im Auftrag der Union Investment im ersten Quartal 2010 heraus, dass mehr als die Hälfte der Deutschen Angst vor einer kommenden Inflation hat. Wie kommt das?

Inflation – die Furcht davor steckt den Deutschen nach wie vor tief in den Knochen. Die Erfahrungen mit der Hyperinflation, die im Jahr 1923 ihren Höhepunkt und dann auch ihr Ende erfuhr, ebenso wie das, was sie 1948 mit der Währungsreform erlebten. Besonders den Menschen, die heute Mitte fünfzig sind, wurde in der Kindheit von den Großeltern und Eltern die Angst vor der Inflation eingebläut. Im November 1923 zahlte man für ein Pfund Butter drei Billionen Mark! Viele Leute haben solche Geldscheine mit Milliardensummen noch heute als Beweis oder zur Erinnerung bei den Familiendokumenten liegen. Auch die Geschichten, dass bei der D-Mark-Einführung jeder Deutsche ein Kopfgeld von 40 D-Mark erhielt und Bargeldreserven oder Sparguthaben sich praktisch in Nichts auflösten, werden noch gut erinnert. Auf einen Schlag wurden aus 100 Reichsmark plötzlich nur noch 6,50 D-Mark. Nur wer Waren gehortet hatte – was allerdings verboten war – oder Immobilien besaß, war fein raus.

»Wir haben nichts zu fürchten als die Furcht selbst«, erklärte der frühere US-Präsident Roosevelt einmal. Recht hat er. Jede Krise ist auch eine Chance und setzt, so Schriftsteller Max Frisch, produktive Kräfte frei. Man muss ihr nur den Beigeschmack der Katastrophe nehmen. Und darin sind wir Deutsche meisterhaft. Wenn man nichts mehr zu jammern hat, beginnt das große Wehklagen. Ist doch so. »Ich sehe Licht am Ende des Tunnels.« – »Ach du liebe Zeit. Verlängere den Tunnel, verlängere den Tunnel!«

Unser globales Finanzsystem ist weder mit der Situation von 1923 noch mit der von 1948 zu vergleichen, aber gerade diese Unberechenbarkeit schürt die Angst. Wann kommt die Inflationswelle? Schon nächstes Jahr, in zwei Jahren oder in fünf? Und wie hoch wird sie sein? Das alles kann niemand wissen. Und es gibt auch keine verlässlichen, allgemeingültigen und unumstößlichen Verhaltensregeln. Das macht alles nur noch schlimmer. Früher hieß es noch: Immobilien und Kredite bieten Schutz vor einer Inflation. Aber heute wissen wir genau, dass die internationalen finanziellen Verflechtungen und undurchschaubare Finanzprodukte solche Weisheiten ad absurdum führen können.

»Geldentwertung ist die gemeinste Art der Enteignung.« Der Satz trifft es. Oder wie Bankier Carl Fürstenberg einst meinte: »Ob Deflation oder Inflation, beides ist nur ein Fremdwort für Pleite.« Was tun? Sich vor allem nicht ins Bockshorn jagen lassen von diversen und auch unappetitlichen Weltuntergangsszenarien, die vor allem im Internet kursieren. Manche glauben zu wissen, was auf uns zukommt, und treffen gezielt entsprechende Vorbereitungen, doch die Mehrzahl der Finanzprofis rät von einseitigen Entscheidungen ab. Vielleicht geht der Inflation zunächst eine Deflation voraus. Vielleicht verläuft die Inflation mehr oder weniger harmlos, oder es entwickelt sich plötzlich und überraschend eine Hyperinflation. Was kann man also tun? Nur eines: auf alles gefasst und vorbereitet sein.

Spekulieren muss man also immer, wenn es um die Zukunft geht. Wenn Sie sich so gut und ausführlich wie möglich informieren und im Finanzdschungel orientieren, dann sind Sie für die kommenden Herausforderungen in Geldfragen ziemlich gut gerüstet. Mit der Lektüre dieses Buches haben Sie ja schon damit angefangen. Vollständig konnten auch wir nicht sein und schließen daher mit dem Satz, den Marcel Reich-Ranicki stets am Ende seines populären *Literarischen Quartetts* ausrief, indem er Bert Brechts *Der gute Mensch von Sezuan* zitierte: »Wir stehen selbst enttäuscht und sehn betroffen / den Vorhang zu und alle Fragen offen.«

99 Fragen – 99 Antworten

Max Otte · **Die Krise hält sich nicht an Regeln**
99 Fragen zur aktuellen Situation – und wie es weitergeht
256 Seiten · Paperback
€ [D] 18,00 · € [A] 18,50
ISBN: 978-3-430-20112-4

Seit drei Jahren befindet sich die Weltwirtschaft in der Dauerkrise. Immobilienblase, Lehman-Zusammenbruch, Bankenpleiten, Griechenland, Euro-Abwertung. Die Medien schreiben von der schlimmsten Krise seit dem großen Crash 1929. Politiker, Anleger und Bürger sind verunsichert und fragen sich: Warum haben die Ökonomen versagt und wo liegen die wahren Probleme? Wer sind die Verantwortlichen? Wie sicher ist mein Geld angelegt? Max Otte – BWL-Professor, Fondsmanager und Bestsellerautor – gibt die Antworten.

Econ

Es ist genug für alle da!

Götz Werner & Adrienne Goehler · **1000 € für jeden**
Freiheit · Gleichheit · Grundeinkommen
267 Seiten, Klappenbroschur
€ [D] 18,00 • € [A] 18,50
ISBN 978-3-430-20108-7

Das bedingungslose Grundeinkommen ist ein bahnbrechendes Konzept, das die Menschen von ihrer wirtschaftlichen Existenzangst befreit. Es schafft Sicherheit und Freiraum für Kreativität und Eigeninitiative, gibt der Arbeit ihren Sinn und den Menschen ihre Würde zurück. Kurz: Das Grundeinkommen ist einfach, gerecht – und finanzierbar!

Götz Werner und Adrienne Goehler zeigen, wie es in der Praxis umgesetzt werden kann und wie die Gesellschaft davon profitiert. Ein flammendes Plädoyer für eine bessere Welt.

Econ